창원 야구
100년사

창원 야구 100년사 — 야구도시의 재발견

초판 1쇄 발행 2019년 12월 15일

지은이 김낙형 이정연 민병욱
펴낸이 구주모

편집책임 김주완
디자인 구민재page9
유통·마케팅 정원한

펴낸곳 도서출판 피플파워
주소 (우)51320 경상남도 창원시 마산회원구 삼호로38(양덕동)
전화 (055)250-0190

홈페이지 www.idomin.com
블로그 peoplesbooks.tistory.com
페이스북 www.facebook.com/pepobook

ISBN 979-11-86351-25-3 03690

※ 책값은 뒤표지에 쓰여 있습니다.
※ 도서출판 피플파워는 경남도민일보의 출판브랜드입니다.
※ 이 책의 저작권은 ㈜엔씨다이노스와 ㈜경남도민일보에 있습니다.
※ 책의 내용 일부 또는 전부를 사용하려면 저작권자의 동의를 받아야 합니다.

이 도서의 국립중앙도서관 출판예정도서목록(CIP)은
서지정보유통지원시스템 홈페이지(http://seoji.nl.go.kr)와
국가자료종합목록시스템(http://www.nl.go.kr/kolisnet)에서 이용하실 수 있습니다.
(CIP제어번호: CIP2019049753)

창원 야구 100년사

야구도시의 재발견

남석형 이창언 민병욱 지음

도서출판
피플파워

들어가는 글

창원시 마산합포구 육호광장. 마산합포구선거관리위원회 앞에 표지석 하나가 있다. 지난 2014년 12월 세워진 '마산야구 100주년 기념비'다. 이런 내용이 담겨 있다.

'1914년, 이곳과 가까운 마산 상남동 87번지에서 1908년 개교한 마산 창신학교에 야구부가 생겼다' '이곳은 1921년 마산 사람들이 기부금을 모아서 닦은 3000여 평 넓이의 마산구락부 운동장이 있던 옛터이기도 하다 …… 이 운동장은 마산야구와 마산체육문화발전의 기틀로서 큰 역할을 하였다.'

이재문 경남야구협회장을 만났다. 그는 '마산야구 100년 기념사업추진위원장'을 맡은 바 있다.

"마산야구 100주년 되던 2014년 당시, 위원회를 만들어 여러 사업을 추진했습니다. 표지석 건립은 그 가운데 하나였습니다. 하지만 예산 문제 등으로 어려움을 겪다 십시일반 성금으로 겨우 세울 수 있었습니다. 마산야구 역사 편찬 작업도 진행했는데요, 여건이 여의치 않아 실행에 옮기지 못했습니다. 그 아쉬움이 지금도 남아있습니다."

'마산(현 창원시)'은 오래전부터 '야구 도시'로 불렸다. 1970년대 마산상고(현 용마고)를 중심으로 고교야구 명성을 날렸다. 1982년 프로야구 출범 이후에는 롯데자이언츠 제2 연고지로서 야구 열정을 쏟아냈다. 지금은 NC다이노스라는 진짜 우리 연고 구단, 그리고 세계적으로도 손색없는 야구장 '창원NC파크'를 품고 있다.

이 지역 야구는 지금에 이르기까지 숱한 과정을 거쳤다. 하지만 이 회장 말대로 체계적으로 정리된 자료가 없는 현실이다.

그런 측면에서, 마산과 비슷한 야구 역사를 자랑하는 인천·군산은 부러움의 대상이다.

인천은 지난 2005년 〈인천야구 한 세기〉(인천야구 백년사 편찬위원회 저)를, 군산은 지난 2015년 〈군산야구 100년사〉(조종안 저)를 내놓았다. 특히 〈군산야구 100년사〉는 옛 신문 자료 및 기록물 300여 개, 흑백사진 100여 장 등을 시대별로 담아 지역 야구사를 일목요연하게 정리했다.

마산지역을 중심으로 한 창원시도 더 늦기 전 지역 야구사를 정리해야 할 의무를 안고 있었다. 〈창원 야구 100년사〉 정리 작업은 그렇게 시작되었다.

경남야구협회, 야구인, 지역민들 도움을 받아, 2019년 그 작은 결과물을 내놓는다.

— 남석형·이창언·민병욱

차례

들어가는 글 — 4

제1부 '구도 마산' 꿈틀

1914~1945

1장 · 1914년 창신학교 야구부 창단 — 14
　일제 강점기 민족정신 '창원 야구' 잉태했다 — 15
　　창신학교 야구부 왜 사라졌을까 | 김재하 창신고 교사 — 23
　　'창신학교 야구부 주도' 안확 선생 — 26

2장 · 1921년 마산구락부 운동장 조성 — 28
　그 시절 모든 시민 함께하는 공간이었다 — 29
　　육호광장에서 세워진 '마산야구 100년 기념' 표지석 — 36
　　마산야구와 민족주의 | 박영주 지역사 연구가 — 39

3장 · 1925년 국내 최초 여자 경기 주인공 — 41
　마산의신-진주시원학교 사상 첫 대결 — 42
　　진주, 1920년대엔 야구의 고장이었다 — 50
　　"열린 교육환경서 평등의식 싹 틔워" | 김부열 마산의신여중 교사 — 52

4장 · 1920년대 중반 구성야구단 창단 — 54
　'아홉개 별' 조선 으뜸 마산야구단 — 55
　　초창기 마산야구 전설 김성두 — 63
　　1920년대에도 한일전에 사활 — 65

5장 · 1940년대 마산 고교야구 태동 — 67
　1946년 창단한 마산군, 고교 선수 육성 밑거름 역할 — 68
　　"야구 명문 성장 배경은 스타 배출" | 변종민 전 마산용마고 총동창회 사무총장 — 76
　　단 한 장 남아있는 마산야구 초창기 사진 — 79

제2부

아마 자존심

1946~1981

1장 · 1940년대 말~1950년대 초 '활기·침체' — 84
직장 선수 연합이 만들어 낸 화양연화 — 85
- 마산팀, 전국 최초 집단 삭발 — 92
- 김성길 원로가 전하는 그 시절 — 94

2장 · 1950년대 한국전쟁 이후 다시 기지개 — 98
잃어버린 세월 되찾듯 위상 재정립 — 99
- '맹위' 떨친 남전 마산지점 야구팀 — 106
- 한국전쟁 직후부터 초등 야구부 활성화 — 108

3장 · 1964년 마산상고 전국체전 우승 — 110
재창단 2년 만에 첫 전국제패 감격 — 111
- 우승 당시 멤버 최재출 씨 — 117
- '마산상고 야구 아버지' 박상권 — 120

4장 · 1972년 마산고 강정일 노히트노런 — 122
만화보다 더 만화 같았던 '고교 투수 노히트노런' — 123
- 마산고 야구부 창단·해체 잦은 부침 — 133
- 1966~1972년 아마야구 꾸준한 성과 — 135

5장 · 1970년대를 빛낸 야구인들 — 137
마산상고 출신 명장과 타격천재 아시아선수권 우승 합작 — 138
- 1970년대 중·후반 초·중·고 팀 성적 주춤 — 146

6장 · 진해·창원지역도 일찍이 기지개 — 148
해군·공단 중심으로 이어진 창원·진해 야구 열기 — 149
- 진해 출신 강타자 전성욱을 아시나요 — 153
- 슈퍼스타 감사용에게 진해는 "야구로 맺어진 고향" — 156

7장 · 1980년대 초반 초·중·고·대 — 161
초등학교부터 대학까지 야구단 연계 완성 — 162
- 교수·동문 힘 모아 경남대 야구부 창단 — 168
- 전국체전 개최로 마산야구장 탄생 — 172

제3부

롯데와 '아재들'

1982~2009

1장 · 프로야구 출범과 마산 — 176
롯데 제2 연고지로 남다른 존재감 뽐낸 1982년 — 177
- 마산·진해 출신 야구인들의 활약 — 186
- 고교야구는 대회 출전 이어갔지만 성적 주춤 — 188

2장 · 1980년대 프로야구 지역 출신 스타 — 190
최동원도 밀어낸 '한방의 사나이' 유두열 — 191
- '롯데 안방마님' 한문연의 그때 그 시절 — 198
- 그 시절 스타들, 은퇴 후 후배 육성 앞장 — 201

3장 · 지역 팬들 유별난 열정 — 203
롯데 경기 열리면 관중석 만원 '마산 아재'의 등장 — 204
- 지역 야구팬 유독 극성 왜? — 213
- 롯데 마산 홈경기 수 부족은 '진실' — 215

4장 · 한일합섬, 지역 연고 프로팀 추진 — 217
'진짜 우리 팀' 오래 전 만날 수도 있었다 — 218
- 한일합섬은 어떤 회사? — 225
- STX 2007년 현대유니콘스 인수 논의 — 228

5장 · 1980~90년대 아마 야구 흐름① — 230
초등~대학 연계 육성 전국대회서 저력 발휘 — 231
- 짧지만 큰 족적 남긴 청강고 야구부 — 241

6장 · 1980~90년대 아마 야구 흐름② — 243
야구부 버팀목이었던 선배 동문들의 내리 사랑 — 244
- 이재문 현 경남야구협회장 지도자로 대붕기 우승 견인 — 248
- 화보 | 1980~90년대 아마야구의 기억 — 251

7장 · 2000년대 프로야구 — 256
롯데 제2 연고지 설움 날린 2000년 — 257
- '마산이 낳은 별' 조정훈 선수 — 264

8장 · 2000년대 아마야구 — 268
장원삼 '특급 활약' 마산용마고 전국대회 첫 단독 V — 269
- 마산상고 '마산용마고'로 개명 2001년 새 출발 — 278
- 사회인 야구 창원 야구협회장배 열기 — 281

제4부 · 진짜 연고팀 NC

1장 · 창원 프로야구단 마침내 창단 — 284
통합창원시 출범이 NC다이노스 탄생 촉매제로 — 285
롯데자이언츠, 창원 연고구단 창단에 몽니 — 295

2장 · 2012년 '김경문 호' 닻 올리다 — 297
NC다이노스, 창단 첫해부터 거침없었다 — 298
지역 야구팬 '진짜 우리 연고팀' 갈망 해소 — 310

3장 · 2013~2015시즌 거침없는 항해 — 312
공룡구단 1군 입성 두 시즌 만에 가을야구 돌풍 — 313
역대 신생팀 창단 초기 성적 비교 — 322
새 야구장 위치 선정 지역간 갈등 — 324

4장 · 2016~2018시즌 도약과 추락 — 326
4년 연속 가을야구 뒤에 찾아온 성적 부진 — 327
36년 추억 남기고 역사 속으로 사라진 마산야구장 — 340

5장 · 2010년대 아마야구 — 342
연고팀 NC다이노스 존재가 아마야구 자극제로 — 343
마산양덕초 소년체전 우승 이끈 백승환 감독 — 353

제5부 창원NC파크

1장 · '꿈의 구장' 마침내 탄생 — 358
　시민 통합 구심점으로 우뚝 선 창원NC파크 — 359
　프로구단-지자체 새 구장 짓기 '붐' — 368

2장 · NC 2019시즌 재도약 — 370
　'거침없는 항해'는 앞으로도 계속 된다 — 371

3장 · 지난 100년, 그리고 앞으로 100년 — 381
　야구는 지역사회 희로애락 품은 스포츠 그 이상이다 — 382
　　황순현 NC다이노스 대표 "지역 연고팀 역할·책임 다할 것" — 383
　　김정엽 창원시야구소프트볼협회장 "보는 야구서 하는 야구로" — 385
　지역민이 함께 만들고 만들어갈 이야기들 — 387

2019~

　　창원야구 연표 — 392
　　참고문헌 — 402

제1부

1914~1945
'구도 마산' 꿈틀

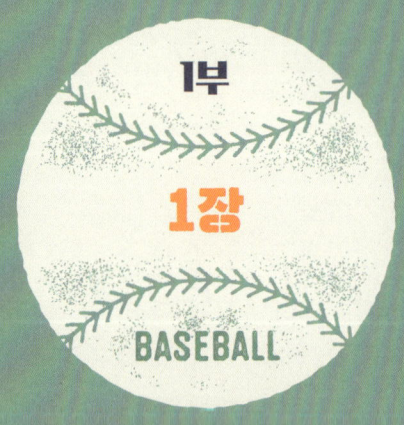

1부
1장
BASEBALL

1914년
창신학교 야구부 창단

일제 강점기 민족정신 '창원 야구' 잉태했다

일제 강점기 의식 전환 수단

대한민국 야구는 1800년대 말 꿈틀대기 시작했다. 인천영어야학교에 다니던 일본인 학생이 쓴 1899년 2월 3일 일기에는 '베이스볼이라는 서양식 공치기를 시작하고 5시경에 돌아와 목욕탕에 갔다'고 적혀 있다. 공식적인 출발점은 1904년으로, 미국인 선교사 필립 질레트(1872~1938)가 '황성 YMCA 야구단'을 만들면서다.

이후 성인팀 아닌 '학교 팀'이 전국적으로 우선 퍼져나갔다. 1905년 한성학교, 1907년 휘문의숙, 1911년 경신학교·중앙학교·배재학당·보성학교·오성학교 창단이었다. 이 대열에 동참한 것이 마산(현 창원) '창신학교(현 창신중·고)'였다. 1906년 설립된 창신학교는 1914년 야구부를 만든다. 그 중심에 자산 안확(1886~1946) 선생이 있었다. 여기에는 일제강점기라는 시대적 배경이 짙게 담겨 있다.

안확 선생은 1911년 창신학교 부임 후 학생들 모습에서 안타까움을 느꼈다고 한다. 그 이유가 〈창신 90년사〉에 잘 담겨 있다. '유교 사상과 조선 500년 풍습이 몸에 배어 있어 학생들의 생활상을 보면 걸음걸이나 동작이 느렸고 점잔을 유지하려 했다. 또한 매사에 소극적이었고 소 먼 산 보듯 했다.'

안확 선생은 학생들에게 진취적인 의식·행동을 심어주려 했다. 그가 수업 시간에 한 얘기가 있다. 그의 제자인 노산 이은상(1903~1982) 선생 구술로 전해지는 내용이다.

"나라 없는 백성은 사후에 천당 거지가 되나니, 잃었던 나라를 찾기 위해 무엇보다 여러분의 정신자세가 중요하다…(중략)…우선 여러분 걸음걸이부터 고쳐야겠다. 이 시각부터 당장 빨리 걷는 모습부터 가져라. 방안에 앉아서 책만 읽다가 나라를 잃어버렸으니, 이 어찌 피눈물 나는 선배들의 모습이 아니냐. 우리는 문도 해야 하지만 무도 닦아야 하겠다. 곧 건강한 신체가 나라를 찾는 원동력이 되니, 매일 집에서 체조하고 운동장에서 놀 때는 뛰면서 놀아라."

이러한 안확 선생 의지는 1914년 야구부(축구부 동시) 결성으로 이어졌다. 박영주(59) 지역사 연구가는 이렇게 풀이했다.

"창신학교에는 민족주의 의식이 강한 사람이 많았죠. 마산 야구 탄생은 이분들 영향을 크게 받았습니다. 특히 안확 선생이 체육을 많이 강조했습니다. 야구는 팀 경기잖아요. 조선 사람들이 힘을 합쳐 일본

1925년께 학교 체육대회 모습.
창신학교는 일제강점기 나라를 되찾기 위해 학생들에게 진취적인 의식행동을 심어주려 했다.
이에 1914년 야구부·축구부 창단, 그리고 목아령 체조 등 체육활동을 적극적으로 장려했다.
(사진 제공. 창신고등학교)

을 이기기 위한 한 수단으로 삼았다는 의미입니다."

일제가 이러한 분위기를 경계할 수도 있었을 터. 하지만 호주 선교사가 세운 학교라는 점이 야구 도입 초창기 일제도 함부로 할 수 없는 울타리 역할을 했다.

창신학교 당시 선수는 김성두·백두광·이광래 등이었다. 김성두는 나중에 마산 구성야구단(1926년 창단) 주축 멤버로 활동하기도 한다. 야구는 체육 종목 가운데 특히 많은 장비를 필요로 하는데, 창신학교 당시 사정은 열악할 수밖에 없었다. 선수들은 새끼줄을 뭉쳐 야구공으로, 나무막대기를 방망이로 사용하는 식이었다. 당시 창신학교에 재직하던 호주 선교사들은 빡빡한 마음에 본국에서 운동 장비를 들여왔다. 그럼에도 선수들은 장비를 조금이라도 아끼려고 연습 때는 사용하지 않았다.

'계성학교와 친선전' 최초 기록

창신학교는 당시 '연식야구'를 했던 것으로 전해진다. 지금과 같은 '딱볼' 아닌 '고무처럼 탄력 있는 공'을 사용하기에 위험도가 낮다. 실제 전국적으로 남아있는 1910년대 야구 사진을 보면, 포수가 대부분 얼굴 마스크만 착용하고 있다. 1920년대 이후부터 가슴·무릎 보호대까지 착용한 모습이 많아진다. 이재문(64) 경남야구협회장은 당시 경기 규칙에 대해서는 이렇게 전했다.

"변함없이 같은 9인제였습니다. 규정이 지금과 같이 세세하지는 않았

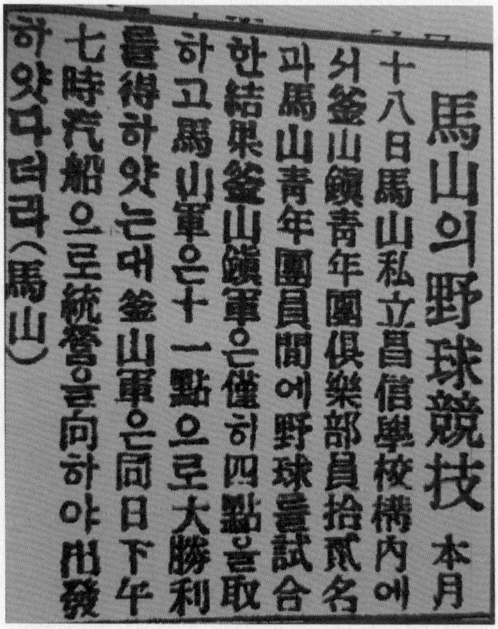

> 馬山의 野球競技 本月
> 十八日馬山私立昌信學校構內에
> 서釜山鎭靑年團俱樂部員拾貳名
> 과馬山靑年團員間에野球를試合
> 한結果釜山鎭軍은僅히四點을取
> 하고馬山軍은十一點으로大勝利
> 를得하얏는대釜山軍은同日下午
> 七時汽船으로統營을向하야出發
> 하얏다더라〈馬山〉

당시 <동아일보> 신문 기사.
마산 야구는 창신학교 야구부 창단 이후
1920년대 초반 타 지역 팀과 활발한 교류전을 펼쳤다.
1920년 9월 '마산청년회' 야구팀은 창신학교에서
부산진 청년단 구락부와 친선경기를 펼쳐 11-4로 이겼다.

더라도, 큰 틀에서 지금과 비슷했다고 보면 됩니다."

창신학교 야구부가 외부 팀과 첫 시합을 한 것은 1915년이었다. 당시 대구 계성학교(현 계성중·고) 운동부가 친선경기를 위해 창신학교를 찾았다. 〈창신학교 90년사〉는 당시 분위기를 이렇게 묘사했다.

'창신학교 밴드부가 양교 교가 연주와 응원을 하면서 마산이 떠나갈 듯했다. 이 광경을 보려고 창신학교 운동장에 운집한 군중은 경기 중 벌어지는 묘기와 새로운 운동을 보는 것이라서 그 신기함에 놀랄 뿐이었다.'

하지만 야구가 친선전 종목에 포함됐는지 등에 관한 구체적인 기록은 없다. 이 때문에 공식적인 '마산야구 첫 시합'은 1917년으로 받아들여진다. 창신학교는 마산으로 수학여행 온 대구 계성학교와 경기를 펼쳤다. 계성학교 선수 가운데는 이후 '조선의 홈런왕'으로 이름 날린 이영민(1905~1954)이 포함돼 있었다. 말 그대로 친선전이었지만, 창신학교는 난타전 끝에 13-14로 석패했다.

1917년 또 다른 경기가 마산에서 열렸다. 7월 '제4차 일본 도쿄 유학생 모국 방문 야구단'이 국내를 찾았는데, 마산에서 1승을 거두고, 이후 대구에서 대구청년회와 1승 1패를 한 후 경성으로 향했다는 기록이 있다. '마산 상대 팀'이 누구인지는 확인되지 않는다.

1910년대 말은 학교 밖 야구단까지 태동하는 시기였다. 1920년대 들어 여러 야구단 이름이 등장하는 데서 알 수 있다. '마산청년회'는 1920년 4월 11일 창신학교 운동장에서 대구청년회 야구팀과 하루 두 차례 친선경기를 펼쳤다. 결과는 7-2, 17-2, 완승이었다. 이때 '마산 맹호단'이라는 축구팀이 대구청년회와 축구 친선전도 펼쳤는데, 0-0 무승부를 기록했다.

'마산청년회' 야구팀은 그해 9월 18일 역시 창신학교에서 부산진 청년단 구락부와 친선경기를 펼쳐 11-4로 이겼다. 당시 〈동아일보〉는 '마산의 야구경기'라는 제목으로 이 내용을 짧게 다뤘는데, '마산의 대승리'라고 표현하기도 했다. 이처럼 '마산청년회'는 결과만 놓고 봤을 때 만만치 않은 전력을 과시했다.

'마산실업청년단'은 1921년 2월 26일 창신학교 운동장에서 야소교청년면려회 야구단과 경기해 7점 차로 승리했다. 경기가 열린 시점이 겨울이었다는 점에서 특히 의미를 더한다. '마산구락부 소속 전마산군'도 등장한다. '구락부'는 지금으로 치면 '클럽'이며, '마산구락부 소속 전마산군'은 마산 대표팀으로 받아들여진다. 이 팀은 같은 해 7월 13일 창신학교에서 '제6차 도쿄 유학생 모국 방문 야구단'과 경기를 펼쳤지만, 승리를 거두지는 못했다.

이렇듯 창신학교는 1914년 마산야구 출발뿐만 아니라, 1920년대에 접어들 때까지 마산에서 펼쳐진 모든 경기 주 무대 역할까지 했다. 그 이전 '마산야구 여명기'에 대한 이야기도 나온다. 김재하(61) 창신고등학교 교사 얘기다.

"마산항이 1899년 개항했습니다. 일본이 마산포로 들어와 여러 새로운 문물을 퍼트렸는데, 야구도 그 가운데 하나였을 것입니다. 창신학교 안확 선생이 어느 날 갑자기 야구를 꺼내든 것이 아니라, 그 이전부터 뭔가 꿈틀대는 게 있었다는 거죠. 관련 기록이 없지만, 그리 충분히 추정해 볼 수 있습니다."

창신학교 야구부 왜 사라졌을까

김재하 창신고 교사
"일제 압력 추정"

> '1923년 5월 26일 마산체육회 주최로 개최한 마산소년야구대회에 창신학교 1·2팀, 보통학교 1·2팀, 주일학교, 사해, 수원, 비룡 등 8개 팀이 출전했다. 창신학교 1팀이 주일학교를 물리치고 우승을 차지했다.'

1914년 창단, 마산을 넘어 경남 야구사 출발점인 창신학교 야구부와 관련한 기록은 여기서 끝난다. 창단 이후 어떻게 운영되고 변화해 갔는지는 물론 어떤 이유로 해체했는지 전혀 알 수 없다.

같은 해 창단해 창신공고 시절을 거쳐 2000년대 후반까지 명맥을 이어온 축구부와 비교하면 아쉬움은 더 커진다. 지역 야구 뿌리는 왜 소리 소문 없이 사라졌을까.

〈창신 90년사〉를 집필한 김재하(61·창신고) 교사는 그 이유를 두 가지로 봤다.

> "아무래도 야구는 굉장히 복잡한 스포츠잖아요. 공 하나와 적당한 공간만 있으면 어디서든 할 수 있는 축구와 달리 배트에 공에, 세밀한 규칙까지…. 자주 할 수 있는 스포츠는 아닌 셈이죠. 여기에 새끼줄이나 헌옷을 뭉쳐 공을 만들고 나무막대로 방망이를 만들거나 선교사에게서 용품을 받았던 당시 사정을 고려하면 마냥 이어가긴 어려웠던 것으로 보여요."

그럼에도 여전히 의문은 남는다. 1925년 마산 의신학교와 진주 시원여학교는 우리나라 최초 여

<창신 90년사>를 집필한 창신고 김재하 교사가
1914년 만들어진 창신학교 야구부에 대해 설명하고 있다.

자 야구 경기를 열었고, 1929년에는 마산 수원야구단 주최로 전마산소년야구대회가 처음 개최되기도 했다. 야구 저변이 점차 확대한 모양새인데, 유독 창신학교에서는 그 맥이 끊겼다.

김재하 교사는 원인을 '창신학교 특수성'에서 찾았다.

안확 선생 정신이 깃든, 마산지역 3·1운동을 주도하기도 했던 학교이기에 억압이 더 컸을 것이라는 견해나.

> "일찌감치 선교사가 세우고 교장으로 외국인이 재임하다 보니 일제가 처음에는 함부로 하지 못했던 측면이 있어요. 이러한 점을 활용해 학교 내에서는 주권 회복과 관련한 교육·모임 등의 움직임이 많았고요. 그 결과가 3·1운동 등으로 이어지자 일제도 결국 손을 쓴 듯해요. 야구부 해체가 한 예로 보이는데, 순수 스포츠 클럽인 다른 학교 야구부와 달리 창신학교 야구부는 독립운동 모임의 한 축으로 본 거죠. 시대 흐름에 맞지 않는 창신학교 야구부 해체 이유는 바로 여기 있지 않을까 싶어요."

나라 잃은 시절, 어쩌면 독립·희망 상징과도 같았을 창신학교 야구부. 100년이 넘는 역사 속에 기록조차 희미하지만 김재하 교사는 창신학교 야구 부활을 꿈꾼다.

> "정신의 바탕에는 체력이 있어야 한다는 가르침이 야구부를 세운 원동력이에요. 오늘날도 다르지 않다고 봐요. 강인한 체력 위에 쌓인 학문은 더 빛을 발하지 않을까요."

'창신학교 야구부 주도' 안확 선생

민족주의자로 국학연구에 큰 관심,
탄압 피해 마산서 민족교육 활동

자산 안확(1886~1946) 선생은 '국학자'이자, 문화사가, 민족주의자로 불린다. 국학 쪽에 비중을 두고 철학·역사·종교·상업·국악·미술·체육·군사 분야 등 방대한 저술을 남겼다. 그가 국학연구에 관심을 기울인 까닭은 우리 문화의 특수성을 보편적인 차원으로 끌어올리는 한편 '항일애국운동'의 일환이었다는 평가를 받는다.

안확은 1907년 가을 진주 안동학교 교사로 부임한다. 이 학교는 같은 해 4월 15일 호주 장로교 총회 소속 선교사 커렐이 중심이 되어 세워졌다. 따라서 창신학교와 마찬가지로 외국인 선교사와 기독교계가 운영하던 학교라는 점에서 일제 탄압이 덜 미치는 공간을 적극적으로 활용하고자 했던 것으로 보인다.

그는 1911년 3월 마산 창신학교 교사로 온다. 1910년 한일합병(경술국치)으로 일제 탄압이 극심해지는 상황에서 당시 경남 '수부도시'였던 진주는 일제 식민지 지배가 다른 지역보다 강화됐기 때문이었다.

마산은 구한말부터 일본·러시아가 군사 요충지를 확보하고자 치열하게 다투었던 곳이다. 일제에 의해 급속하게 도시화가 진행되면서 학교를 비롯한 각종 근대적인 시설들이 일찍부터 설치됐다. 일본과 비교적 가까워 일본 유학 등 왕래에도 유리한 곳이었다. 그가 일제 탄압을 피해 국권회복을 목표로 민족교육 활동을 하고자 마산으로 이동한 배경이다.

그는 1913년 창신학교 교감이 된 이후 강건한 신체 단련을 위한 '체육 교육' 중요성을 역설하며

자산 안확 선생.

창신학교 야구부 결성(1914년)을 주도, '창원 야구사'와 떼려야 뗄 수 없는 인물로 남았다. 그는 같은 해 5월 17일 창신학교 개교기념일 행사로 추산정(현재 창원시립마산박물관 근처)에서 시민들을 상대로 시국강연회를 처음 열기도 했으며, 1915년 조선국권회복단 마산지부장을 맡기도 했다.

그는 1922년 우리나라 최초의 국문학사인 〈조선문학사〉를 출간했는데, 마산지역 3·1독립운동을 주도하면서 느낀 점과 한계 등을 마산에서 집필한 것으로 추정하는 학자도 있다.

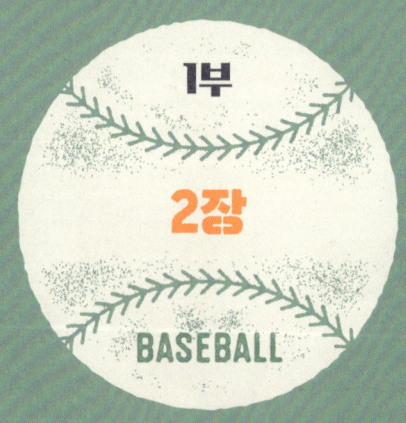

1부
2장
BASEBALL

1921년 마산구락부 운동장 조성

그 시절 모든 시민
함께하는 공간이었다

초창기 마산 야구 성지

현재 창원시 마산합포구선거관리위원회와 노산동행정복지센터가 있는 육호광장 일대가 마산구락부 운동장 옛터였다는 사실을 아는 이는 얼마나 될까. 육호광장 일대에 역이 있었고, 수많은 사람이 기차로, 혹은 걸어서 운동장(약 3000평)에 모여 야구와 축구 등을 즐겼다고 한다면 '깜짝 놀랄 이'가 적지 않을 듯싶다.

마산구락부 운동장은 지난 1921년 10월 6일 완공된 이후 1937년께 사라지기 전까지 당시 시민들의 체육·문화 활동 중심지였다. 야구, 그리고 축구·육상·자전거·마라톤 등 각종 운동 경기와 갖가지 행사가 열려 지역 체육문화 발전에 크게 이바지한 곳이다.

마산구락부 운동장은 이 지역 야구 밑바탕 역할을 했을 뿐만 아니라, 일제강점기 시민들의 자발적 참여로 만들어졌다는 점과 운동장 건립 이후에도 특정 개인이나 '관'에 맡기지 않고 공유재산으로 관리하고 활용

1920년대 마산구락부 운동장에서 열린 창신학교 운동회 장면.
이 당시 창신학교 운동회가 열리면 마산 시민들이 구름같이 몰려들었다.

(사진 제공. 창신 90년사)

했다는 점에서 역사적 의미와 가치가 작지 않다는 평가를 받는다.

마산구락부 운동장이라는 이름에서 알 수 있듯 운동장 건립 과정을 설명하려면 마산구락부 결성부터 더듬어 나가야 한다. '구락부'는 지금으로 치면 '클럽'이다.

일제는 1919년 3·1 독립운동 이후 무력과 강압만으로는 통치가 어렵다는 걸 깨달았다. 이른바 '문화 통치' 시작이었다. 일제 통치 방식이 회유적 통치로 바뀌면서 일부 단체 활동과 언론이 허용됐다. 이 시기 전국 각지에서 다양한 형태 운동이 전개됐으며, 마산구락부도 이런 흐름에서 만들어졌다. 마산구락부는 주로 교육과 체육, 계몽활동에 중점을 뒀다. 문화운동이자, 청년운동을 펼친 셈이다.

마산구락부는 1920년 6월 12일 발기총회를 열어 상업학교, 운동장, 청년회관 건립을 우선사업으로 결정한다. 이듬해인 1921년 3월 3일 임시회총회에서는 마산구락부 운동장 기성회와 장래발전 방침을 토의·결의해 모금에 들어갔다. 같은 해 4월 운동장 건립 장소로 현재 육호광장 일대인 노비산과 구 마산역 평야를 사용하기로 하고 '땅 사들이기'에 나선다. 애초 운동장으로 검토됐던 곳은 추산정(현재 창원시립마산박물관 근처) 일대였다. 하지만, 산지인 탓에 비용이 많이 들고 분묘와 전주를 옮겨야 하는 문제 등으로 접을 수밖에 없었다.

마산구락부 운동장 기성회를 조직해 모금 활동을 펼친 결과, 지역 유지 옥기환과 구성전 등이 각각 300원을 출연한 것을 비롯해 시민 기부금 6600원이 모였다. 1921년 7월 본격적인 운동장 건설이 시작되자, 마산구락부는 날마다 인력 50명을 동원해 1921년 10월 6일 운동장을 준공한다.

운동장이 준공되고서 열린 첫 행사는 1921년 10월 14일 창신학교 운동회였다. 당시 창신학교는 운동장에서 불과 '걸어서 5분 거리'인 노비산 자락에 있었다. <동아일보> 1921년 10월 24일 자 기사는 '남녀노소 관중은 광활한 운동장 주위와 노비산으로 운집해 실로 인산인해를 이루었다'며 당시 분위기를 옮겼다. 마산구락부 운동장은 바로 앞에 구 마산역이 있어 접근성이 뛰어났다. 정확성을 겸비한 대규모 이동수단인 기차가 당시로는 큰 문화행사인 운동회 소식을 들은 시골 구석구석에 있던 많은 이들의 '들뜬 마음'까지 함께 싣고 왔으리라 짐작된다.

당시 마산구락부 운동장에서 열린 흥미로운 야구 기사도 눈에 띈다. <동아일보> 1922년 6월 21일 자엔 '분규(紛糾)로 막(幕)을 종(終)한 마산 소년야구회 원인은 심판 잘못'이라는 제목의 기사가 실렸다. 야구 경기 특성상 '그때나 지금'이나 심판 판정에 문제가 생길 수밖에 없었던 모양이다. 기사는 그해 6월 17일 마산소년야구대회 공립보통학교와 창신학교 결승전에서 보통학교 측이 '심판의 무리함에 분개하여 교정하기로 요구했으나 만족한 해결을 얻지 못해 불평을 품고 탈퇴'했다고 적었다. 이 기사 끄트머리는 '흥분된 선수와 기타 관계자들이 말썽을 일으켜 모처럼 주최한 소년야구회는 분규로 막을 내렸다'고 전했다. 즉 마산에서 열린 야구경기 가운데 '첫 몰수 게임'이었던 것이다.

앞서 1922년 3월 28일에는 마산구락부 운동장에서 당시 마산야구계의 거두였던 고 박광수, 황의찬 선수에 대한 추도회가 거행되기도 했다.

당시 일본인과 조선인이 이곳에서 야구 경기를 했다는 기록도 있다. 1923년 6월 15일 오후 3시 마산구락부 운동장에서 신마산 일본인으로 조직된 글로리팀과 구마산 '조선인 올팀'이 경기해 13-4로 구마산이 크게 승리했다. 1926년 창단한 구성야구단은 이듬해인 1927년 6월 12일 오후 2시 마산구락부 운동장에서 일인실업청년회야구부 실업단과 맞붙어 17-16으로 '진땀승'을 거두기도 했다.

'자전거 왕' 엄복동도 왔었다

1923년 5월 28일엔 이곳에서 마산체육회 주최, 마산구락부와 기타 신문사 후원으로 '전조선 자전거 겸 마라손(톤)대회'가 이틀 동안 열렸는데, 엄복동과 문판개 선수가 각각 출전해 우승했다. '떴다 보아라 안창남 비행기, 내려다보아라 엄복동의 자전거'라는 유행가가 만들어질 정도로 당시 엄복동은 '인기 절정의 스타'였고, 마라톤에서 우승을 한 문판개는 나중에 마산역장을 지내기도 했으며, 우무석(60) 시인의 외할아버지이기도 하다.

이 밖에도 마산구락부 운동장에서는 운동 경기나 운동회뿐만 아니라 어린이날 행사, 수천 명에 이르는 군중이 모이는 금주·단연(금연) 선전기행렬 등도 열려 당시 사람들에게 볼거리와 위안거리를 제공했다.

박영주(59) 지역사 연구가는 마산구락부 운동장 의미에 대해 이렇게 풀이했다.

"마산구락부 운동장은 일제강점기 순수하게 당시 시민들의 자발적인 기부금으로 만들어졌다는데 큰 의미가 있습니다. 더구나 운동장이 만들어진 이후에도 한 개인이나 행정당국에 맡기지 않고 공유재산으

1935년 5월 26일 마산구락부 운동장에서 열린 마산시민 대운동회 모습.
(사진 제공. 경남야구협회)

로 관리하고 활용했다는 사실도 특별히 다루어 기록해둘 만하다고 생각합니다. 즉 운동장을 만들고 운영해 나간 일련의 과정을 관통하는 바탕은 '건강한 공동체'를 지향하는 정신이었습니다. 체육 활동을 장려하고, 체육 발전 기틀을 만들었다는 점에서도 오늘날 문제의식을 계승해야 하는 역사적 당위도 있지 않나 싶습니다."

아쉽게도 마산구락부 운동장은 1937년 10월 15일 창신학교와 의신학교 운동회 소식을 끝으로 더는 기록에서 찾을 수 없다. 정확하게 언제, 어떤 이유로 운동장이 매각됐는지는 알 수 없는 상황이다. 다만, 1934년 6월 공유재산 관계자들과 지역 유지들이 협의해 마산에 오래전부터 전해 내려오던 공유재산(민의소 땅과 건물, 추산정 일대, 현금 약간 등)과 마산구락부 운동장 등 전체를 마산중앙야학교의 기본재산적립에 기부하기로 한 점, 그 무렵 공유재산정리회의 한 개인이 무단으로 공유재산 일부를 일본인에게 처분한 사실이 드러나 지역사회에 큰 파문이 일었던 점, 일제까지 개입하면서 복잡한 양상을 띤 점 등이 '운동장 소멸 과정'을 설명하는 실마리를 제공하고 있다.

한편, 마산구락부 운동장의 대척점에는 '중앙운동장'이 있었다. 일제가 옛 마산소방서 건너편 중앙동의 장군천과 월포교 근처 철도용지 약 5000평을 무상으로 기증받아 1924년 5월 31일 착공, 1926년 1월 26일에 완공했다. 중앙운동장은 한국인만을 위한 행사에는 좀처럼 개방되지 않았다.

육호광장에서 세워진
'마산야구 100년 기념' 표지석

운동장 옛 터에
지역 팬들 성금으로 조성

'이곳은 1921년 마산 사람들이 기부금을 모아서 닦은 9900여㎡(약 3000평) 넓이의 마산구락부 운동장이 있던 옛터이기도 하다. (중략) 100년을 이어온 마산 야구의 유구한 역사를 기념하고 마산구락부 운동장 옛터에 담긴 뜻 깊을 정신을 새기기 위해 이 표지석을 세운다.'

옛 마산구락부 운동장터인, 현 창원시 마산합포구 상남동 육호광장에는 '마산 야구 100년 기념 표지석'이 서 있다. 지난 2014년 마산야구 100년을 기념하고자 세운, 1.8m 높이의 화강암과 오석 재질로 만든 표지석은 지역 야구 100년을 압축해 담았다. 표지석 앞면에는 마산야구 100년 역사와 건립 취지를, 뒷면에는 1922년 전조선야구대회에 참가했던 마산 선수들과 1935년 마산구락부 운동장에서 열렸던 마산시민 대운동회를 찍은 사진 등을 새겼다. 건립 취지·역사 문장은 건립을 주도했던 마산야구 100년 기념사업회 추진위원회 위원들이 함께 적었다.

당시 추진위 위원으로 활동했던 변종민(59) 3·15의거기념사업회 상임이사는 표지석 제작 과정을 이렇게 회상했다.

"2014년 초부터 기념사업 활동을 추진했어요. 봉황대기 고교야구대회 유치부터 표지석 제작, 마산야구 역사 편찬 등을 준비했는데 예산 문제로 편찬 작업은 실행에 옮기지 못했어요. 표지석 건립도 애를 많이 먹었어요. 이재문 경남야구협회 회장을 비롯해 정규식 교수, 송순호 경남도의원 등 10명 안팎의 추진위

지역민들은 지난 2014년 창원시 마산합포구 육호광장에 '마산야구 100년 기념 표지석'을 세웠다.

마산야구 100년 기념 표지석 앞면.

1부 | '구도 마산' 꿈틀 (1914~1945)

위원과 야구팬 성금으로 제작비 1000만 원을 맞춰 겨우 세웠죠. 표지석만으로는 조금 밋밋해 보여 상단에 야구공을 넣자고 제안한 일도 기억나네요. 돌이켜보면 참 뜻깊어요."

표지석 제막식은 2014년 12월 6일 열렸다. 제막식에는 추진위 위원들을 비롯해 야구 원로 김성길 씨, 김성훈 전 마산용마고 감독, 전준호 현 NC다이노스 주루코치, 장원삼 현 LG트윈스 투수 등 20여 명이 참석했다.

마산야구와 민족주의

박영주 지역사 연구가
"운동장은 시민 결집 공간…민족의식 고취 한몫"

'마산 야구 100년 기념 표지석'은 사진 3장과 함께 설명 글을 담고 있다. 이 지역 야구 줄기를 잘 함축해 놓았다. 글을 쓴 이가 박영주(59) 지역사 연구가다.

그는 마산구락부 운동장이 야구뿐만 아니라 지역사에서도 큰 의미를 담고 있다고 했다.

"마산은 이전까지 변변한 운동장 하나 없다가 1921년 마산구락부 운동장을 조성했습니다. 지금으로 말하면 '범시민모금운동'을 펼쳤던 거죠. 이는 1919년 3·1운동 이후 시민 의식 영향도 있었다고 봐야죠. (마산체육사는 이와 관련해 '조선인의 일은 오직 조선인 자신이 해결해야 한다는 정신으로 조성했다'고 서술하고 있다.) 이 운동장은 야구 등 체육뿐만 아니라, 시민 행사, 금주·금연 캠페인 등 각종 장으로 활용됐습니다. 다만 정치집회는 많이 없었던 것으로 보입니다."

마산구락부 운동장은 1926년 '중앙운동장(지금의 마산 중앙동 장군천 인근)'이 들어서면서 조금씩 위축된 것으로 보인다.

"마산구락부 운동장이 조성될 때 일제가 노골적으로 방해했다는 흔적은 찾기 어렵습니다. 다만 중앙운동장이 그러한 쪽으로 해석될 수 있습니다. 중앙운동장 주변에는 일본인이 많이 살았습니다. 아무래도 일제가 마산구락부 운동장을 견제하려는 목적도 있었다고 봐야죠. 실제 중앙운동장이 만들어지면서 마산구락부 운동장은 시들해진 측면도 있었던 것으로 보입니다."

박영주 지역사 연구가가 일제 강점기 시절 마산구락부 운동장에 대해 설명하고 있다.

그는 이러한 흐름 속에서 '마산 야구'가 안고 있는 의미를 이렇게 풀이했다.

"야구는 협동을 필요로 하잖아요. 1914년 창신학교가 처음으로 야구부를 만들었는데, 이 학교에는 민족주의자가 많았습니다. 이후 일제 강점기에 구성야구단이 활동했습니다. 조선 사람이 야구로 힘을 합쳐 일본을 이기려는 의미도 담겨 있었습니다. 그 내면에도 민족의식이 자리 잡고 있었던 거죠. 마산 야구는 하나의 대중문화이면서도 민족주의 뿌리를 이끌었다고 할 수 있습니다."

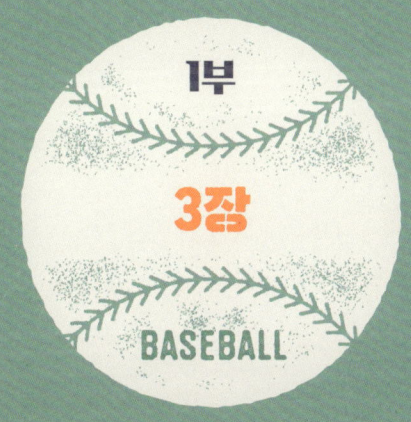

1부

3장

BASEBALL

1925년 국내 최초 여자 경기 주인공이었다

마산의신-진주시원학교 사상 첫 대결

'마산야구'는 1914년 창신학교(현 창신중·고) 야구부 창단을 통해 태동했고, 이후 1921년 마산구락부 운동장을 중심으로 꽃을 피워나갔다. 이후 1920년대 중반 우리나라 야구사 한 페이지를 장식하는 일이 있었다. 마산의신여학교(현 의신여중)가 진주시원여학교(1939년 폐교)를 찾아 '전국 최초 여자 야구 경기'를 한 것이다.

1925년 3월 5일 마산의신여학교 교사 4명과 학생 14명이 진주를 찾았다. 이들은 다음날인 6일 오전 11시 진주시원여학교 운동장에서 이 학교 학생들과 야구 경기를 펼쳤다. 마산의신여학교는 1회부터 7점을 뽑으며 기세를 올렸고, 결국 48-40으로 승리를 거머쥐었다.

동아일보는 1925년 3월 14일 자 신문에서 '여학생의 야구전'이라는 제목으로 이 내용을 다뤘다. 특히 '여자 야구전은 이번이 조선에 처음임으로 상당한 흥미를 끌었다'고 적어놓았다.

〈한국야구사 연표〉는 이 당시 경기를 '조선 최초 여자야구 경기'로

馬山義信=晉州柴園
女學生의 野球戰
조선처음이라고상당한인기
기술의부족으로진주군참패

마산사립의신녀학교(馬山私立義信女學校)금년졸업생 열네명은 지난오일에 네명의선생과 함십팔명으로마산군의승리에도라가는 지난오일에 네명의선생과 함십팔명으로마산군의승리에도라갓는데 친주(晉州)에와서륙일오전덜데녀자게의 야구전은 이번이조한시부터 시월녀학교(柴園女學校)와 야구전(野球戰)을 동학교운동장에서 개최한바 진주군의 주각방면으로 견학을하고 팔일약간미숙한덤이잇쉬데 일회친부에 마산으로도라갓다더라(진주)

<동아일보>는 1925년 3월 14일 자 신문에
마산의신여학교-진주시원여학교 간 여자야구 경기 관련 내용을 담았다.

공식화하고 있다.

이 경기는 지금과 마찬가지로 9회까지 진행된 것으로 확인된다. 하지만 그 외 좀 더 자세한 자료는 찾아볼 수 없다. 또한 이후 마산의신여학교·진주시원여학교의 '여자야구 명맥' 관련 기록도 남아있지 않다. 다만, 흩어져 있는 여러 상황을 하나하나 모아보면 유추 가능한 대목들이 있다. 이를 위해서는 우선 '마산의신여학교'에 대해 좀 더 들여다볼 필요가 있다.

'마산의신여학교' 뿌리는 이 지역 야구 시초인 창신학교에 있다. 호주 선교사들이 1906년 설립한 창신학교는 1908년 개교 당시 '남녀 공학'으로 운영됐다. 여전히 유교 사상이 지배하는 시기였다는 점에서, 이는 매우 혁신적인 시도였다. 하지만 실제 운영은 순탄하지 않았다. 〈창신 90년사〉는 다음과 같은 내용을 기술해놓고 있다.

'막상 그것을 운영하는 데는 여러 가지 문제가 생겼다…(중략)…서울에서 초빙된 남승 선생은 학생지도를 하는데 어찌나 엄한 분이었던지, 교실 안에서 어쩌다 눈만 한 번 돌려 여학생을 보아도 벌을 주고, 또 운동장에 나와서 놀 때도 남녀를 별도로 놀게 할 뿐만 아니라, 남학생 공이 여학생 노는 속에 들어가면 여학생이 주워 줄 때까지 기다리도록 하는 등….'

창신학교 학생들은 이러한 분위기에 반기를 들었고, 결국 해당 교사 사임까지 끌어냈다고 한다. 하지만 창신학교는 남녀 공학에 따른 어수선

마산의신여학교는 1925년 3월 6일 오전 11시 진주시원여학교와 야구 경기를 펼쳐
48-40으로 승리했다. 당시 경기가 펼쳐진 곳은 진주시원여학교 운동장이었다.
사진은 1920년대 진주시원여학교 운동회 모습으로 야구 경기를 할 수 있을 정도의 운동장 규모다.
(사진 제공. 2013년 9월 '경남근대사진전' 당시 경상남도 / 원 제공자: 호주 교민 신앙교양잡지사 <크리스챤리뷰>)

한 분위기를 풀기 위해 결국 결단을 내려야 했다. 여학교를 독립 운영하기로 한 것이다. 그렇게 탄생한 것이 1913년 4월 5일 개교한 마산의신여학교였다.

이 학교 역시 호주 선교사 이름이 여럿 등장하는데, 이들이 여자 야구 씨앗 역할을 했다.

마산의신여학교 초대 교장은 호주 선교사인 '아이다 맥피(한국명 미희. 1881~1937)'였다. 이후 호주 여성 선교사 몇몇이 교장직을 이어가는데, 특히 주목할 만한 인물이 있다.

'에디스 커(한국명 거이득. 1893~1975)'는 1924년부터 1927년까지 마산의신여학교 교장을 지냈다. 그는 이 시기 전후로 역시 호주 선교사 학교인 진주시원여학교 교장을 맡기도 했다. 즉, 그가 1925년 여자야구 친목 경기를 펼친 두 학교 간 연결고리를 두고 있다.

당시 신문 기사 내용을 좀 더 풀어보면, '마산의신여학교 올해 졸업생들이 경기 전날 진주에 도착했고, 경기 다음 날에는 진주 곳곳을 견학했다'는 내용이 있다. 당시 졸업 시기는 3월 말이었다. 즉, 마산의신여학교 졸업 예정자들이 일종의 '수학여행' 형식으로 자매 학교인 진주시원여학교를 방문한 것으로 보인다.

그럼에도 이 자리에서 운동 경기, 그것도 야구를 한 배경은 여전히 의문으로 남는다. 이에 대해 김부열(57) 현 의신여중 교사는 이런 얘길 전했다.

"'에디스 커' 관련 기록을 찾아보면 한 가지 의미심장한 내용을 발견

할 수 있습니다. '에디스 커가 여성들에게 농구를 가르쳤다'는 설명과 함께 관련 사진 하나가 나옵니다. 사진은 치마 입은 여학생들이 작은 운동장에서 농구를 하는 장면입니다. 여기가 정확히 어디인지 확인하지는 못했어요. 다만, 에디스 커가 마산의신여학교·진주시원여학교에서 근무했으니, 두 학교 가운데 하나일 것으로 보입니다. 그런데 진주시원여학교 운동장 규모는 야구 경기를 할 수 있을 정도로 꽤 컸습니다. 다른 사진을 통해 이를 확인할 수 있죠. 이를 고려할 때 농구 장면은 마산의신여학교일 가능성이 높아 보입니다. 즉, '에디스 커'가 여러 운동을 여학생들에게 가르쳤고, 그것이 1925년 3월 마산의신여학교-진주시원학교 야구경기로 이어지지 않았을까, 그렇게 추론해 볼 수 있다는 거죠."

또한, 당시 호주 선교사들은 창신학교 야구를 위해 본국에서 관련 용품을 공수해 오기도 했는데, 그러한 분위기가 자연스럽게 의신여학교로까지 스며들었던 것으로 보인다.

김재하(61) 현 창신고등학교 교사는 이렇게 전했다.

"당시 의신여학교는 창신학교와는 담 하나를 사이에 둔 남매학교였습니다. 이는 창신학교와 마찬가지로 호주 선교사들 영향으로 신문물에 열려 있었다는 의미이기도 합니다."

〈마산시 체육사〉도 당시 두 학교 간 분위기를 잘 나타내고 있다.

'사립창신학교와 사립의신여학교는 같은 재단인 관계로 연합체육대회를 개최하기도 하였다…(중략)…1927년 5월 17일에는 연합춘계대운동회를 마산구락부운동장에서 개최하였다. 창신악대의 주악과 교장의 개회사가 있은 다음에, 연합 체조를 비롯하여 60여 종의 경기가 진행되어 수천 관중들이 환호하였다.'

마산의신여학교의 진취적인 분위기는 좀 더 살펴봐야 할 대목이다.

이 학교 교사·학생들은 창신학교와 함께 1919년 3·1운동 선봉에 나섰다. 박순천(1898~1983) 교사 같은 경우 직접 태극기를 만든 것으로 알려져 있다. 박 교사는 훗날 최초 여성 국회의원, 민주당 총재로 활동한 인물로도 알려져 있다.

박영주(59) 지역사 연구가 얘기다.

"마산지역 3·1운동 특징 중 하나가 여학생들이 주도했다는 점입니다. 여학생 22명이 결사대를 조직해 태극기를 그리는 등 사전 준비를 철저히 했죠. 큰 가두시위가 세 번 있었는데, 여학생들이 두 번째 시위 때까지 가두행렬 앞에 섰습니다. 그러한 진취적인 정신이 몇 년 후 '여자 야구'라는 새로운 문화를 받아들이는 데도 한몫하지 않았을까요?"

김부열 교사도 비슷한 풀이를 했다.

"호주도 영국 지배를 받던 나라입니다. 그래서 호주 선교사들이 일제 강점하에 있던 우리나라에 좀 더 각별한 마음을 뒀던 것으로 보입니다. 이들은 당시 의신여학교에서 여성 평등권을 심어주려 노력했습니다. 그 과정에서 '남자가 하는 스포츠를 여자가 못할 리 없다, 우리도 해보자'는 분위기도 있었을 것입니다. 그리고 3·1운동 이후 선진 문화에 대한 갈구도 컸던 것 같고요. 야구·농구와 같은 스포츠가 그 도구 가운데 하나일 수 있었던 게 아닐까요?"

한편 1925년 11월 3일 자 〈동아일보〉는 당시 여자야구 관련 기사 하나를 다뤘다. 미국여자야구단이 일본에서 원정 경기를 펼쳤다는 내용이다. 이 기사는 '여자들로서 그와 같은 야구단이 조직돼 있다는 것은 진기한 일이오, 또한 여자들 운동경기가 그만큼 발달되었다는데 있이서 일반의 흥미를 끈다'며 당시 여자야구에 대한 시각을 담았다.

이 미국여자야구단은 얼마 후 한국에도 왔다. 우선 11월 21·22일 일본팀인 경성일본사람야구단과 시합을 했다. 그리고 23일에는 당시 남자야구 국가대표급인 서울군과 경기를 펼쳐 5-7로 패했다. 〈동아일보〉는 서울군과의 시합 분위기를 한 면에 걸쳐 특집 형식으로 다뤘는데 '우리 여자 운동계에 얼마나 자극과 영향을 주고 갈지 매우 흥미 깊은 시합'이라고 했다.

진주,
1920년대엔
야구의 고장이었다

1970~80년대 조광래(65) 전 경남FC 감독의 현역 시절을 아는 연배라면 틀림없이 진주를 '축구도시'로 기억할 것이다. 진주는 한때 '그라운드의 여우', '컴퓨터 링커'로 불렸던 조 감독을 배출할 정도로 축구가 융성했던 도시다. 지금도 '동계전지훈련장'으로 각광받으며 많은 축구인이 겨울마다 진주를 찾는다.

하지만, '역사의 시계'를 100년 전으로 되돌리면 이야기가 달라진다.

1920년대 도청이 있던 경남 '수부도시' 진주는 '구도 마산'과 어깨를 나란히 할 정도로 야구가 활성화한 곳이었다. 따라서 한국야구사 최초 여자야구경기인 1925년 3월 6일 진주시원여학교 대 마산의신여학교 경기는 이런 진주지역 야구 흐름과 떼어놓고 생각할 수 없다.

1921년 3월 25일 자 〈동아일보〉는 '1921년 3월 20일 진주 비봉동에 신설한 운동장에서 진주운동협회 주최, 부산일보 진주지사 후원으로 부산일보 원정대와 진주군의 야구경기가 열려 진주군이 13-6으로 이겼다'는 소식을 전한다. 또한 1923년 6월 3일 '진주제일보교(현 진주초등학교)' 운동장에서 경남소년야구대회가 열렸으며, 삼천포 소학교, 진주제일보교, 심상소학교, 제이보교 등 4개 학교가 참가했다는 기록도 있다.

그뿐만 아니라 당시 진주 사람들이 야구를 얼마나 좋아했는지 짐작할 수 있는 이야기도 이어진다.

경남야구협회 소장 자료를 보면, 1925년 4월 24일 진주고등보통학교(현 진주고)가 개교하면서 야구부를 창설(아쉽게도 정확한 기록은 없음)해 인근 도립사범학교, 진주농업학교 등 3개교가 1926년부터 1928년까지 해마다 10월 1일 야구를 비롯한 '학교 대항 체육대회'를 개최했다고 나와 있다.

지금으로 치면 진주 대표가 마산 대표를 꺾었다는 기사도 눈길을 끈다. 1926년 11월 7일 진주제일보교 운동장에서 '진주군 대 마산군'이 경기를 벌여 진주군이 12-8로 마산군을 눌렀다. 당시 소식을 전한 신문 기사는 제목을 '마산군 참패'로 달았다.

"열린 교육환경서 평등의식 싹 틔워"

김부열
마산의신여중 교사

마산의신여학교는 지난 1939년 일제강점기에 신사참배 거부로 폐교하게 된다. 그러다 1949년 의신여자고등공민학교로 다시 문을 열었고, 이후 1968년 지금의 의신여자중학교로 재탄생했다.

학교 운동부는 과거 역도부·사격부 등이 있었지만, 2018년 태권도부까지 해체하면서 현재 없는 상태다.

김부열(57) 마산의신여중 교사는 역사 과목을 가르치고 있다. 그는 '호주 선교사' '인근 창신학교' '열린 교육에 따른 개방·진취적 자세' 등이 이 학교 여자 야구의 직·간접적인 동기였을 것으로 보고 있다.

> "아이다 맥피(한국명 미희)는 초대 교장 등 24년간 우리 학교에서 봉직하다 1937년 진주에서 돌아가셨습니다. 그 묘지가 마산 무학산 쪽에 있다가 창원공원묘원으로 옮겨졌습니다. 지금까지 마산 땅에 묻혀 있는 것이죠. 이분은 특히 여성 교육에 관해 투철한 관념을 뒀던 것으로 전해집니다. 당시 학생들은 그 속에서 평등권, 민족주의, 항일 의식을 키워나갈 수 있었을 거고요."

김 교사는 '조선 최초 여자 야구 학교'라는 자부심 속에서 오래전부터 관련 기록을 추적해 왔다.

> "과거에는 그러한 얘길 전해 들어 알고 있는 정도였습니다. 그런데 학교 선생님 한 분이 제주도 서귀포시에 있는 한국야구명예전당(1998년 개관, 이광환 전 LG트윈스 감독이 소장품 3000여 점 기증)에 갔

김부열 마산의신여중 교사가 학교 역사 자료를 바탕으로
'조선 최초 여자 야구 경기' 단초에 대해 설명하고 있다.

다가, 전시된 동아일보 1925년 3월 14일 자 신문을 보신 거죠. 마산의신여학교-진주시원여학교 대결이 국내 최초 여자야구경기였다는 내용으로, 현재까지 유일하게 증명하는 자료입니다. 진주시원여학교는 1939년 6월 신사참배 거부로 폐교했고, 한국전쟁 때 그 건물마저 불타 사라졌습니다. 우리 학교에도 안타깝게 야구 관련 기록은 전혀 남아있지 않습니다."

'조선 최초 여자 야구'가 재조명될 수 있도록, 김 교사는 관련 자료 수집과 기록 정리를 이어가겠다는 열의를 내비쳤다.

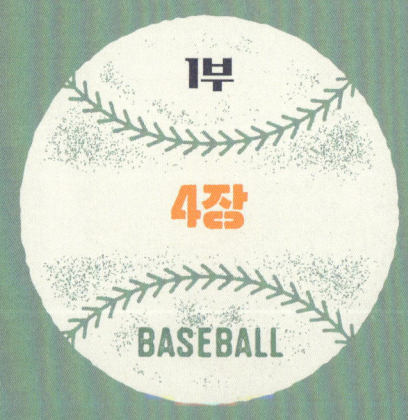

1부 4장

1920년대 중반 구성야구단 창단

'아홉개 별'
조선 으뜸 마산야구단

1921년 마산구락부 운동장 조성과 맞물려 이 무렵 마산야구는 상당한 수준에 이르렀던 것으로 보인다.

1922년 제3회 전조선야구대회가 끝나고 나서 박석윤이 동아일보에 연재한 '관전기(10월 21일~11월 3일·총 11회)'가 이를 증명한다. 박석윤은 1922년 12월 미국 메이저리그 선발팀이 조선 땅을 방문해 전조선 선발팀과 경기를 했을 때 조선 대표 투수로 완투를 했던 인물이기도 하다. 그는 마산야구를 이렇게 표현했다.

'이번 대회에 남조선 패자 마산이 참가하지 못한 것은 매우 유감이다. 풍문으로 듣건대 일본팀과 시합에서 투수는 어깨를, 야수는 다리를 다쳐 참가하지 못했다고 한다. 마산청년들은 얼마나 슬플까. 마산팀은 타격에서 우수한 기술을 지닌 팀이다. 오늘날 우리나라 야구계는 타격이 몹시 부진한 상태다. 내년에 마산군이 타격감을 충분히 발

1927년 8월 10일 구상야구단이 주최한
'음악 및 소녀가극납량연주회' 소식을 다룬 〈동아일보〉 기사.

휘하길 바란다.'

'남조선 패자(覇者·운동 경기나 어느 분야에서 으뜸이 되는 사람 또는 단체)'라는 말에서 볼 수 있듯, 이 시기 마산야구는 전국 어디에 내놔도 부족함이 없었다. 선수·장비 수급이나, 대회 참여에 필요한 경비 마련에 일부 문제를 겪었을지언정 실력만큼은 존경받아 마땅했던 셈이다.

이런 마산야구가 또 한 번 발전을 이룩한 건 1920년대 중반이다. 창신학교를 졸업한 김성두를 주축으로 지금의 야구동호회 격인 야구단이 조직됐는데 그 이름은 '구성야구단'이다.

물론 구성야구단 이전에도 마산에는 일본인들로 구성된 '글로리단'과 한국인들로 구성된 '미우팀' 등이 있었다. 1920년대 들어서는 보청팀, 마산중포병대대 야구단 등도 활동했다. 1928년 마산체육협회 재발족 이후에는 야구 활성화에 탄력을 얻었다. 다이조 타이마이가 기증한 우승기 쟁탈전 야구대회가 열리는 등 그야말로 '마산 야구 붐'이 일었다. 그럼에도 구성야구단이 오래도록 회자하는 이유는 지역 청년 중심으로 마산야구 1세대들이 자발적으로 만든 순수 동호회라는 점, 남다른 실력을 자랑했다는 점, 지역 유지들 관심이 높았다는 점 등 때문이다.

구성야구단 출범 연도·전신은 명확하지 않다. 단, '구성야구단'이라는 온전한 이름이 처음 등장하는 건 1926년으로, 이 때문에 구성야구단 창단을 이때로 보는 눈이 많다. 1926년 10월 10일 '구성야구단 부흥'이라는 제목의 〈동아일보〉 기사다.

'침체에 빠진 마산운동계를 안타깝게 생각한 지역 청년 10여 명이 힘을 모았다. 이들은 수년 전에 만들어져 명성 높았지만 여러 문제로 흐지부지 존재하던 '마산구리야구단'을 부흥하기로 했다. 이들은 야구단을 새롭게 편성하는 동시에 마산야구계 장래를 고려해, 소년선수를 키우기로 했다.'

이때 김성두와 함께 마산운동계 부흥과 구성야구단 창단에 앞장선 건 이광래·김육·김광수·김주찬·윤종진·김용원·최문식 등이다. 대부분이 창신학교 야구창단 멤버들로, 자신들 주무대를 학생부에서 성인팀으로 옮긴 셈이다.

구성야구단은 이따금 서울·부산 등 대도시 야구단을 초청해 경기를 하고는 했다. 하지만 야구단 운영이 마냥 순탄치만은 않았다. 야구단 운영비를 마련하는 일이 특히 문제였는데, 지역 유지들이 해결에 힘을 모았다.

1927년 3월 18일 '구성야구단부흥'이라는 제목의 〈동아일보〉 기사다.

'마산야구계 패왕 구성야구단은 경제적 문제 등 여러 가지 장애로 어려움을 겪고 있다. 이에 마산운동계 유지 김계호와 김종수를 비롯한 청년 수십 명이 도움을 줬다. 지원을 받은 구성야구단은 최근 구단 내부를 다지고 운동기구를 사들이는 등 맹렬히 연습하고 있다.'

주변 도움뿐 아니라 구성야구단 자체적으로도 돌파구를 모색했다.

마산에서 개최하는 문화행사 중심 역할을 맡은 건데, 1927년 8월 10일 열린 '음악 및 소녀가극납량연주회'가 대표적이다.

구성야구단이 주최하고 마산악우회, 마산악대, 구성야구단 후원회, 3개 단체가 후원한 연주회 사회는 김성두가 맡았다. 연주회에서는 구성야구단 단가 후 20여 곡의 청아한 음악이 울려 퍼졌다. 특히 소년들만으로 구성된 합창단이 '빛난 무궁화'를 불렀을 때 관중 호응이 컸다. 연주회를 통해 구성야구단은 상당한 동정금을 모아, 야구단 운영 경비에 사용할 수 있었다. 연주회를 다룬 〈동아일보〉 기사에서도 '연주회가 대성황을 이루었다', '박수소리로 장내가 진동했다'고 할 정도니 구성야구단 위치와 인기를 가늠하게 한다.

지역민이 보내준 동정에 구성야구단은 '실력'으로 답했다. 1927년 6월 12일 구성야구단은 일본인들이 만든 '일인실업청년회야구부실업단(이하 실업단)'과 경기를 치렀다. 마산구락부 운동장에서 열린 이날 경기에서 구성야구단은 실업단을 17-16으로 꺾으며 마산야구 자존심을 세웠다.

물론 모든 스포츠가 그렇듯 매번 승리만 있었던 건 아니다. 1927년 9월 4일 진해해군공작부야구단과 경기를 치른 마산구성야구단은 진해군에 6-8로 패했다. 마산중앙운동장에서 열린 이날 경기는 3시간가량 진행됐는데, 당시 〈동아일보〉는 '양군의 형세가 비등했다', '해당 시합은 우천으로 몇 차례 연기됐다가 열렸다', '관중 인기를 끌었다'고 경기 안팎 분위기를 전했다.

매 경기 승패를 떠나 빼어난 실력을 뽐냈던 구성야구단은 1931년 남조선야구대회 우승을 차지하며 최전성기를 맞았다. 남조선야구대회는

1931년 10월 18~19일 여수야구장에서 여수이글구락부 주최와 〈동아일보〉 여수지국 후원으로 열린 대회다. 대회에는 마산구성야구단을 비롯해 순천야구협회, 여수야구협회 이글구락부 등이 참가했는데 우승은 구성야구단에 돌아갔다.

1931년 이후로 구성야구단 활동 소식은 찾을 수 없다. 팀이 자연스럽게 해체됐는지 혹은 팀 명을 바꿨는지 등 어느 하나 명확하지 않다. 단, 구성야구단에서 뛰었던 선수가 다른 팀에서 활동했던 기록은 있다. 1934년 창단한 '쓰바메(제비) 야구단'이 한 예다. 한국인으로만 구성한 이 팀에는 김성두(투수 겸 외야수·마산부청), 김육(외야수), 김광수(포수 겸 3루수·마산우체국) 등 구성야구단 주축 멤버가 속했던 것으로 알려진다. 여기에 백두평(토수 미산우체국), 박상화(유격수·기관고), 박순경(투수·개인사업) 등이 더해진 쓰바메 야구단은 일본인 야구단과 친선경기를 벌이며 당대 마산 야구단 중 가장 큰 인기를 끌었던 것으로 전해진다.

이 밖에 1935년 〈동아일보〉 마산지국 주최 연식야구전 준비위원에 김성두가 이름을 올리고, 김광수가 훗날 부산야구협회 심판위원장을 지냈다는 점 등을 고려하면 구성야구단 영향력과 소속 선수들의 활동은 지역에서 꽤 오랜 기간 이어진 것으로 보인다.

앞서 언급했듯 구성야구단 창단 시기는 명확하지 않다. 옛 신문기사를 근거로 1926년을 창단시기로 보는 시각이 많다. 여기서 한 가지 짚어볼 게 1924년 〈조선일보〉 기사다.

1924년 4월 17일 〈조선일보〉 4면에는 제목 '마산야구단재흥', 부제 '주성야구단개명'을 단 기사가 실렸다. 현대식으로 바꾼 기사 내용은 다

1931년 10월 18~19일 열린 남조선야구대회에서 구성야구단이
우승을 차지했다는 <동아일보> 기사.

음과 같다.

'10여 년 이래로 남조선야구계 패권을 장악하고 전 조선에 명성이 자자했던 마산야구단. 하지만 지난가을 이래로 선수 부족과 기타 원인으로 활동이 지지부진했다. 이에 단원과 유지 몇 사람의 발기로 지난 13일 마산구락부회관에서 야구단재흥을 위한 회의가 있었다. 회의에서는 마산야구단 명칭을 적성야구단으로 바꾸고 규칙과 유지방침을 논의했다. 또 감독 손문기, 간사 강종완, 고문 김지철 등 10명을 임원으로 뽑고 11시 반에 폐회했다.'

기사를 보면 알 수 있듯 부제의 주성야구단은 본문에서는 적성야구단으로 등장한다. 어느 것 하나가 오타이거나 구성야구단을 잘못 쓴 상황도 생각해 볼 수 있다. 아울러 감독·간사·고문 등으로 뽑힌 이름은 1926년 구성야구단 멤버와 한 명도 겹치지 않는다. 혹 적성(혹은 주성)야구단이 구성야구단 시초가 맞다면 창립 멤버와 야구 부흥을 재차 이끈 멤버가 다르다는 걸 유추할 수 있다.

한 가지 확실한 건 이 시기 마산야구단은 '침체-부흥'을 수차례 겪었다는 것이다. 어려운 상황 속에서도 야구 명맥을 이으려는 노력이 수년간 지속해 왔다는 건 새겨둘 만하다.

초창기 마산야구 전설
김성두

남야구협회는 김성두(金性斗)를 '마산 야구 레전드' 시작 인물로 보고 있다. 하지만 이름 석 자 무게감에 비해 현재 남아있는 기록은 매우 초라한 수준이다.

김성두는 선수로서 업적보다는 '지역 야구 주춧돌 역할'로 더 많은 족적을 남겼다. 그는 '마산 야구 효시(1914년)'인 창신학교 출신이다. 이 지역 야구 출발점서부터 궤를 같이한 말 그대로 '마산야구 1세대'다.

김성두는 1926년 같은 창신학교 출신들과 함께 '구성야구단'을 만들었는데, 이를 주도한 것으로 알려지면서 주목받았다. 그리고 1934년 만들어진 '쓰바메(제비) 야구단'에서도 활동했다. 당시 수준과 팀 체계를 짐작했을 때 '포지션' 개념에 큰 의미를 두기 어렵지만, 김성두는 투수 겸 외야수로 기록돼 있다.

김성두는 이후 1935년 〈동아일보〉 마산지국에서 주최한 연식야구전 준비위원을 맡기도 했다. 김성두는 사회조직에도 적극적으로 참여했다. 기존 청년 단체들을 통합한 마산청년동맹이 1927년 12월 창립했는데, 김성두는 여기서 집행위원으로 활동했다. 1933년 '제7회 시민대운동회'에서도 준비위원에 이름 올렸다.

김성두는 해방 이후에도 지역 체육계에서 활동한 것으로 나타난다. 이를 위해서는 마산체육회 흐름을 살펴볼 필요가 있다. 마산체육회는 1922년 8월 26일 마산구락부회관에서 창립했다. 하지만 이 지역 체육활동은 1920년대 초중반 전반적으로 활성화하지 못하는 분위기였다. 그러다

1928년 10월 1일 마산체육협회가 재발족하면서 전환점으로 작용했다. 특히 마산체육협회는 재조직 이후 첫 사업으로 야구대회를 열었다. 이후 마산지역 체육계는 1945년 8월 해방 직후 곧바로 조직 재건에 나섰는데, 여기에 김성두가 등장한다.

〈디지털창원문화대전〉에는 '마산 체육회는 1945년 10월 15일에 성호국민학교에서 옥종수·팽삼진·김성두·박삼조 등 40대 체육 동호인 40여 명이 참석한 가운데 발족하였다'고 되어 있다. 김성두는 여기서 공식적으로 이사 역할을 맡았다. 그는 이후 1948년 7월 개최된 '제1회 전마산부민체육대회'의 준비위원으로 활동하기도 했다.

안타깝게도 이후 행적에 대해서는 찾아보기 어렵다.

1920년대에도
한일전에 사활

아무리 인기 없는 스포츠 경기도 한국과 일본이 맞붙으면 눈과 귀가 쏠리기 마련. 특히 야구나 축구처럼 열기가 뜨거운 종목의 경기가 있는 날이면 시청률은 '고공행진'을 이어간다. '일제 강점기 36년'을 겪은 데다, 지금까지 일본의 제대로 된 사과조차 없으니, 말 그대로 전쟁을 뜻하는 '한일전(韓日戰)'이 될 수밖에 없다. 양국 선수와 감독은 말할 것도 없고, 보는 이들 모두 흥분 속에 응원에 나선다.

1920년대 마산에서도 당시 일본인과 조선인이 심심찮게 야구 경기를 했다는 기록이 여럿 있다.

1921년 8월 29일 자 〈동아일보〉는 같은 해 8월 25일 오후 창신학교 운동장에서 '마산 일본인 유학생으로 조직된 야구군과 마산조선인 청구군이 시합을 벌여 일본군이 참패했다'고 전한다. 또 1922년 6월 11일 마산구락부 운동장에서도 '마산일본인거류민으로 조직된 신마산야구선수와 마산구락부군이 야구경기를 벌여 신마산군이 참패했다'는 내용이 있다. 이듬해인 1923년 6월 15일 오후 3시 마산구락부 운동장에서 신마산 일본인으로 조직된 글로리팀과 구마산 '조선인 올팀'의 경기에서도 13-4로 구마산이 크게 승리했다.

구성야구단도 1927년 6월 12일 오후 2시 일인실업청년회야구부 실업단을 상대로 17-16으로 승리했다.

당시 신문보도에 '응원대' '박수' '성황'이라는 단어가 빠지지 않고 등장하는 걸 보면 그때도 스포츠 경기 이상이었을 것으로 보인다. 1919년 3·1운동에 마산의신여학교와 창신학교 등이 앞장서

1927년 6월 12일 구성야구단이 "일인실업청년회야구부실업단"과
경기를 치러 17-16으로 승리했다는 <동아일보> 기사.

고, 같은 해 4월 마산 지역 진전면(鎭田面)·진북면(鎭北面)·진동면(鎭東面) 세 개 면이 연합해 벌인 만세 운동(삼진의거)이 있었던 만큼, 당시 일본인과 야구 경기에 나서는 조선인과 응원하는 이들의 마음 한편엔 이러한 '항일정신'이 있었던 것으로 충분히 짐작해 볼 수 있겠다.

박영주(59) 지역사 연구가 얘기다.

"창신학교가 1914년 민족주의 바탕 속에서 야구를 처음 시작했잖아요. 그 학생들이 주축이 돼 이후 구성야구단을 만들었고요. 이러한 흐름 속에서 보면 마산 야구는 특히 '항일' 의미를 담고 있다고 봐야죠. 조선 사람들이 팀 경기에서 힘을 합쳐 일본을 이기겠다, 그런 의미가 짙게 깔려있다고 생각됩니다."

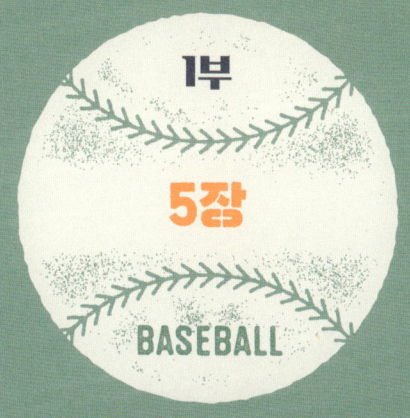

1부 5장

1940년대 마산 고교야구 태동

1946년 창단한 마산군, 고교 선수 육성 밑거름 역할

1930년대 '친선야구 붐'

'마산 야구'는 1914년 창신학교 야구부 결성을 시작으로, 1921년 마산구락부 운동장 조성, 1926년 마산 구성야구단 창단 등을 거듭하며 1920년대를 건너왔다. 이러한 '축적의 시간'이 있었던 만큼 1930년대도 '마산 야구' 수준은 상당했던 것으로 보인다. 다만, 이 당시엔 서울 등 전국대회에서 뚜렷한 성적을 거두었다는 기록을 찾기 어려운 걸 보면, 1945년 해방 전까지 '마산 야구'는 지역 중심 '친선야구'에 한정됐던 것으로 보인다.

경남야구협회 상임고문을 지낸 고 김상대 씨는 살아생전 이런 증언을 했다.

"내가 국민학교 1학년 때였으니까 1934년께였을 겁니다. 옛 마산소방서 앞에 마산 중앙운동장(1926년 1월 26일 완공)이 있었죠. 그때 한국인만으로 구성된 제비(쓰바메)야구단과 일본인 야구단이 친선경기를 자주 벌였습니다. 그때마다 빼놓지 않고 구경을 가곤 했습니다."

제비야구단에 이어 해방 전까지 마산에서 이름 알려진 야구단은 '나카무라 야구단'이 꼽힌다. '나카무라 야구단'은 함안군 군북면에 있는 나카무라 광업소의 광산주인 나카무라가 창단했다. 기록에는 그가 '야구광'이었으며, 한국인·일본인 가리지 않고 우수 선수를 모두 스카우트해 월급을 주며 팀을 키웠다고 전해진다. 나카무라야구단에는 진재호(마산용마고 14회)가 감독 겸 우익수로 뛰었으며, 국가대표 선수와 감독을 역임한 김계현(마산용마고 16회)이 유격수로 뛰었다.

제비야구단과 나카무라 야구단 외에도 당시 마산에는 기관고(철도)·우체국·세무서에서 팀을 운영했고, 마산중에도 야구팀이 있었다. 이런 야구 저변이 있었기에 1936년 4월 5일 마산구락부 운동장에서 〈동아일보〉 마산시국 주최로 제2회 전마산 노동야구대회가 열리기도 했다.

해방 이후 전국 무대 진출 본격화

'마산 야구'가 본격적으로 전국무대에 눈 돌리기 시작한 건 해방 이후부터다. 여기에 앞장선 인물이 바로 사업가 옥종수(초대 마산시장을 지낸 옥기환 씨 장남) 씨다. 그는 당시 마산에서 '도정공장'을 운영하며 마산에 야구단을 만들겠다는 생각을 행동으로 옮긴다. 당시 서울에 있던 이경구 씨를 감독으로 초빙했던 것이다. 이 감독은 휘문고보를 졸업하고 지금으로 치면 국가대표인 전조선대표 외야수로 활약했으며, 1946년 조선야구협회가 창설되자 초대 이사를 맡기도 했다.

1946년 3월 하순 창단한 마산군에서 1루수로 뛰었던 고 고광적 씨 얘기다.

"이 감독은 젊은 시절 야구 외에도 축구·정구 등 못하는 운동이 없었습니다. 키가 작아 '다마꼬'라는 별명이 붙었죠. 훈련은 엄하게 시켰지만 인정이 많았고 평소 선수들과 친구처럼 어울렸습니다."

당시 옥종수 씨가 마산군 단장을 맡아 뒷바라지를 했다. 마산군은 3개월 동안 훈련을 한 뒤 1946년 6월 경성(서울)에서 자유신문사와 조선야구협회 공동 주최로 열린 '제1회 월계기 쟁탈 전국도시대항대회(6월 7~12일 경성운동장)'에 출전했다. 이 대회는 경성을 비롯해 부산·마산·대구·대전·광주·전주·군산·개성·인천·춘천 등 11개 도시 팀이 참가한 가운데 4일간 토너먼트로 열렸다.

마산군은 1차전에서 전주군을 4-2로 꺾고 준준결승전인 2차전에 진출했지만, 경성군에 1-12로 대패했다. 마산군은 같은 해 7월 12·13일 부산·마산에서 이재(罹災·재해를 입은) 동포 구호금 모금을 위한 야구경기를 벌인다. 두 경기 모두 12회 연장전 끝에 승부가 갈렸다. 부산에서 벌어진 첫 경기에서는 부산군이 12회말 1-1 동점에서 1점을 뽑아 2-1로 승리했다. 마산경기에서는 12회말 마산군이 5-5 동점에서 2점을 뽑아 7-5로 부산군을 물리쳐 1승1패를 기록했다.

1936년 4월 5일 마산구락부 운동장에서 동아일보 마산지국 주최로
제2회 전마산 노동야구대회가 열렸다는 당시 4월 8일 자 <동아일보> 기사.

1946년 9월 전국 순회 경기서 '전승'

마산군은 이후 남한을 일주하는 '전국 순회경기'를 벌인다. 앞서 언급한 옥종수 단장의 재정적 뒷받침이 있었기 때문에 가능했을 것으로 보인다. 마산군은 1946년 9월 20일 마산을 출발, 대전(9월 21일), 전주(9월 22일), 군산(9월 24일)에서 경기를 벌였고, 연속해서 이겼다. 마산군은 격변기였던 당시 정치·사회적 혼란 여파로 열차를 타지 못하고 트럭으로 경성으로 향한다. 마산군은 경성에서 곧바로 개성(9월 27일)으로 가 경기를 마치고 인천(9월 29일)을 거쳐 경성을 찾아 식산은행과 경성군을 상대로 2연전을 벌인다. 10월 1일 맞붙은 식산은행은 한성실업연맹이 주최한 추계실업리그에서 우승한 강팀임에도 마산군은 7-0으로 승리했다. 이튿날인 10월 2일 경성군을 상대로도 3-0으로 이겨 '전승으로 순회 경기'를 마무리했다. 그뿐만 아니라 마산으로 떠나기 직전 주한 미군 팀 도전도 받아들여 10월 5일 경성운동장에서 주한 미군팀을 7-4로 격파했다.

하지만 마산군은 곧 해체됐다. 당시 선수들 가운데 좌익 정치활동에 가담한 이들이 있었기 때문이다. '좌우 갈등' 불똥이 야구로도 옮겨 붙었던 것이다.

이런 상황에서도 이경구 감독은 1947년 제2회 전국도시대항대회(8월 7~13일 경성운동장)를 앞두고 선수들을 불러 모은다. 이 대회에서 마산군은 2회전에서 경성군에 0-4로 져 탈락했다. 이듬해인 제3회 대회에서도 역시 1회전에서 인천군에 3-10으로 무릎을 꿇었다. 얼마나 분했으면 당시 유격수였던 김계현은 슬럼프에서 벗어나고자 이름을 김행철로 바꾸기도 했다. '절치부심'이 통했기 때문이었을까. 마산군은 1949년 제4회 전국도시대항대회(6월 16일 서울운동장)에서 연승을 하며 인천군을 꺾고 마침내 결승전에 진출해 서울군과 일전을 벌인다. 하지만, 접전 끝에 2-3으로 져 아깝게 준우승을 차지했다.

고교 선수 육성 꿈틀

이런 흐름 속에서 1947년 마산상업중학교(현 마산용마고)와 마산중학교(현 마산고)에 야구부가 창단한다. 마산에 본격적인 '고교야구 시대'가 열린 것이다.

두 마산군 선수 출신이 '밀알'이 됐다. 마산상업중 야구부는 마산군 1번 타자였던 박상권 씨가 사재를 털어 만들었고, 마산중은 마산군 유격수 출신인 김계현 씨가 초대 감독을 맡는다.

고교 야구 시작은 취미나 친선이 아닌 학교 명예를 걸고 체계적인 훈련과 엘리트 선수 영입 등이 본격화됨을 의미한다. 물론 해방 전에도 마산상업중 출신이 선수 생활을 했지만, 이는 개인적인 활동 수준이었다. 마산중에도 야구부가 있었지만 모두 일본인 학생들로 짜여 '야구사 속에 넣을 수 없다'는 평가가 나온다.

김성길(93) 옹은 옛 기억을 떠올리며 이렇게 전했다.

"당시 마산상업중학교에 오쿠다라는 부기 선생이 있었어요. 이 선생이 야구를 엄청 좋아했던 거죠. 토요일마다 학생들을 모아서 야구를 시켰어요. 그냥 동네야구식으로 하는 거죠. 그게 쭉 이어졌던 것도 아니고, 중간에 끊겼습니다. 해방 이후 1947년을 마산상고(현 마산용마고) 야구부 정식 출발로 보면 됩니다. 그때 박상권 씨가 지금 마산 남성동에 집을 얻어서 마산상고 학생들을 먹여 살리면서 야구부를 키워나갔죠."

변종민(59) 전 마산용마고 총동창회 사무총장 또한 이렇게 말했다.

"마산용마고 창단이 1936년으로 돼 있기도 합니다. 이 당시 마산상업중 출신들이 개인자격으로 야구선수로 뛴 건 맞지만, 학교 차원에서 대회에 출전했다는 기록은 없습니다. 따라서 1947년을 마산용마고 창단으로 바로잡는 게 맞을 것 같습니다."

두 학교 가운데 창단 이후 전국규모 대회에 처음 출전한 학교는 마산상업중이었다. 마산상업중은 1949년 부산에서 열린 제1회 쌍룡기(현 화랑기) 쟁탈 전국고교대회에 출전해 1회전에서 경남중(현 경남고)에 0-5로 패해 탈락했다. 이 대회 입장식에서 마산상업중 주장 이호헌(당시엔 이정렬)이 선수 대표로 선서를 하기도 했다.

마산상업중 야구부가 초창기 뿌리내리는 데는 박상권 씨 역할이 컸다. 고 이호헌 전 KBO 사무차장은 이렇게 말한 바 있다.

"박상권 씨는 어업으로 부를 축적한 부친 재력으로 일본대학을 졸업, 쇼쿠치 구락부와 만주 다롄실업 팀에서 선수로 활동했습니다. 그는 어릴 때부터 야구를 잘했어요. 일본대부속중학 때는 전일본소년선발군에 뽑힐 정도였어요. 해방을 맞아 고향 마산으로 돌아온 박상권 씨는 어장을 경영하며 마산상업 야구 육성에 온 힘을 기울였습니다. 선수들을 집에서 먹이고 재울 정도로 정성을 쏟았죠."

"야구 명문 성장 배경은 스타 배출"

창원 고교야구팀 중 가장 오랜 역사를 자랑하는 마산용마고(옛 마산상고) 야구부.

경남을 넘어 전국적으로도 이름난 마산용마고지만, 메이저 대회 우승컵은 한 차례도 들지 못했다. 경남고나 덕수고, 휘문고, 광주제일고, 장충고 등 다른 명문에 비하면 다소 아쉬운 성적. 하지만 그 누구도 마산용마고를 명문 반열에서 제외하거나 깎아내리지 않는다. 마산용마고가 야구 명문 학교로 성장하고 남을 수 있었던 힘은 어디에 있을까.

변종민(59) 전 마산용마고 총동창회 사무총장은 '한국 야구에 이름을 깊게 새긴 모교 출신 선수'를 그 이유로 꼽았다.

> "초창기는 이호헌 선배를 빼놓을 수 없죠. 1949년 쌍룡기 쟁탈 전국고교대회(현 화랑대기)에서 주장을 맡아 선수단을 이끌었던 그는 졸업 후 한국 야구 발전에 엄청난 공을 세웠어요. 기록 보편화에 앞장섰고 프로야구 탄생을 견인했죠. 1981년 프로야구 창립계획안을 만들어 고교 동창인 우병규 전 정무제1수석과 청와대를 60여 차례 들락거린 건 유명한 일화입니다."

변 전 총장은 김계현 얘기도 빼놓지 않았다. 김계현은 마산상고에서 야구를 시작해 '외길 인생'을 걸었다. 은퇴 이후 한전·국가대표 지도자로 존경받았다. 특히 '일본 아닌 한국만의 야구'를 강조했다. 대표팀 훈련용 야구 교본을 직접 만들기도 했다. 그는 존재만으로 '마산 야구'를 전국에 각인 시켰다.

변종민 전 마산용마고 총동창회 사무총장

이런 가운데 1960년대 재건한 마산용마고 야구부는 전국체육대회 우승, 황금사자기 준우승을 따내며 성적 반등을 맞기도 했다. 고대했던 '메이저대회 우승'은 끝내 없었으나 마냥 고개 숙일 필요도 없었다.

"김차열이라는 스타를 배출했죠. 전국체전 우승을 이끌었던 김차열은 어깨 좋은 선수로도 이름을 날렸는데, '외야 수비를 보는 김차열이 1루로 공을 던지면 관중석까지 뻗어간다'는 이야기가 나올 정도였어요. 18회 황금사자기 대회에서 감투상과 타격상 받기도 했던 김차열 선배는 훗날 실업야구를 풍미하는 선수가 됐고요."

1970년대도 마찬가지였다. 우승컵은 안지 못했으나 김용일(26회 황금사자기 미기상), 이효헌(30회 청룡기 타격상), 임정면(30회 황금사자기 타격상) 등은 한국 야구계에 깊은 인상을 남겼다.

"프로야구가 출범하고 나서도 이 같은 흐름은 이어졌습니다. 1983년 유두열·박영태·한문연이 롯데에 입단하며 모교 위상을 높였고 박동수·공필성·전준호·장원삼·조정훈·정훈·김민우 등이 뒤를 이었죠. 그 사이 모교 후원회도 출범, 지원을 아끼지 않았고요."

물론 메이저 우승을 '한'으로 여기는 동문도 있다. 그들에게 변 전 사무총장은 최근 10년을 주목하라고 당부한다.

"5~6년 사이 팀 성적이 많이 올라왔어요. 지역팀 한계를 극복하고 전국대회 4강 이상에 수시로 얼굴을 비췄습니다. 프로선수 배출도 매년 이어왔고요. 오늘날 고교야구는 성적과 지역 야구 발전 기여, 프로 진입 등을 종합적으로 평가해야 한다고 봐요. 그런 면에서 마산용마고는 진짜 전성기를 맞은 것인지도 모르죠."

단 한 장 남아있는
마산야구 초창기 사진

1922년 '전 조선 야구대회' 설명

'마산 야구'는 1914년 창신학교를 시작으로 긴 세월을 이어왔다. 하지만 1940년대까지 관련 사진을 찾기 어렵다. 단 하나가 있다.

창원시 마산합포구 '마산 야구 100년 기념 표지석'에는 사진 세 장을 담고 있는데, 특히 눈에 들어오는 하나가 있다. 12명이 기념사진을 찍는 모습이다. 이들은 'MASAN'이라는 글자를 새긴 유니폼을 입고 있다. 윗줄 가운데 사람은 유일하게 사복 차림을 하고 있다.

'표지석'은 이 사진에 대해 '1922년 전 조선 야구대회에 참가한 마산 선수들'이라고 설명해 놓았다. 또한 표지석이 참고로 한 〈마산시 체육사〉에도 똑같은 설명글이 달려 있다. 하지만 이 사진 설명은 오류가 있는 것으로 확인된다. 마산 야구팀은 1922년 전 조선야구대회에 참가하지 않았기 때문이다.

> '전 조선 야구대회'는 오늘날 전국체육대회 시초이기도 하다. 1920년 제1회 대회를 시작으로 해마다 서울에서 열렸다.

1922년 제3회 대회는 10월 14일부터 4일간 서울 배재고등보통학교(현 배재중·고) 운동장에서 개최됐다.

이 사진은 '마산 야구' 초창기 관련 사진으로 유일하다.
애초 '1922년 전 조선 야구대회에 참가한 마산 팀'으로 알려졌지만, 시기에 오류가 있는 것으로 확인된다.

(사진 제공. 경남야구협회)

〈한국 야구사 연표〉는 1922년 참가 팀을 기록해 놓고 있다. 중학단 팀은 모두 8개로 숭실학교·송도고보·오산고보·계성학교·경신학교·휘문고보·배재고보·중앙고보다. 청년단 팀은 모두 6개로 중앙체육단·배재구락부·숭실대·연희전문·반도청년회·대구청년회다.

'마산 야구팀' 이름이 등장하지 않는 것이다. 〈동아일보〉 1922년 10월 28일 자 기사가 관련해 명확히 확인해 준다.

> '이번 대회에 남조선의 패자(覇者·운동 경기나 어느 분야에서 으뜸이 되는 사람 또는 단체) 마산이 참가치 못한 것을 매우 유감으로 생각합니다. 풍문으로 듣건대 일본인 팀과의 시합에 투수는 어깨를 상하고 야수는 다리를 상하여 참가하지 못하였다 하니, 마산청년제군은 얼마나 비탄을 느끼겠습니까.'

즉 '마산 야구팀'은 1922년 '전 조선 야구대회'에 참가하지 않았다. 그럼에도 이 사진이 '1922년 전 조선 야구대회에 참가한 마산 선수들'로 알려진 까닭은 확인되지 않는다. '마산 야구 100년 기념 표지석' 건립, 〈마산시 체육사〉 집필에 참여한 주요 관계자들에게 물어봤지만, 또렷한 이유를 찾진 못했다.

경남야구협회 자료에 따르면, 마산 야구팀은 1922년 또 다른 대회에 참가한 기록도 없다. 또한 마산팀은 1922년뿐만 아니라 그 전후로도 '전 조선 야구대회'에 참가하지 않았다.

현재로서는 이 사진이 담고 있는 정확한 시기·내용을 확인하기 어렵다. 다만 박영주(59) 지역사 연구가는 이렇게 말했다.

> "사진 왼쪽에 있는 선수가 깃발을 들고 있습니다. 당시 이러한 기를 제작하려면 많은 돈이 필요했습니다. 그렇다면 현실적으로 '팀기'보다는 '대회기'일 가능성이 커 보입니다. 그리고 이 당시 남아 있는 사진 대부분은 신문사 자료들입니다."

1920년대 '마산 야구'는 주로 친선 경기 위주였다. 그런데 경남야구협회 기록을 보면 하나 눈에 들어오는 것이 있다. 1921년 9월, 창신학교 운동장에서 3개 팀 참여로 열린 '마산야구대회'다. 마산구락부가 주최하고 동아일보지사가 후원한 자리였다.

제2부

1946~1981
아마 자존심

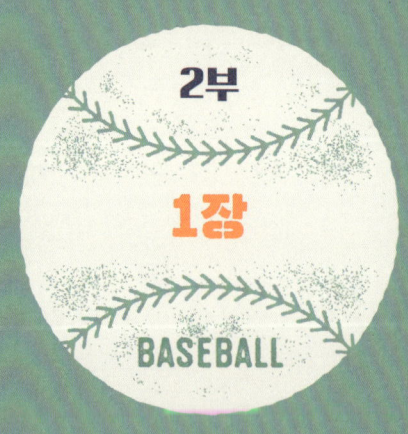

1940년대 말~1950년대 초
'활기·침체'

직장 선수 연합이 만들어 낸 화양연화

마산팀 1948년 기세등등

'마산 야구'는 1945년 8월 해방 이후 활기를 띠었다. 특히 마산야구협회가 1947년 4월 22일 결성되며 동력을 만들었다.

이 당시 마산에서 활동하는 팀은 최강 '남전(南電·한전)'을 비롯해 제일은행·진일철공·어업조합·JS(자산동) 등 10여 개에 이르렀다. 이에 마산야구협회는 '전마산 직장별 연식야구대회'를 개최하기도 했다. 하지만 운영은 동네야구팀 수준이었다. 한 선수가 남전에서 조금 뛰다 제일은행 요청을 받으면 또 한 달 정도 뛰어주는 식이었다.

이들 선수가 연합한, 즉 마산 대표 성격을 띤 것이 '마산군'이었다. 당시 '올(all·모든) 마산팀'이라 불리기도 했다. 제대로 된 이 지역 야구팀 시초로 볼 수 있다.

마산야구협회는 1948년 들어 마산군 육성에 정성을 쏟았다.

협회는 우선 1948년 4월 '제2회 전마산 직장별 연식 야구대회'를 후

김성길 옹이 1950년 마산군팀 소속으로
'제1회 영남 3대 도시 대항 야구대회' 때 신었던 야구화.
현재 창원NC파크 야구전시관에 보관돼 있다.

원하며 마산중학교에서 개최했다. 이후 5월 19일 부산 원정 친선 경기를 주선했는데, 마산팀이 부산팀을 3-1로 눌렀다.

5월 25일에는 서울 대표팀을 마산으로 초청했다. 〈마산시 체육사〉는 당시 분위기를 이렇게 담았다. '서울팀과 마산팀 야구 시합은 해방 후 처음 맞이하는 빅게임이었기에 수많은 관중이 모여들었다.'

이 당시 서울팀은 각종 대회 전승 우승 등 최강을 자랑했다. 마산팀은 8회까지 2-3으로 끌려갔다. 그리고 9회 2사 후 극적인 안타로 3-3 동점을 만들었다. 연장전에서 이성기의 결승타로 거함 서울팀을 격침했다.

협회는 그해 7월 24~27일 마산중학교에서 '4대 도시 대항야구리그전'을 개최했다. 마산방송국이 중계할 정도로 지역민 관심도 컸다. 마산팀은 그 열기에 보답했다. 서울·부산·대구·마산팀이 리그전을 펼쳤다. 마산은 2승 1패를 기록하며 부산과 최종 결승전을 펼쳤다. 마산은 연장 12회 접전 끝에 부산을 1-0으로 누르고 우승을 거머쥐었다.

마산팀이 1948년 한 해 동안 거둔 성적은 34전 22승 1무 11패였다. 마산야구협회는 1948년 말에 마산팀 성적을 지역민에게 보고하는 별도 자리까지 마련했다. 이 당시 마산야구협회장은 김종신(1904~1978)이었다. 그는 이후 동양주류(유원산업) 사장, 마산시장, 자유당 국회의원을 지낸다.

'이경구 사단'의 화려한 면면

옥종수 초대 마산체육회장은 여러 종목 가운데 축구와 더불어 야구 부흥에 신경 썼다. 이에 마산체육회는 서울에서 이경구 씨를 '마산군' 감독으로 데려왔다. 그는 휘문고보 출신으로 일제강점기부터 전조선대표

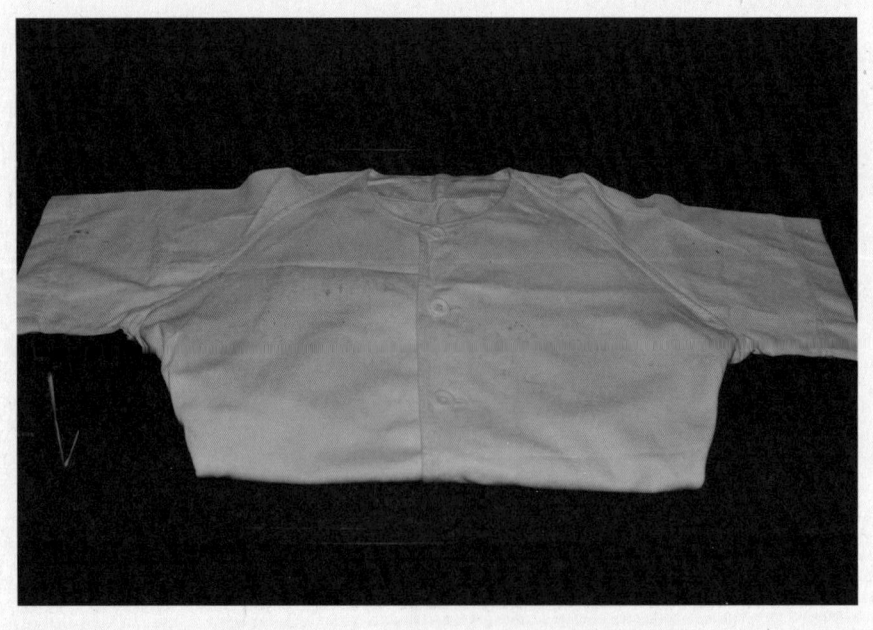

김성길 옹이 1950년 마산군팀 소속으로 대회 때 입었던 유니폼.
이 역시 창원NC파크 야구전시관에 보관돼 있다.

외야수로 이름을 날렸으며, 1946년 조선야구협회 초대 이사를 맡고 있었다. 마산군은 1946년 3월 구성된 후 그해 말 해체됐는데, 이경구 감독이 1947년 8월 선수들을 다시 모아 팀을 재건했다.

'이경구 사단'은 마산체육회·마산야구협회 기대에 부응하며 1948년 승승장구했다. 이 시기 마산군 선수단 주요 멤버는 투수 '이성기(주장)'를 비롯해 △포수 박재영 △1루수 김상대 △2루수 박상권 △3루수 이기역 △유격수 김계현 △좌익수 이종범·한경열 △중견수 김성길·배성수 △우익수 김준호·고창렬 등이었다.

당시 중견수로 활약했던 김성길(93) 옹은 당시 선수들에 대한 기억을 이렇게 풀어놓았다.

"투수 이성기는 나왔다 하면 무소선 완투였습니다. 6·25 터지고 나서 북으로 넘어가면서 더는 소식을 듣지 못했죠. 1루수를 봤던 김상대는 부산상고(현 개성고) 재학 당시 고교 선수로는 최초로 서울운동장에서 홈런을 쳤어요. 2루수 박상권은 수비를 기가 막히게 했고요. 역모션으로 잡아서 1루로 송구하는 모습은 정말 멋졌습니다."

이들 가운데 박상권·김계현·한경열·배성수는 1948년 '올코리아', 즉 지금의 국가대표에 선발됐다. 당시 조선야구협회가 미국 하와이 교포연합회로부터 초청을 받고, 현지 경기를 추진 중이었다. 하지만 조선야구협회는 연기를 거듭하다 결국 실행에 옮기지 못했다. 당시 선수 비자 문제가 걸림돌이었다는 얘기가 전해진다.

1950년대 초 한국전쟁 직격탄

마산팀은 1949년에도 위용을 떨쳤다.

마산은 6월 16~20일 서울운동장에서 열린 '제4회 월계기쟁탈 전국도시대항대회'에 출전했다. 마산은 준결승에서 인천을 8-7로 눌렀지만, 결승서 서울에 2-3으로 패했다.

마산야구협회는 8월 26~28일 마산중앙구장에서 '마산 4도시(서울·부산·대구·마산) 대항대회'를 개최했다. 서울이 3승으로 우승을, 마산은 2승 1패로 준우승을 차지했다.

마산은 11월 5~7일 부산공설운동장에서 열린 '4도시(부산·대구·인천·마산) 대항 야구리그전'에서 종합 전적 2승 1패로 대회 우승을 낚았다.

고교야구도 이해부터 얼굴을 내밀기 시작했다. 마산상업중(현 마산용마고)은 1947년 창단 이후 1949년 9월 7일 부산에서 열린 '제1회 쌍룡기(현 화랑기) 쟁탈 전국고교대회'에 출전했다. 하지만 1회전에서 경남중(현 경남고)에 0-5로 완패하며 전국 무대 벽을 실감해야 했다. 이 당시 주요 선수는 이호헌(당시 이름 이정렬·24회), 문경수(26회), 허두(27회), 정수택(27회) 등이었다. 이호헌은 이 대회 선수 대표로 선서를 했다.

마산은 1950년에 들어서도 4월 15~17일 부산에서 열린 '영남 3대 도시(부산·대구·마산) 대항야구대회'에서 2승으로 우승을 차지했다.

마산은 5월 19~23일 서울운동장에서 7개 팀이 참가한 '제5회 월계기쟁탈 전국도시대항대회'에 출전했지만 1회전에서 탈락했다.

이후 1950년 6·25전쟁이 나면서 전체 체육계가 침체를 겪을 수밖에 없었다. '마산야구'는 특히 그랬다. 1952년 10월 4~6일 피난지 대전에서

'전국도시대항대회'가 2년 만에 재개됐다. 마산팀은 이전까지 줄곧 참가하다 이때는 이름 올리지 못했다. 그리고 1953년 7월 27일 휴전 때까지, 마산야구 관련 기록은 찾아보기 어렵다.

〈마산시체육사〉는 이러한 내용을 담고 있다.

'한국전쟁으로 마산 체육계는 엄청난 손실을 보았다. 해방 직후 전국 야구계를 주름잡던 마산야구팀 선수들 가운데 종전 이후에도 계속 활약한 인사로는 고창렬·서문두·김성길 등에 불과했고, 많은 사람은 소식도 없이 사라졌다.'

마산팀,
전국 최초 집단 삭발

마산군 팀은 최초로 단체 삭발을 하기도 했다. 전해지는 내용은 이러하다.

> '마산군은 1949년 서울운동장에서 열린 제4회 전국도시대항대회에서 대전·인천군을 꺾고 결승에 진출했다. 하지만 서울에 2-3으로 패해 준우승에 머물렀다. 이경구 마산군 감독은 이날 저녁 머리를 삭발하고 여관에 돌아왔다. 이를 본 선수들도 여관을 빠져나와 삭발, 감독의 마음을 조금이나마 위로했다.'

하지만 당시 삭발 당사자인 김성길(93) 옹 기억은 이와 큰 차이를 보인다.

> "인천과 붙어 완패를 당하며 결승에도 오르지 못했던 적이 있습니다. 그날 이경구 감독이 선수들에게 머리(카락)를 깎으라고 해서 선수 모두 빡빡 밀었던 거죠. 이 감독은 삭발하지 않았습니다. 당시 몇 년도인지는 기억나지 않습니다만, 6·25전쟁 이후였던 것 같아요. 서울에서 열린 전국도시대항대회는 맞습니다. 당시 인천 에이스가 서동준·유완식이었습니다. 우리 경기에 서동준이 선발로 나왔는데, 정말 커브를 잘 던졌습니다. 도저히 치기 어려웠죠."

인천 서동준은 1953년까지 인천고에서 이름 날렸다. 이후 1954년 성인 무대에 나섰다. 〈한국 야구사 연표〉를 보면, 1954년 10월 1~6일 '제9회 전국도시대항대회'가 서울운동장에서 열렸다. 이

만 93세인 김성길 옹.

때 마산은 준결승전에서 인천을 만나 1-9로 완패했다. 〈한국 야구사 연표〉는 이 당시 인천 선수들 이름도 기록해 놓았는데, 투수 2명이 '서동준·유완식'이다. 김성길 옹 기억과 맞아떨어진다.

김성길 원로가 전하는
그 시절

"1930년대 중반 신마산서
직장인 야구 시합 구경"

김성길 옹은 1926년생으로 2019년 현재 만 93세다. 생존한 마산 야구인 가운데 가장 원로다. 그는 1940년대부터 1958년까지 마산팀에서 선수로 활동했다.

그는 어릴 적부터 운동을 좋아했는데, 특히 야구에 흥미를 느꼈다.

"9살 때 야구라는 걸 알았습니다. 1930년대 중반, 지금의 신마산 함흥집 근처 자리에 나카무라 광산 사무실이 있었습니다. 거기 사람들하고 철도역(마산역) 근무자들이 일주일에 한 번씩 야구 시합을 했어요. 장소는 '중앙운동장(지금의 마산 중앙동 장군천 인근)'이었어요. 경기 열린다는 얘길 들으면, 자산동에 살던 저는 걸어서 땀 뻘뻘 흘려가며 보러 가는 거죠."

그는 10살 때 동네 아이들과 모여 야구를 직접 했다. 주먹으로 고무공을 치는 '손 야구'였다. 그러다 마산상업중(현 마산용마고)에 진학하면서 배트 야구를 접했다.

"오쿠다라는 부기 선생님이 있었습니다. 이 분이 엄청난 야구광이었던 거죠. 이 선생님이 갑조·을조 2개 반에서 운동 좀 하는 애들을 뽑았습니다. 제가 갑조 주장 격이었습니다. 그때 소화 16년(1941년) 당시 우리 학교가 옛 로얄호텔(마산합포구 불종거리) 자리에 있었습니다. 부기 선생이 토요일마다 기숙사 운동장에서 야구를 시켰습니다. 그때 제 별명이 '오토바이'였습니다. 발이 빠르고 민첩해서 야구를 곧잘 했던 거죠. 그러다 얼마 지나지 않아 태평양전쟁이 터지면서 운동을 더 이어가지는 못했습니다."

김성길 옹이 창원NC파크를 둘러보고 있다.

그는 1945년 마산상업중을 졸업했고, 동양주조(이후 유원산업) 경리과에서 직장생활을 했다. 그해 해방과 동시에 마산지역에는 직장별 야구팀이 꽃을 피웠고, 그 역시 잠시 뒤로했던 운동을 시작했다. 그러다 1946년 지역 대표 격인 마산군 선수로 뽑혀 10년 넘게 각종 전국 대회에 출전한다.

"타격은 그리 뛰어나지 않아 타순이 6번 정도였습니다. 대신 100m를 12초대에 뛰어 도루를 잘했죠. 수비는 중견수를 맡았는데 어깨가 강했습니다. 공을 잡아서 홈으로 던지면 일직선으로 들어갔죠, 허허허…."

당시 마산군 선수들은 유니폼을 광목(표백되지 않은 면직물)으로 직접 만들어 입었다. 하지만 재질이 떨어져 슬라이딩만 하면 유니폼은 찢어지기 일쑤였다. 이에 하얀 해군복을 뜯어 만든 일명 '양달령' 유니폼이 인기를 끌기도 했다. 선수들은 그 외 공·방망이 등과 같은 용품을 주로 미국인들로부터 얻었다.

김성길 옹이 창원NC파크 전광판을 배경으로 기념사진을 찍었다.

"당시 야구공은 조금만 지나면 실밥이 터졌어요. 그러면 선수들이 집에 들고 가서 바늘로 깁는 거죠. 공이 그만큼 귀했으니까요. 신마산 쪽에 미국 사람들이 많았는데요, 이들과 종종 시합했습니다. 공 몇 개 얻으려고 경기를 하는 거죠."

김성길 옹은 가늠할 수 없는 세월 속에서도, 옛 기억을 또렷이 간직하고 있다. 당대 스타였던 박상권에 대한 기억이다.

"박상권 씨는 해방 직후 마산으로 돌아왔습니다. 1947년 초대 마산상고 감독을 맡았는데요, 남성동에 집을 얻어 선수들을 먹이면서 가르쳤습니다. 그렇게 마산야구를 위해 희생하다, 1955년쯤이었나, 40대 때 폐병으로 저세상에 갔죠. 당시 마산군 선수들이 유니폼 입고 상여를 멨습니다. 그렇게 남성동 집에서 출발해 창동·성호동을 거쳐 서원곡 근처 화장터까지 갔죠."

그는 선수 생활 은퇴 후 직장생활을 하면서 당시 무학국민학교 감독을 10년 넘게 맡았다. 보수도 없이 아침·저녁 시간 될 때 학교를 찾아 가르치는 식이었다. 그는 1984~1985년 경남야구협회장을 끝으로 현장 일선에서 물러났다. 그는 이런 얘기로 대화를 맺었다.

"우리 때 야구공은 비 맞으면 가죽이 늘어나 '덜덜덜' 소리를 냈습니다. 지금은 얼마나 깨끗하고 좋은지, 너무 좋아요…. 지금 제일 부러운 게 야구공이네요…."

1950년대
한국전쟁 이후
다시 기지개

잃어버린 세월 되찾듯
위상 재정립

꿈틀대는 마산야구

한국전쟁이 나면서 침체기를 겪었던 마산야구는 1952년 여름 다시 기지개를 켰다.

물론 전국대회에서는 마산 이름을 여전히 찾기 어렵다. 단, 마산야구는 지역 행사에 빠짐없이 등장하며 그 명맥을 이었다.

1952년 8월 15일 해방 7주년을 맞아 개최한 '제1회 전마산종합체육대회'가 대표적인 예다. 일반 시민과 초·중·고교생을 모두 대상으로 하여 '종합'이란 이름이 붙은 대회에서는 일반(실업)부·고등부·중등부 야구 경기도 열렸다.

야구 경기는 모두 무학국민학교에서 진행됐다. 사흘간 이어진 야구 경기 일반부에는 남전·식산은행·세무서·동양주정·시청·초등교직단·상호운수·중등교육회·해발회사·상업은행이 참가했는데, 식산은행이 우승컵을 안았다. 고등부에는 마산고·마산상고가, 중등부에는 마산동중·마산

마산군 팀은 1953년 9월 대구에서 열린 '제8회 전국도시대항대회' 결승에서
인천군에 2-6으로 패해 준우승에 머물렀다.
마산군 선수단이 대회 후 단체 촬영을 하고 있는 장면.
이 사진은 마산 야구인 김성길 씨가 소장하고 있다가
대한야구협회(현 대한야구소프트볼협회)에 기증했다.
(사진 제공. 대한야구소프트볼협회)

서중이 나섰는데, 마산고·마산동중이 각각 정상에 올랐다.

훗날 〈마산시 체육사〉는 제1회 전마산종합체육대회를 이렇게 평가하기도 했다.

'마산체육회 역사는 1952년을 기점으로 하여 나눌 수도 있다. 1970년대에 이르기까지 계속된 이 체육행사는 시 단위로 개최된 대회로서는 다른 도시에서 그 유례를 찾기 어려울 정도로 유서 깊고 전통 있는 행사로 자리 잡아 마산체육계를 빛내 주었다.'

〈마산시 체육사〉 평가처럼 지역 체육사에 한 획을 그은 전마산종합체육대회에서 야구가 당당히 한 종목을 차지한 건 주목할 만하다. 특히 다른 구기종목(축구·농구·배구·탁구·정구) 일반부보다 많은 팀이 야구 종목에 몰린 점을 고려하면 당시 지역 내 야구 분위기를 가늠할 수 있다.

한편 식산은행·남전·동양주정·세무서 등 실업야구 4강은 1952년 마산실업야구연맹을 조직, 그해 9월에 제1회 마산실업야구대항 리그전을 무학국민학교에서 열기도 했다. 전쟁 소용돌이 속에서도 야구를 지키고 이어가려는 노력이 계속된 것이다.

다시 전국으로

안에서 재개 기반을 다진 마산야구는 1953년 7월 27일 휴전 이후 본격적으로 전국 무대에 얼굴을 내밀기 시작했다.

1953년 8월 1일 제5회 쌍룡기 쟁탈 전국고교야구대회에 마산고 야구부가 출전한 게 그 시작이다. 대회에서 마산고는 예선 탈락 고배를 마셨으나 마산야구 위상을 재정립하는 데 힘을 보탰다.

마산군은 이러한 전국대회 참가 움직임을 바로 이어받았다. 1952년 10월 대전서 열린 '제7회 전국도시대항대회'에 불참했던 마산군은 1953년 9월 대구에서 열린 '제8회 대회'에 다시 모습을 드러냈다.

성적도 좋았다. 이경구 감독 지휘 아래 고창렬(투수), 박재영(포수), 임병엽(1루수), 심응준(2루수), 문경수(3루수), 김계현(유격수), 이정렬(좌익수), 김성길(중견수), 서진택(우익수)이 힘을 합친 마산군은 부산·서울·대구군을 차례로 꺾었다. 비록 결승에서 인천군에 2-6으로 패했지만 제2회 대회에 이어 두 번째 준우승을 차지하며 녹슬지 않은 실력을 과시했다.

1954년부터 마산야구는 홈·원정을 가리지 않고 경기를 치렀다. 1954년 5월 28일 마산상고 운동장에서 열린 '제2회 경남연식대회'에서는 마산체신국이 동양주정을 6-3으로 꺾고 우승을 차지했다. 같은 해 10월 마산군은 '제9회 전국도시대항대회'에 참가해 준결승에 올랐다. 인천군과 맞붙은 마산군은 1-9로 패하며 결승행에는 실패했다.

전국대회에서 뛰어난 실력을 뽐낸 몇몇 선수는 국가대표로 발탁되는 영광도 누렸다. 마산군 내야수 김계현과 이기역이 '제1회 아시아선수권대회'에 나설 한국대표 선수로 뽑힌 것. 이들은 대표팀에서 2루수(김계현), 3루수(이기역)를 각각 맡았다.

당시 〈동아일보〉는 '원정 경기에 파견될 선수들은 연일 맹연습을 하고 있다. 대표 선수단을 향한 국민 기대도 높다'며 분위기를 전한 바 있다. 그 기대에 부응이라도 하듯, 대표팀은 12월 필리핀 마닐라에서 열린 대회에서 3위를 차지하며 한국 야구 위상을 높였다.

1955~1957년에도 전국대회 참가 흐름은 이어졌다. 이 시기 마산고·마산상고는 '7~9회 쌍룡기 쟁탈 전국고교대회'에 연이어 출전하며 실력을 키웠다. 마산군 역시 '전국도시대항대회'에 계속 나가 1956년 투수 김상대가 미기상을 수상하는 기쁨을 맛봤다. '제1회 영남4도시(마산·경주·대구·부산) 대항 연식야구대회'에서는 마산을 대표한 남전 팀이 우승컵을 안으며 지역 명성을 드높였다. 마산동중은 1957년 대한연식야구협회가 주최한 '제4회 대통령 친서 우승기 쟁탈 전국중학선수권대회'에 참가하며 선배들 뒤를 따랐다.

1950년대 후반, 정확히 1958년에는 기쁨과 아픔이 동시에 찾아왔다. 1958년 6월 마산상고 운동장에서 열린 '제4회 영남4도시 대항대회'에서 마산군이 준우승 할 때까진 좋았다. 하지만 같은 해 13회 대회를 끝으로 전국도시대항대회가 폐지되면서 마산 성인 야구는 활력을 잃었다. 이경구 감독을 정점으로 하고 박상권·김계현·고창렬 등으로 이어지던 명맥이 희미해진 것이다. 마산상고를 중심으로 한 고교야구가 그 맥을 살리려 노력했으나 부산팀(부산고·부산상고·경남고)에 밀려 중앙 무대 진출이 뜸해지면서 마산야구, 특히 성인 야구는 부침을 겪었다.

대회 활발히 개최

1950년대 마산야구 흐름에서 한 가지 더 주목할 점은 '연이은 대회 개최'다. 오늘날 '야구 메카 마산' 밑바탕을 다지기라도 하듯 다양한 대회가 이 지역에서 열렸다.

국제신보사 주최 '영남연식야구대회', 부산일보사가 연 '마산직장별 야구대회'가 대표적이다. 이 대회를 거치며 남전 마산지점 팀은 전국적인 명성을 쌓기도 했다.

1956·1957년에는 마산야구협회 주최로 이벤트성 대회도 열렸다. 재일교포 모국방문을 기념하고자 연 '1·2회 재일교포 모국방문 환영대회'다. 마산고에서 치른 경기에서 마산 학생 선발은 2년 연속 재일교포 팀에 패했으나, 선진 야구를 익힌 재일교포 선수들과 대등한 경기를 펼치며 박수를 받았다. 2회 대회에서는 81항공창이 선회비행·꽃다발 투하로 대회 개최를 축하하는 행사도 있었다. 대회를 향한 시민 관심도가 드러나는 지점이다. 아울러 서울·부산·대구 등을 돌며 치른 대회 일정에 마산이 빠지지 않았다는 점은 1950년대 마산야구 위치를 잘 보여준다.

국민학교·중학교 야구시합도 자주 있었다. 1954년 9월 국제신보 주최로 열린 '제1회 전마산국민학교대항 야구대회'가 한 예로, 여기에는 합포·회원·월영국교 등이 참가했다.

국제신보사는 1955년 7월에도 '제1회 마산 시내 초중등학교 야구대회'를 개최했는데, 중등부에는 마산동·마포·창신·마산중이, 초등부에는 성호·월포·무학·월영·합포 등이 참가해 실력을 겨뤘다.

1959년에도 초·중등 야구대회는 이어졌다. 국제신보사가 연 대회에는 4개 국민학교 팀과 11개 중학교 팀이 참가, 무학국교·마산동중이 각 부문 우승컵을 들었다.

이처럼 전마산종합체육대회 개최와 전환점 마련, 전국대회 참여, 연이은 대회 개최 등이 뒤섞인 1950년대 마산야구 분위기를 두고 〈마산시

체육사〉는 다음과 같이 정리하기도 했다.

'해방 직후 전국적인 명성을 얻었던 마산야구대표팀은 한국전쟁 이후에도 타 도시와의 야구 경기를 종종 가졌다. 제4회 전마산직장별 연식야구대회에도 마산의 8개 직장팀이 참가할 정도로 마산에는 야구 열기가 높았다. 이 시기 마산에서는 각종 단체가 주최하는 야구대회가 빈번하게 개최되었다'.

'맹위' 떨친
남전 마산지점 야구팀

1950년대 들어 마산지역 야구팀 이름에 '남전'이 자주 등장한다.

'남전'은 '남선전기(남조선합동전기주식회사)' 줄임 명칭으로 지금의 한국전력 뿌리이기도 하다. 1961년 한성전기·조선전업, 그리고 남선전기가 통합하면서 지금의 한국전력을 잉태했다.

'남전'은 1940~50년대 지사별 야구팀을 두고 있었다. 마산지역 야구사에 등장하는 남전은 '마산지점'이다. '남전 마산지점'은 이 당시 축구·정구팀도 함께 두고 있었는데, 야구에서 특히 두각을 나타냈다.

'남전 마산지점'은 이미 해방 직후부터 거물급 선수들을 보유하고 있었다. 대표적인 스타가 김상대다. 그는 부산상고(현 개성고) 재학 시절 고교 선수 최초로 서울운동장에서 홈런을 기록한 것으로 전해진다. 그는 큰 키에도 날렵한 수비 능력을 자랑, 마산군 대표팀에서 1루수를 비롯한 여러 포지션에서 부동의 주전으로 활약했다.

'남전 마산지점'은 1952년 9월 제1회 마산실업야구대항 리그전에서 식산은행을 누르고 우승을 차지했다. 이후부터 1950년대 말까지 마산을 대표하는 팀으로 자리 잡았다. '남전 마산지점'은 1955년 '제1회 영남4도시(마산·경주·대구·부산)대항 연식야구대회'에서 마산 대표로 출전해 1위를 차지했다. 전국적으로도 맹위를 떨친 것이다.

'남전 마산지점' 야구팀은 훗날 '한국전력 실업팀'으로 이어진다. 1962년 12월 창단식 장소가 경남지점 강당이었으며, 초대 감독은 마산상고를 대표하는 야구인 김계현이었다.

한국전쟁 직후부터
초등 야구부 활성화

무학·성호·월영초등학교 두각

초등학교 야구부가 활성화된 건 1953년 7월 휴전 직후부터다. 마산 원로 야구인 김성길(93) 옹은 이렇게 전했다.

> "내가 전쟁 끝나고 나서부터 당시 무학국민학교 감독을 맡아 10년간 아이들을 가르쳤어요. 당시 성호·월영 등 마산지역 국민학교 대부분 야구부가 있었어요. 그때 야구가 한창 퍼져 나갈 때였으니까요."

1954년 처음으로 마산지역 국민학교 팀만을 위한 대회가 열렸다. 9월 4일 당시 무학국민학교에서 열린 '제1회 전마산국민학교대항 야구대회'였다. 이 대회 참가 팀은 무학·성호·월영·합포·회원·월포·완월이었다.

이 당시 두각을 나타낸 팀은 무학·성호·월영이었다.

특히 무학국민학교는 1954·1957·1958·1959년 '전마산체육대회'에서 우승을 차지했다. 또한 1959년 7월 11일 국제신보사 주최로 열린 '초중등 야구대회'에서도 회원·완월·월영을 제치고 1위를 거머쥐었다.

이 당시 선수 가운데는 월영국민학교 김영민이 이름을 날렸다. 그가 투수로 나서면, 그 공을 제대로 칠 수 있는 타자가 없었다고 한다.

이러한 유소년 야구팀은 향후 마산중·마산동중-마산고·마산상고로 연계되며 지역 스타 산파 역

마산무학국민학교 야구부 이장길이
1957년 6월 '제4회 전마산국민학교 야구대회'에서 받은 감투상 트로피.
이 트로피는 현재 창원NC파크 야구전시관에 보관돼 했다.

할을 했다. 마산무학 야구부는 현재도 그 역할을 이어오고 있는데, 지난 2018년 7월 'U-12 전국 유소년 야구대회'에서 우승을 차지하기도 했다.

하지만 그 외 학교들은 하나씩 야구부를 해체했다. 2019년 5월 현재 마산지역 초등학교 야구부는 무학초 외 양덕초가 유일하다. 경남 전체로도 창원사파초·김해삼성초가 이름을 더할 뿐이다.

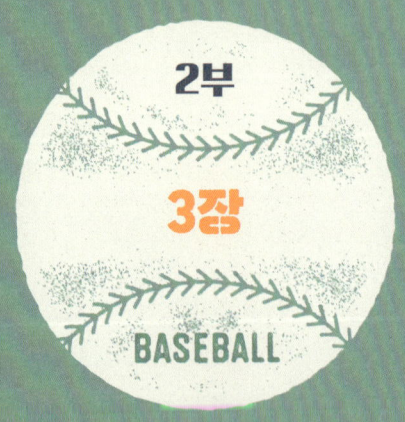

2부
3장
BASEBALL

1964년 마산상고 전국체전 우승

재창단 2년 만에 첫
전국제패 감격

'3·15의거' '5·16군사쿠데타' 격변기

민주주의는 피를 먹고 자란다. 1960년, 당시 많은 시민과 학생들이 '민주주의 제단'에 피를 바쳤다. 그해 마산에서 이승만 자유당 정권의 3·15 부정선거에 반발해 대규모 시위(3·15의거)가 일어났다. 당시 시위에 참여했던 마산상업고등학교(현 마산용마고) 학생이었던 김주열 군이 4월 11일 눈에 최루탄이 박힌 채 마산 앞바다에서 시신으로 발견됐다. 이는 2차 시위로 이어졌고, 4·19혁명 도화선이 됐다.

마산야구는 이러한 격변기에 1960년대를 시작했다. 1960년 7월 27일 경남야구협회와 국제신문사 주최로 부산공설운동장에서 열린 '제12회 쌍룡기쟁탈 전국고교대회'에 마산고가 출전했지만, 별다른 성적은 내지 못했다.

1961년엔 박정희 주도로 5·16군사쿠데타가 일어났다. 이 여파로 서민호 대한야구협회장이 회장직을 박탈당한다. 이처럼 어수선한 시대 상황 탓에 1961·1962년 마산지역 초·중·고교 야구부는 전국대회 참가를 건너뛰었다.

1963년 7월 17일 '제10회 전국중학 선수권대회', 7월 30일 '제15회 쌍룡기쟁탈 전국고교대회'에서야 비로소 각각 마산동중·마산상고가 출전했다는 기록이 나온다. 또 그해 10월 4일부터 9일까지 전주종합운동장에서 개최된 '제44회 전국체육대회 야구경기'에 출전한 마산상고는 1회전에서 경남상고와 경기를 벌였지만 1-6으로 패했다.

'절치부심'한 마산상고는 1963년 10월 22일 대한야구협회·동아일보사가 공동 주최한 '제17회 황금사자기 쟁탈 전국지구별 초청 고교쟁패전'에 박상권 감독이 지휘봉을 잡은 가운데 출전했다. 1회전에서 경동고를 4-1로 꺾었지만, 2회전에서 성남고에 3-5로 석패하며 탈락했다. 이 대회에서 3루수로 뛰었던 마산상고 이장길은 10타수 6안타(6할)로 타격상을 받으며 앞으로 '맹활약'을 예고했다. 이장길은 일본고교야구연맹 초청으로 1963년 11월 30일부터 12월 6일까지 일본 규슈에서 5차례 열린 '영남지구고교선발 일본원정경기' 내야수 명단에도 이름 올렸다.

1964년에도 도전은 이어졌다. 마산상고가 7월 8일 '제19회 청룡기쟁탈 전국고교선수권대회', 7월 22일 '제16회 쌍룡기쟁탈 전국고교대회'에 각각 출전했다. 예선 탈락 등 뚜렷한 성적은 거두지 못했지만, 당시 청룡기 대회에서 유격수로 활약했던 마산상고 전성욱이 미기상(美技賞·훌륭한 플레이를 한 선수에게 주는 상)을 받기도 했다.

1964년 8월 10일부터 9월 1일까지 열린 '제9회 재일교포학생야구단 모국방문환영대회'도 특기할 만하다. 서울·대구·부산·마산 등에서 모두

16차전이 펼쳐진 이 대회 마지막 경기는 마산에서 벌어졌다. 재일교포가 5-1로 마산상고를 눌렀다. 당시 마산상고가 뽑은 1점은 우익수 겸 투수였던 김차열의 중월 홈런이었고, 그는 이 한방으로 홈런상을 받았다.

마침내 전국대회 첫 우승 트로피

마산상고는 1964년 9월 3~8일 인천에서 열린 '제45회 전국체육대회 고등부 정상'에 오른다. 그리고 '제18회 황금사자기 쟁탈 전국 지구별 초청 고교 쟁패전(9월 29일~10월 5일)'에서 준우승을 차지하며 '대미'를 장식했다.

마산상고는 전국체전 고등부 3회전에서 대전고를 11-0으로 대파하며 결승에 올라 성남고와 연장 접전 끝에 공동 우승을 했다. 〈한국 야구사 연표〉에는 점수가 나와 있지 않고, 우천으로 경기가 마무리됐다고만 기록돼 있다.

당시 마산상고 좌익수였던 최재출(73) 씨 이야기다.

"스코어는 0-0으로 팽팽했던 것으로 기억합니다. 그리고 공동 우승을 하게 된 건 폭우 때문은 아니었고, 곧 시상식을 해야 하는데 그 시간까지 경기가 끝나지 않았기 때문으로 기억합니다."

마산상고는 기세를 몰아 '제18회 황금사자기대회'에서도 결승에 올랐다. 고교야구 첫 메이저대회 결승 진출이었다. 얄궂은 운명이었다. 이번에도 결승 상대가 성남고였다. 하지만 1-2로 분루를 삼키며 준우승에

<동아일보>가 1965년 10월 1일 자에 '제19회 황금사자기대회'에 출전하는 마산상고 선수단을 소개한 기사(오른쪽)와 사진.

머물렀다. 최 씨 증언이 이어졌다. 그는 이 대회에서 멋진 수비를 선보여 '미기상'을 받기도 했다.

"당시 성남고는 전국 최강이었습니다. 출전하는 전국대회를 거의 휩쓸다시피 했습니다. 전국체전 때 승부를 못 낸 게 너무 아쉬웠죠(웃음). 선수들과 '이번에는 제대로 한 번 붙어보자'며 결의를 다졌지만, 아무래도 부담감이 있었습니다. 성남고의 김윤겸이라는 왼손 투수가 공을 참 잘 던졌고, 9회까지 '완투'를 했습니다."

최 씨는 1964년 마산상고 야구가 '꽃'을 피울 수 있었던 것은 박상권 감독의 지도력과 헌신에 힘입은 바 크다고 했다. 박 감독은 안타깝게 전국제선 5개월여를 앞두고 지병으로 별세했다. 이 밖에도 최 씨는 마산상고 야구가 뿌리내리는 데는 졸업 후 사회로 먼저 진출했던 당시 유원산업 사장이었던 최재형 씨 등 당시 선배들의 '물심양면' 지원도 큰 밑거름이었다고 했다. 아이 하나 키우는 데도 온 마을이 필요하다는 말이 있듯 마산상고 야구가 그 시절 결실을 볼 수 있었던 것은 땀 흘린 선수와 감독, 그리고 야구를 사랑했던 이들의 관심·지원이 만든 합작품이었던 셈이다.

마산상고는 이듬해부터 당당히 우승 후보로 거론되는 대접을 받았다. 1965년 10월 1일 자 동아일보는 '제19회 황금사자기대회'에 출전한 마산상고를 이렇게 소개했다.

'박상권 감독 지도 하에 팀 창설 2년째인 작년, 전국체전에서 감격의 공동 우승을 차지, 고교야구계 왕자로 군림했다. 제18회 황금사자기 대회에서도 결승전까지 일사천리로 올랐고, 결승에서 게임 운이 나빠 우승 기회를 놓쳤으나, 막강한 실력은 야구 팬의 뇌리에 아직도 새로운 바 있다. 올해는 지장 고창렬 감독 지도 아래 기필코 패권을 잡고 말겠다는 일념에 정진을 거듭하고 있다.'

우승 당시 멤버
최재출 씨

고교 4학년으로
전국대회 우승·준우승 다 맛봐

황금사자기 준우승 뒤엔 카퍼레이드

1964년 전국체전 마산상고 우승 멤버들은 어느덧 나이 칠십을 훌쩍 넘었다. 39회 졸업생인 최재출(73) 씨는 어전히 그 시절 기억을 어렵지 않게 떠올린다.

최 씨는 선수 시절 키 168cm로 큰 체구에 속하지는 못했다. 하지만 발이 빠르고 수비 센스가 남달라 주전 좌익수로 활약했다. 그에게 가장 인상 깊은 장면 가운데 하나는 1964년 10월 '제18회 황금사자기대회' 2회전 배문고와의 경기다. 마산상고가 2-0으로 앞선 7회말 2사 주자 1·2루. 오늘날 '국민 감독'으로 불리는 김인식(72)이 타석에 들어서 좌익선상으로 타구를 날렸다. 이때 좌익수 최재출이 다이빙캐치하며 위기를 모면했다.

"당시 김인식이 공도 잘 던지고 방망이도 좋았어요. 그가 친 공이 레프트 라인으로 날아오는데 무조건 잡아야 한다는 생각으로 온몸을 던졌어요. 다행히 글러브 안으로 들어온 거죠. 만약 이 공을 놓쳤다면 경기 흐름상 우리가 지는 경기였어요."

그의 활약 속에 마산상고는 이 대회 준우승을 차지했다. 마산상고 선수단은 지역으로 돌아와 카퍼레이드 등 시민들로부터 열렬한 환영을 받았다.

그는 마산동중 시절 체육 선생에게 발탁돼 야구를 시작했다. 사실 마산상고 진학 후 야구에 큰

1964년 전국체전 마산상고 우승 멤버인 최재출(73) 씨가 당시 대회, 그리고 박상권 감독에 관한 이야기를 들려주고 있다

뜻을 두지 않았다. 하지만 박상권 감독이 지휘봉을 잡았던 2학년, 다시 그라운드로 돌아왔다. 그는 4년 만에 졸업했는데 이유가 있었다.

"1963년 3학년 때 졸업반 선수가 4명이었어요. 그때 나와 김차열만 실업팀으로 스카우트되지 못했어요. 학교에서 '야구부를 제대로 한번 살려보자'며 한 해 휴학하라고 해서, 저도 받아들인 거죠. 그렇게 1964년까지 1년 더 뛰면서 전국체전 우승과 황금사자기대회 준우승을 경험하게 됐습니다."

그는 마산상고 졸업 후 고려대 진학 제안을 뒤로하고 당시 실업 최강 중 하나였던 제일은행에 입단했다. 하지만 당시 올코리아(국가대표) 박현식·엄성식·진현주 등과의 주전 경쟁이 녹록하지 않았고, 발바닥 부상까지 겹쳐 2년여 생활을 정리하며 은퇴했다.

최 씨는 현재 마산합포구 창동 고려당 건물 3층에서 소박한 맥줏집을 운영하고 있다. 전국체전 우승 당시 또 다른 주축이었던 정성국(73) 씨와 함께 가게를 꾸렸다. 지역 야구인들이 이따금 모여 옛이야기를 푸는 공간이기도 하다.

'마산상고 야구 아버지'
박상권

기틀 닦은 초대 감독

'마산야구' 큰 별 계보는 김성두-이경구에서 '박상권'으로 이어진다. 박상권은 마산에서 태어났는데, 집안이 어업 덕에 부유했다. 그는 일본에서 재학하며 전일본소년선발군에 뽑힐 정도로 야구 기량을 뽐냈다. 대학 졸업 후 일본 실업팀 쇼쿠치구락부·만주다롄에서 활약했다. 그는 작은 키지만 빠른 발과 우수한 타격으로 일본 야구를 휘저었다. 일본 스포츠 방송은 지금도 날쌘 선수들을 소개할 때 그를 예로 들기도 한다.

박상권은 1945년 해방 이후 고향으로 돌아와 마산군 주축 선수로 활약했다. 1948년 하와이 원정 선수단인 올코리아(국가대표)에 마산상고 출신 김계현 등과 함께 발탁되기도 했다.

박상권은 은퇴 이후 지도자로 더 존경받는 야구인이었다. 그는 1947년 창단된 마산상고 야구부 초대 감독을 맡았다. 팀은 얼마 후 한국전쟁 때 해체됐는데, 그가 1962년 흩어져 있던 선수들을 다시 모아 야구부를 꾸렸다. 그는 당시 어장을 경영하며 남성동에 집을 얻어 선수들을 먹이고 재웠다.

박상권 감독은 한동안 팀 기본을 다지는 데 중점을 뒀다. 당시 주전 멤버였던 최재출(73) 씨는 그를 떠올리며 눈시울을 붉혔다.

"박 감독님은 2년간 기본기와 체력 단련에 힘을 썼어요. 시합 때는 기가 막힌 작전을 펼치기도 했고요. 점잖으면서도 위트도 있으셨고, 선수들 파악이나 휘어잡는 카리스마가 탁월했습니다. 돈을 벌면 선수들에게 죄다 맛있는 걸 사주기 바빴습니다. 사재를 털어 마산상고 야구부 기틀을 다진 분이죠. 이제 성적을 좀 내려는 시기에 빛도 보지 못한 채 그렇게…."

박상권은 1964년 4월 폐병으로 세상을 떠났다. 당시 선수들은 유니폼을 입은 채 상여를 메고 남성동 집에서 출발해 창동·성호동을 거쳐 서원곡 근처 화장터로 향했다.

5개월 후 마산상고 선수들은 전국체전 경기 전 박상권 감독 유니폼을 의자에 두고 경례했다. 선수들은 마운드에서 파이팅 대신 '호로자식'이라고 외쳤다. 아버지 잃은 자식의 마음과 같았던 것이다. 선수들은 마침내 전국체전 우승 금메달을 박상권 감독 화장터에 바칠 수 있었다.

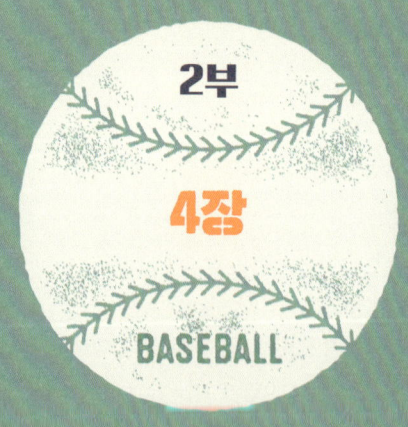

2부
4장

**1972년
마산고 강정일
노히트노런**

만화보다 더 만화 같았던
'고교 투수 노히트노런'

1972년 '야구 역사 한 페이지'를 작성하는 일이 일어난다. 마산고등학교 투수 강정일이 '노히트노런(무안타·무실점 승)'을 기록한다.

마산고 야구부는 1971년 재창단 후 김원열 감독 지도로 팀을 재정비했다. 하지만 번번이 마산상고 벽에 부딪혀 전국대회 출전권을 얻지 못했다.

지역 예선 없는 대회가 유일하게 있었다. '봉황기쟁탈 전국고교대회'다. 1972년 8월 9일 서울운동장에서 개막한 '제2회 봉황기쟁탈 전국고교대회'에는 마산고·마산상고를 비롯한 전국 41개 팀이 참가했다.

8월 10일, 마산고는 1회전에서 광주숭의종고를 만났다. 마산고 선발 투수는 당시 2학년(기록상으로는 1학년) 강정일이었다. 그는 키 176cm, 몸무게 66kg으로 우투·우타였다.

강정일은 사실 부동의 에이스까지는 아니었다. 그는 1학년 때까지 어쩔 수 없이 포수를 맡아야 했다. 그는 마음속으로 '언젠가 투수 마운드에

현재 부산에 살고 있는 강정일(65) 씨가
1971년 마산고 선수들이 함께 찍은 사진을 보여주고 있다.
그는 당시 1학년으로 투수 아닌 포수로 뛰고 있었다.

오르겠다'는 독기를 품었다. 남몰래 밤마다 투구 연습을 했다.

그런데 전화위복이었던 걸까? 포수를 하면서 하체가 단단해지고, 어깨도 강해졌다. 그러던 어느 날 마산상고와 경기를 펼쳤다. 마산고 에이스 김종일, 그리고 노재홍이 잇따라 무너졌다. 김원열 감독은 홧김에 포수 강정일을 마운드에 올렸다. 강정일은 '드디어 기회가 왔다'며 흥분했다. 그는 있는 힘을 다해 공을 뿌렸다. 마산상고 타자들이 속수무책으로 당했다. 김원열 감독 머릿속에 '투수 강정일'이 각인됐다.

강정일은 그렇게 '제2회 봉황기쟁탈 전국고교대회' 광주숭의종고전 선발 중책을 맡았다. 재창단 후 첫 전국대회 첫 경기였다.

강정일은 혼자 책으로 익히 '슬라이더'를 승부구로 삼으며 상대 타선을 요리했다. 경기는 팽팽한 '0의 행진'으로 이어졌다. 강정일이 6회 초를 삼자 범퇴로 끝내고 더그아웃에 돌아왔다. 당시 야구부 정신적 지주였던 고상근(17회 졸업생) 씨가 "지금까지 퍼펙트다"라고 했다. 하지만 강정일은 7회 볼넷을 내줬다. 그래도 노히트노런은 여전히 유효했다.

그리고 운명의 8회 초. 강정일은 볼넷·도루를 허용하며 1사 1·3루 위기에 처했다. 상대 1번 타자 심영석이 스퀴즈를 시도했다. 공이 3루 쪽으로 힘없이 굴러갔다. 투수 강정일이 공을 잡았다. 그의 머릿속에는 짧은 순간 '홈으로 던질까' '뛰어가서 태그를 할까'라는 생각이 교차했다. 강정일은 '에라 모르겠다' 싶은 심정으로 태그아웃을 시도했다. 공을 잡은 오른손이 3루 주자 양재섭 머리·어깨를 스쳤다. 주자가 홈을 밟기 전이었다. 강정일은 그렇게 8회 위기를 모면했다.

마산고는 이어진 8회 말 공격에서 천금 같은 득점을 뽑으며 1-0으로

마산고 투수 강정일이 노히트노런을 달성하자 각 신문은 이를 대서특필했다.
기사 속 사진은 이날 경기 하이라트 장면이었다. 0-0으로 팽팽히 맞서던 8회초,
상대 숭의종고 3루 주자(왼쪽)가 스퀴즈 때 홈으로 파고 들자
마산고 투수 강정일(오른쪽 위)이 태그 아웃 시키고 있다.
(사진 제공. 강정일 소장 신문 자료 촬영본)

앞서갔다.

9회 말, 또 한 번 명장면이 연출된다. 강정일은 투아웃에 투 스트라이크까지 잡았다. 공 하나면 노히트노런이었다. 그는 슬라이더를 힘차게 던졌다. 상대 타자가 방망이를 휘둘렀고, 공은 1루수 위를 살짝 지나갔다. 관중석에서 '아~'하는 탄식이 흘러나왔다. 안타였다. 그런데 거짓말 같은 일이 벌어졌다. 전진 수비를 하던 우익수 김종일이 쏜살같이 달려왔다. 원바운드로 공을 잡아서는 1루로 송구했다. 1루 심판 오른손이 위로 올라갔다. '아웃'이었다.

강정일은 그렇게 볼넷 3개만 내주며 무안타·무득점으로 노히트노런 대기록을 달성했다. 노히트노런이 당시 실업에서는 제법 있었다. 1964년 7월 13일 김병기(조흥은행)를 시작으로 모두 11차례였다. 하지만 고교에서는 내기록 중의 대기록이었다.

현재 부산에 사는 강정일(65) 씨는 당시 장면 하나하나를 어제 일처럼 기억하고 있었다. 그는 특히 9회 마지막 타자를 잡은 상황을 이렇게 표현했다.

"정말 만화 같은 일이 벌어진 거예요. 특히 우익수 김종일은 원래 팀 에이스였어요. 그날 제가 선발 투수로 나갔으니 심정이 어땠겠어요. 그런데 다른 선수 아닌 김종일이 제 노히트노런을 기적처럼 만들어준거죠. 우리 팀은 2회전에서 전년도 준우승팀 대건고에 패해 짐을 쌌죠. 그날 김종일 어머니가 와서는 '고향 인천에 다녀오겠다'며 그를 데리고 갔어요. 김종일과의 인연은 그것으로 끝이었습니다. 나중에

1972년 8월 10일 서울운동장에서 열린 '제2회 봉황기대회'
1회전 마산고-숭의종고전 모습. 마산고 투수 강정일이 노히트노런을 달성한 경기다.

(사진 제공. 강정일 소장)

1972년 8월 서울운동장에서 열린 '제2회 봉황기대회'에 참가한 마산고 선수들이
관중석에서 타 경기를 지켜보는 모습. 맨 오른쪽 점퍼 입은 선수가 강정일이다.

(사진 제공. 강정일 소장)

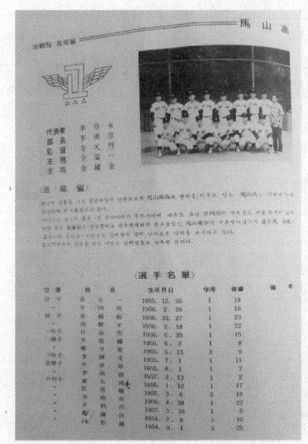

1972년 8월 '제2회 봉황기대회' 참가팀
마산고 선수단을 소개한 팜플렛.

(사진 제공. 강정일 소장)

강정일 고교 시절 모습.

(사진 제공. 강정일 소장)

마산고 야구부 선수단이 1972년 찍은 기념 사진. 오른쪽 네번째가 강정일이며,
그 왼쪽 바로 옆이 애초 팀 에이스였던 김종일이다.

(사진 제공. 강정일 소장)

1974년 마산고 졸업반 강정일(왼쪽)이 대학 진학을 직접 알아보고자
후배와 함께 부산 동아대를 찾았을 때 모습.
(사진 제공. 강정일 소장)

마산고 투수 강정일이 1972년 '제2회 봉황기대회' 노히트노런을 기록한 경기 기념공.
현재 창원NC파크 야구전시관에 보관돼 있다.

소식 듣기로는, 그 친구는 인천고를 나와 농협에서 선수 생활을 이어 갔습니다."

강정일의 노히트노런은 당시 신문에 대서특필됐다. 마산으로 돌아오자 학교도 떠들썩했다. 그는 같은 학생들에게 사인해주기 바빴다. 하지만 '야구 선수 강정일'에게는 굵고 짧은 영광의 시간이었다.

그가 3학년 때, 마운드 에이스 자리는 한해 후배 감사용 몫이었다. 강정일은 진로 고민을 이어갔다. 감독은 한전행을 권유했다. 그는 야구부 있는 대학 진학을 원했다. 성균관대 진학으로 정리되는가 싶었지만, 흐지부지되는 분위기였다. 그는 답답한 마음에 동아대학교 야구부 감독을 찾아 진학을 부탁했다. 하지만 동아대 감독은 고개를 옆으로 저었다. 강정일은 부산서 마산으로 돌아오는 버스에서 야구를 접기로 한다. 하숙집에 와서는 유니폼·장비를 모두 태워버렸다.

그는 친형 위로에 마음을 다잡고, 짧은 시간 학력고사를 준비했다. 그리고 부산대 사범대 체육학과에 합격했다. 그는 이후 교직에 섰고 지난 2017년 2월 부산체고 교장을 끝으로 정년퇴임을 했다.

"야구 미련이 스무 살 이후 왜 없었겠어요. 짧은 시간이었지만 느낀 게 많아 평생 끈을 못 놓았죠. 20대 때 심판 강습을 받고 활동했습니다. 그때 야구 규칙을 달달 외웠습니다. 못다 한 야구 인생을 심판으로 펼쳐볼까도 했지만, 현실적으로 여의치 않았습니다. 30대 초반에는 마산고 감독 제의도 있었습니다. 그렇게 하기로 결심까지 했지만,

이 역시 주변 여건 때문에 실행으로 옮기지 못했습니다. 그래도 교직 생활을 이어온 것에 후회는 없습니다. 노히트노런이라는 기록은 평생 따라다니더군요. 잊을 만하면 매스컴에 언급이 되죠. 부담은 있죠. 그래도 그것 때문에 평생 몸·마음가짐을 더 제대로 할 수 있었던 것 같습니다."

마산고 야구부 창단·해체
잦은 부침

1971년 다시 팀 꾸렸지만
성적 부진으로 와해

1947년 정식 출범해 '마산 고교야구 시대' 개막을 알린 마산고 야구부. 벅찬 꿈을 안고 출발했을 마산고 야구부였으나 태평양·한국 전쟁 등 소용돌이 속에 첫 창단 역사는 오래가지 못했다. 1950년대 '쌍룡기 쟁탈 고교대회' 출전으로 어렵게나마 명맥을 이어가던 마산고 야구는 1960년 7월 경남야구협회 주최 '12회 쌍룡기 쟁탈 대회' 출전을 마지막으로 자취를 감췄다.

마산고 야구가 다시 모습을 드러낸 건 1971년이다. 정부의 학원스포츠 정책과 지역 동문 목소리에 힘입어 10여 년 만에 재창단한 것이다. 당시 마산고는 신입생 6명, 육상부 재학생 2명, 일반 재학생 1명으로 팀 구색을 근근이 맞췄다.

그래도 마산고 야구는 짧은 시간 고교·한국야구 역사에 깊은 인상을 남겼다. 감사용(전 삼미슈퍼스타즈 투수), 이석규(전 국가대표 내야수)를 배출한 게 한 예다. 여기에 1972년 8월 '2회 봉황기 쟁탈 전국고교대회'에서 강정일이라는 스타도 낳았다.

단, 특출난 몇몇 활약만으로는 한계가 있었다. 강정일의 노히트노런이 있었던 1972년 봉황기 대회만 해도 마산고는 2회전에서 대건고에 0-5로 패하며 짐을 쌌다. 팀은 이후에도 이렇다 할 성적을 거두지 못했다.

그래서일까, 1974년 마산고 야구는 재창단 기쁨이 체 무르익기 전 다시 해체되는 아픔을 겪는다. 되풀이된 상황을 강정일(65) 씨는 이렇게 전했다.

마산고 야구부는 신입생 6명 등을 보강해 1971년 재창단됐다.
당시 이 학교 출신으로 야구부 정신적 지주와 같았던 고상근(가운데 사복 차림) 씨,
포수를 맡았던 1학년 강정일(맨 오른쪽) 등이 찍은 기념 사진.

(사진 제공. 강정일 소장)

"재창단이다 보니 당시 마산고 동문들이 야구부를 많이 도와줬어요. 몇몇 후원자도 있었고요. 학생들에게 쌀도 가져다주고 했습니다. 우리 때 이후 학교가 좋은 선수를 많이 영입했습니다. 멤버들이 좋다는 이야기가 많았죠. 하지만 상위권 진입 등 성적을 내진 못했습니다. 결국 '동문이 지원을 해줘도 성적이 못 미친다'는 이야기가 있었던 것 같습니다. 당장 마산상고 벽을 넘기도 쉽지 않았죠."

성적·예산 부족 등으로 또 한 번 부침을 겪은 마산고 야구지만 야구를 향한 동문·재학생 열정은 어찌할 수 없었다. 1980년 '재재창단'으로 또 다시 일어선 마산고 야구는 얼마 지나지 않아 전성시대를 맞는다.

1966~1972년
아마야구 꾸준한 성과

마산동중·마산상고
전국대회 잇따라 낭보

1960년대 후반에도 마산지역 야구팀은 전국대회 도전장을 내밀며 참가를 이어갔다. 마산동중은 1968년 6월 13일부터 17일까지 대전공설운동장에서 열린 '제11회 문교부장관기쟁탈 전국중학초청대회'에 참가했다. 1969년에는 마산상고가 '제24회 청룡기 쟁탈 전국고교선수대회(6월 8일)', '제21회 쌍룡기 쟁탈 전국고교대회(7월 23일)', '제23회 선국시구별 초청 고교쟁패진(10월 5일)'에 잇따라 얼굴을 내밀었다. 하지만, 이렇다 할 성적은 거두지 못한다.

'마산 야구'는 1970년 다시 기지개를 켰다. 마산상고가 6월 9일 '제25회 청룡기 쟁탈 전국고교선수권대회', 7월 29일 '제22회 청룡기 쟁탈 전국고교대회', 9월 23일 '제24회 전국지구별초청 고교쟁패전'에 참가하며 전력을 가다듬었다. 마산상고는 '절치부심' 끝에 같은 해 10월 6일부터 11일까지 서울운동장에서 열린 '제51회 전국체육대회 고등부' 준결승에 진출한다. 1964년 '전국체전 첫 우승' 이후 6년 만의 타이틀 도전이었다. 하지만, 접전 끝에 대전고에 4-5로 석패하며 4강 진출에 만족해야 했다. 이때 마산상고 감독이 '야신' 김성근(77)이었다.

1971년에는 마산동중이 일을 냈다. 5월 1일 광주공설운동장에서 열린 '제1회 대통령기 쟁탈 전국중학대회'에 출전해 4강에 오른 것이다. 마산동중은 준결승전에서 만난 경북중과 팽팽한 투수전 끝에 0-1로 패했다.

'동생'들 활약에 마산상고도 '제52회 전국체육대회(1971년 10월 8~13일)'에서 준결승에 오르며 '2년 연속 전국체전 4강' 쾌거를 이루어냈다.

낭보는 이어졌다. 마산동중이 열흘 뒤인 10월 23일 '제18회 전국중학선수권대회'에서 준우승을 차지하는 '기염'을 토했다. 마산동중은 결승전에서 경상중과 맞붙어 1-4로 졌다. 마산동중 배경환은 '감투상'을 수상했다.

마산상고는 1972년 7월 12일 서울운동장에서 열린 '제26회 전국지구별 초청고교쟁패전'에서도 준결승에 올라 '3년 연속 전국대회 4강 진출'이라는 새 기록을 썼다. 18개 팀이 출전한 이 대회에서 우익수로 활약했던 마산상고 김용일은 미기상(美技賞·훌륭한 플레이를 한 선수에게 주는 상)을 받았다.

이 밖에도 마산군 유격수 출신으로, 1947년 마산고 초대 감독을 맡았던 김계현 씨는 실업팀 한국전력 지휘봉을 잡아 팀을 '제20·21회 백호기쟁탈 전국 군·실업쟁패전(1970·1971년)' 2년 연속 최강자에 올려놓는 등 활약을 펼쳤다.

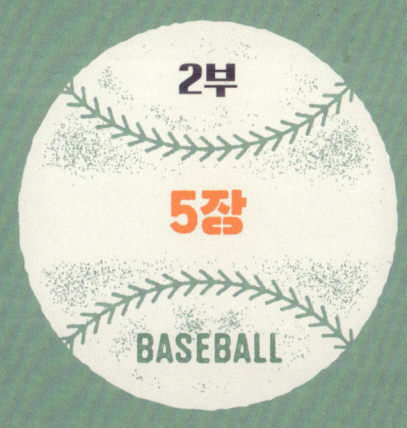

1970년대를 빛낸 야구인들

2부 5장

마산상고 출신 명장과 타격천재
아시아선수권 우승 합작

한국 야구계 두 거장

마산야구 역사는 곧 사람의 역사이기도 하다.

안확 선생이 극일 수단으로 야구를 들여왔고 김성두·이경구·박상권 등이 그 맥을 이어왔듯 말이다. 그 사이사이 수많은 선수가 제자리에서, 타석에서, 마운드에서 마산야구를 빛냈다.

1970년에도 마산야구의 '사람 맥'은 계속됐다. 프로야구 출범을 앞둔 시대, 실업·고교야구를 누빈 이들은 꿋꿋이 마산야구 줄기를 지켰다.

대표적인 인물이 김계현(마산상고 16회·현 마산용마고)이다. 1940년대 마산군 선수(유격수)이자 마산중(현 마산고) 야구부 초대 감독으로, 1950년대 '제1회 아시아선수권대회' 한국대표이자 금융조합·남선전기 선수로 활약했던 김계현은 1962년 한국전력 창단 감독을 맡아 본격적인 지도자 생활을 시작했다. 김계현 감독은 1970년·1971년 '백호기쟁탈 전국 군·실업야구 쟁패전'에서 우승을 차지하는 등 한국전력에서만 18년간 감독

1971년 군·실업쟁패전에 앞서 각오를 밝히는 김계현 감독과
이를 다룬 1971년 <경향신문> 기사.

집에서도 야구 공부 삼매경에 빠진다는
해설가 이호헌 씨를 조명한 1977년 <경향신문> 기사.

생활을 하며 수많은 우승을 거뒀다.

김 감독 지도력은 국가대표에서도 빛을 발했다. 그는 제10회·11회 '아시아선수권대회' 때 대표팀 감독을 맡았는데, 1973년 10회 대회 때는 준우승을, 1975년 11회 대회 때는 한국을 사상 세 번째 우승으로 이끌었다. 이 성과로 김 감독은 체육훈장 거상장(3급)을 받기도 했다.

김 감독은 지도자뿐 아니라 야구 이론가로도 큰 발자취를 남겼다. 일본·미국 야구이론 서적을 번역해 국내에 소개하는가 하면 국내야구 체계를 다듬기도 했다. 1974년 장태영·허종만·이호헌 등과 가칭 한국직업야구 추진위원회를 만들기도 했다. 끝내 그 뜻은 이루지 못했지만 이때의 성과는 훗날 프로야구 출범 밑바탕이 됐다.

김 감독은 1979년 55세 나이로 타계했다. 위암으로 1년간 투병생활을 하다가 세상을 등진 것인데, 일본식 야구용어를 한국식으로 고친 책 발간을 준비 중이었다고 하니, 마지막 순간까지 야구 발전에 몸을 바친 그였다.

이호헌(마산상고 24회)도 빼놓을 수 없다. 1949년 부산에서 열린 '제1회 쌍룡기 쟁탈 고교야구대회'에서 선수 대표로 선서를 하기도 했던 이호헌은 1970년대 고교-프로야구 시대를 연결하는 징검다리 역할을 했다. '한국식 기록법' 창시자이기도 한 이호헌은 이 시기 경상도 말씨에 해박한 야구 지식을 더한 야구 중계로 시청자에게 큰 인기를 끌었다. 이호헌 해설은 '직설적'인 것으로 유명했다. 한 예로 '이 상황에서는 반드시 번트를 대야 한다'는 등 절대적인 말로 감독들을 긴장하게 했다.

1981년 프로야구 창립 계획안을 작성해 뼈대를 설계하기도 했던 이호헌은 1982년부터 KBO 사무차장으로 4년간 재직하는 등 일평생 야구 행정가 길을 걸어오다 지난 2012년 81세 일기로 세상을 떠났다.

경기장 안 스타

김계현·이호헌이 지도력과 해박한 야구 지식으로 마산야구 명예를 드높였다면, 경기장 안에서는 김차열·김용일·이효헌·임정면 등이 빛났다.

1964년 마산상고 전국체육대회 우승을 이끌기도 했던 김차열은 1970년대 제일은행 소속으로 실업야구 중흥기를 이끌었다. 1971년 '제5회 청룡야구상'에서 우익수 부문 최우수선수에 뽑히고, 금융·실업야구 베스트9에도 이름을 올린 건 시작에 불과하다. 김차열은 1973년·1975년 '김계현호'에 승선해 아시아선수권대회 준우승·우승에 힘을 보태기도 했다. 소속 팀에서도 활약은 이어졌다. 김차열은 1973년 23회 '백호기쟁탈 군·실업쟁패전'에서 제일은행 우승을 이끌며 최우수선수상, 타점·홈런·타격상을 휩쓸었고, 1974년에는 24게임 연속 안타, 1이닝 3도루를 선보이며 '호타준족' 면모를 뽐냈다.

김차열은 1977년 같은 팀 이종도·김우열·김태석과 힘을 합쳐 실업야구 '4타자 연속 홈런' '게임당 최다 홈런' '한 이닝 최다 홈런' 기록을 경신하기도 했다. '야구 천재, 타격 천재'라는 별명처럼 1970년대 실업야구를 풍미하며 17년간 코치 겸 선수로 현역 생활을 해온 김차열은 1981년 은퇴를 선언한다. 1965년부터 1981년 7월까지 김차열이 소화한 경기는 약 610경기. 은퇴 후 곧장 미국으로 떠났던 김차열은 2년 뒤 동아대 야구부 감독으로 부임하며 야구와 인연을 이어간다.

1973년 제일은행 소속 김차열 활약상을 다룬 <동아일보> 기사.

1975년 마산상고와 군산상고 경기 3회 초 마산상고 이효헌이 홈을 밟으며 득점에 성공하고 있다는 내용을 다룬 <동아일보> 기사.

김차열이 실업야구를 주름잡던 그때 마산 고교야구에서도 좋은 선수가 연이어 나온다. 시작은 김덕렬. 김차열 동생이기도 한 김덕렬은 1970년대 초 마산상고 투수로 뛰며 마산 고교야구 위상 재정립을 이끌었다. 당시 〈동아일보〉는 김덕렬을 일컬어 '국내 어느 투수도 따라갈 수 없는 강한 어깨를 가지고 위력적인 속구를 퍼붓는 투수'라고 평가하기도. 1972년 마산상고 황금사자기 4강을 이끌기도 했던 김덕렬은 1973년 졸업 후 곧바로 제일은행에 들어가 실업야구 부흥에 힘을 실었다.

1972년 황금사자기 대회에서 김덕렬보다 빛난 선수도 있었다. 그해 대회에서 우익수 김용일이 미기상(훌륭한 플레이를 한 선수에게 주는 상)을 수상한 것인데, 주장으로서 팀을 이끌기도 했던 김용일은 윤군필·김지곤과 클린업트리오를 형성하며 상대를 떨게 했다.

1970년대 중·후반에는 마산상고 이효헌·임정면이 두각을 나타냈다.

1973년 후보로 전국대회 무대를 밟은 이효헌은 1975년 만개한다. 그해 이효헌은 팀을 청룡기대회 4강으로 이끄는 등 전국 규모 3개 대회에서 33타수 11안타 타율 0.333를 기록했다. 이 성적으로 이효헌은 연말 '제18회 이영민 타격상(고교 야구에서 타격 종합 1위를 차지한 선수에게 매해 주는 상)'을 받으며 마산야구를 빛냈다. 이후 이효헌은 경희대로 진학해 야구를 이어갔다.

이영민 타격상 영광은 이듬해 임정면이 이어받는다. 1976년 '황금사자기 대회'에서 팀을 4강에 올리며 타격상(14타수 9안타)·미기상을 동시에 안았던 임정면은 그해 제19회 이영민 타격상 수상자로도 선정된다. 1979년 임정면이 뽐낸 최종 기록은 29타수 13안타 타율 0.448. 임정면은 고교 졸업 후 건국대-농협을 거쳐 프로야구 해태에 입단했고, 1986년 말 빙그레로 팀을 옮겼다가 1988년 은퇴한다.

프로야구를 향해

프로야구에 굵은 발자취를 남긴 이들도 1970년대 하나둘 모습을 드러냈다.

'야신' 김성근 감독도 그중 하나다. 실업리그 명투수 출신인 김성근 감독은 1969년 마산상고에서 지도자 첫발을 내딛는다. 물론 마산상고와의 인연은 1년여밖에 지속하지 않았지만, 혹독한 훈련으로 이름난 김 감독 지도 철학은 이때부터 시작된 것으로 보인다.

1969년 10월 황금사자기 대회를 앞두고 나온 〈동아일보〉 기사다.

'15년에 이르는 화려한 전통을 이어가고자, 낙후된 경남야구를 중흥시키고자 분연히 일어선 마산상고. 여기에 자진해 감독을 맡은 지난날 명투수 김성근 씨의 야심이 플러스 되어 그 결실이 이번 대회에서 거두어지지 않을까 예측되고 있다. 김성근 감독의 지나치리만큼 혹독한 훈련으로 선수들이 그라운드에 쓰러지기 수십 번, 그 결과가 자못 궁금하다. 주영철·허만정 피칭스탭의 위력적인 모습, 맹훈련으로 다져진 내야수비는 일품이다. 게다가 주영철을 중심으로 한 클린업 트리오의 쾌타가 있어 더욱 믿음직하다고 김 감독은 말하고 있다.'

하지만 이듬해 김 감독이 기업은행 투수 코치직을 제안 받고 떠나면서 마산상고 야구는 고초를 겪는다. 그나마 성적이 좋았던 1970년 전국체전 역시 마산상고는 준결승에서 대전고에 4-5로 패하며 눈물을 삼킨다.

1970년 시즌이 끝나자마자 기업은행 투수 코치에서 감독으로 승격한 김성근 감독은 이후 충암고, 신일고, OB 베어스, 태평양 돌핀스, 삼성 라이온즈, 쌍방울 레이더스, LG 트윈스, SK 와이번스, 고양 원더스, 한화 이글스 등을 거치며 한국야구를 대표하는 명지도자 반열에 오른다.

이 밖에 롯데 레전드 고 유두열과 1978년 '제7회 한·일 고교대회'에서 한국 우승에 기여한 한문연 NC다이노스 코치, 박영태 전 한화이글스 코치 등도 1970년대 얼굴을 알린다. 고교야구를 거쳐 각각 실업·대학야구에서 활약을 이어간 이들은 프로야구 출범 이후 나란히 롯데에 입단하며 마산야구 위상을 높였다.

특히 유두열은 김계현 감독과 함께 실업야구 한국전력 우승을 이끌기도. 이들과 관련한 자세한 이야기를 1980년대 야구사를 정리하는 과정에서 자세히 다루겠다.

1970년대 중·후반
초·중·고 팀 성적 주춤

마산고 투수 강정일이 1972년 '제2회 봉황기쟁탈 전국고교대회'에서 노히트노런을 기록한 이후, 지역 초·중·고 팀은 1970년대 중·후반 꾸준히 각종 대회에 출전했다. 하지만 폭발력 있는 성적까지 내지는 못했나.

초등학교 팀으로는 마산 월포초등학교가 전국 대회에 계속 얼굴을 내밀었다. 1973년 5월 15개 팀이 참가한 '제4회 조서희기쟁탈 전국 초등학교대회'에 출전했는데, 예선에서 탈락했다.

진해 도천초등학교는 1973년 6월 전국 11개 팀이 참가한 '제3회 회장기쟁탈 전국 초등학교대회'에 출전, 장려상을 받았다. 진해 도천초는 특출난 성적을 거두지는 못했지만, 끈기 있는 모습으로 강한 인상을 남기며 상을 받았다.

마산상고로 대변되는 지역 고교야구는 한때 서울·인천·대구·부산과 함께 도시초청대회 참가 자격을 얻었다. 하지만 1970년대 들어 군산·대전에도 밀리는 등 대접받지 못했다.

마산고 야구부가 1971년 재창단 명맥을 오래 잇지 못하며 1974년 8월 '제4회 봉황기쟁탈 전국고교대회'를 끝으로 다시 해체됐다. 이에 마산상고는 홀로 전국 무대에 나서 싸웠다.

마산상고는 1975년 6월 전국 12개 팀이 참가한 '제30회 청룡기쟁탈 전국고교선수권대회'에 출전했다. 1회전 춘천고와 경기에서 박진규·엄태섭이 마운드에 올라 상대 타선을 꽁꽁 묶으며 5-0으로 낙승했다. 2회전 상대는 '역전의 명수' 군산상고였다. 마산상고는 1·2회 위기를 잘 넘긴

 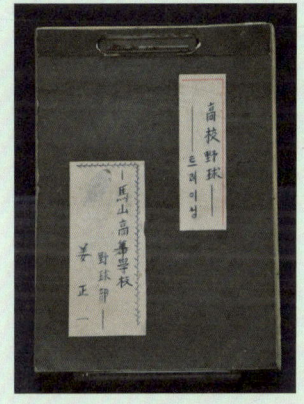

1970년대 마산고 야구부 연습일지.   1970년대 마산고 야구부 트레이닝 교재.

후 3회 기회를 잡았다. 엄태섭이 1사 1·2루에서 좌중간 2타점 2루타를 날렸다. 엄태섭은 마운드에서도 7피안타 무실점 완봉을 기록, 공수 양면에서 활약하며 팀에 2-0 승리를 안겼다.

하지만 마산상고는 승자 준결승전에서 대전고에 장단 20안타를 허용하며 0-15로 대패했다. 한 번 더 주어진 패자 준결승전에서도 선린상고에 3-7로 패하고 말았다.

마산상고는 1976년 7월 전국 19개 팀이 참가한 '제30회 전국 지구별 초청 고교 쟁패전'에서 4강에 진출했지만, 또다시 선린상고를 만나 2-3으로 석패하며 분루를 삼켰다.

1978년 7월 16개 팀이 참가한 '제30회 화랑기쟁탈 전국고교대회'에서는 마산상고 3학년 장군길이 타율 0.700으로 타격상을 받았다.

이런 가운데 마산상고 야구부 후원 동우회가 1978년 10월 만들어져 안정적인 재정 뒷받침에 나섰다.

마산성호초등학교는 1979년 5월 '제9회 회장기쟁탈 전국국민학교대회'에 출전하며 자신들 야구 명맥을 이어나갔다.

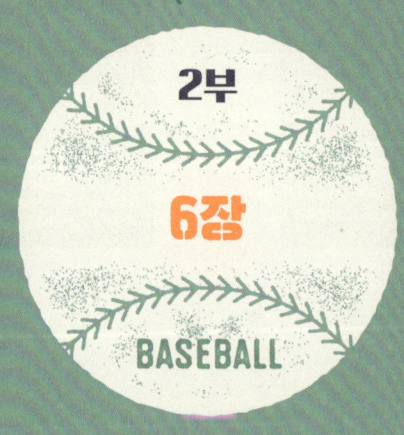

2부
6장
BASEBALL

진해·창원지역도
일찍이 기지개

해군·공단 중심으로 이어진
창원·진해 야구 열기

'통합 창원시'는 지난 2010년 창원·마산·진해지역이 합쳐지며 탄생했다. 오늘날 창원시 야구 뿌리·줄기는 옛 마산에 있다. 하지만 옛 진해 지역 또한 오래전부터 야구 기지개를 켜왔다.

진해는 한때 양궁·배구·복싱에서 명성을 얻었다. 야구는 그와 비교하면 한 발짝 뒤에 놓여 있었다. 하지만 이 지역 야구는 이미 1920년대 조금씩 퍼져나가기 시작했다. 〈진해시사〉를 보면, 김종세라는 인물이 그 산파 역할을 했다. 진해 출신인 그는 1920년대 지금의 청소년 대표에 선발됐다. 1923년 서울 휘문고보 시절 전조선학생야구선수로 뽑혀 일본에서 열린 '전일본중등학교야구선수권대회'에 투수로 출전하기도 했다. 김종세는 이후 고향 진해로 돌아와 야구 보급 역할을 했다.

'진해 야구'는 일제강점기에 해군을 중심으로 활동 영역을 구축했다. 1927년 9월 4일 '진해해군공작부야구단'이 마산중앙운동장에서 열린 마산구성야구단과의 경기에서 8-6으로 승리했다. 진해팀은 1931년 10월 조선체협 주최 '조선신궁경기야구대회' 일반부에 출전하기도 했다.

진해팀은 1938년 6월 '경남소년야구대회'에도 마산·부산·진주·고성과 함께 이름 올렸다.

진해체육회가 1945년 12월 창립됐는데, 야구를 제외한 축구부·정구부·육상부만 산하에 뒀다. 하지만, 이 지역 야구는 여전히 해군 중심으로 끈을 이어갔다. '진해해군공창'은 1954년 5월 '제2회 경남연식대회'에 출전해 1회전서 부산남전을 5-0으로 격파하기도 했다. 이후 '진해 대해병기지팀'이 일본 광양정공팀과 친선 경기를 펼치기도 했다.

'진해 야구'는 1960년대 들어 초·중학교 야구부 중심으로 좀 더 활기를 띤다. '진해대야초'가 1965년 5월 '제2회 재향군인회장기쟁탈 전국국민학교대항야구대회'에 경남 대표로 출전했는데, 1회전서 인천 서림초에 0-2로 패했다.

지역 또 다른 초교팀인 '진해도천초'는 눈에 띄는 성적을 남기기도 했다. 진해도천초는 1973년 '제3회 회장기쟁탈 전국대회'에서 3위를, '1983년 제13회 대통령기 전국대회 경남예선'에서 우승을 차지했다.

'진해중학교'는 1970년 7월 '제13회 문교부장관기쟁탈 전국중학초청대회'에 출전하며 이 지역 중등팀 존재를 알리기 시작한다. 1972년 5월에는 '제3회 조서희기쟁탈 전국중학대회'에도 참가했는데, 특별한 인연 덕이었다. 당시 서울 배문중·고등학교가 진해에서 자주 훈련하며 진해중과 관계를 맺었다. 그런데 배문중·고 이사장이 조서희 씨였고, 진해중은 그의 이름을 딴 대회까지 참가할 수 있었다.

진해중 투수로 활약한 감사용 씨는 그즈음 학교 전력에 대해 이렇게 전했다.

"우리 진해중이 특히 마산동중과 시합을 자주 했습니다. 앞에 선배들은 종종 이기기도 했습니다. 하지만 저희 때는 마산동중을 한 번도 꺾지 못했습니다. 당시 마산동중 멤버가 유두열·배경환 등 막강했거든요."

진해중은 1978년 6월 '제25회 청룡기쟁탈 전국중학선수권대회'에 출전했지만, 이렇다 할 성적까지 내지는 못했다.

이후 1980년 진해남중 야구부가 창단하기도 했다. 하지만 오늘날 진해지역 초·중·고 야구팀은 하나도 남아있지 않다.

현재까지 진해를 대표하는 선수는 감시용(진해대야초·진해중, 프로 삼미 등), 정학수(출생·진해중, 프로 롯데), 임정면(진해대야초·진해중, 프로 해태 등), 공필성(진해제황초·진해남중, 프로 롯데) 등이 있다.

진해 체육시설은 1960년대까지만 해도 학교·군부대 외 전혀 없는 실정이었다. 그러다 진해공설운동장이 도민체육대회를 앞둔 1963년 5월 확장 준공되며 체육활동 구심점 역할을 했다. 7000명을 수용할 수 있는 야구장, 그리고 육상장(축구·럭비도 가능)이 들어선 것이다. 진해야구장은 따뜻한 기후 덕에 전국 야구팀 전지훈련 메카 역할을 했다. 감사용이 직장생활을 하다 프로야구에 진출할 수 있었던 것도, 1982년 1월 삼미슈퍼스타즈가 이곳에 동계훈련 캠프를 꾸렸기에 가능했다.

옛 창원지역은 1970년대 공단 중심으로 직장인 야구팀이 활성화됐다. 삼미특수강 창원공장도 직장인 팀을 뒀는데, 야구광이었던 김현철 삼미그룹 회장이 직접 경기에 뛰기도 했다. 김 회장은 그에 만족하지 않고 프로팀까지 창단했다. 금성사는 종종 창원을 대표해 전국대회에 출전하기도 했다. 1992년 창원시장기쟁탈 야구대회가 열리면서 저변 확대로 이어졌다.

창원지역 학교 야구는 1990년대 하나둘 창단됐는데, 현재는 초등부 창원사파초, 중등부 창원신월중을 두고 있다. 창원사파초는 1992년 창단 이후 2000·2013년 '전국소년체전' 동메달, 2001년 '제31회 회장기 전국초등야구대회' 3위 등의 성과를 남기고 있다. 창원신월중은 1994년 창단 이후 2001·2002년 경남대학교 총장기 대회 연속 우승을 차지했다. 이후 2012년 '전국소년체전' 준우승, 2013년 '전국중학야구선수권대회' 준우승, 2014년 'KBO총재배 전국중학야구대회' 준우승, 2015년 '전국중학야구대회' 3위를 각각 차지했다.

진해 출신 강타자
전성욱을 아시나요

한국전력 소속 실업야구 풍미

야구의 꽃을 '만루 홈런'이라 말하는 이가 많다. 이 '꽃'을 실업야구에서 활짝 피운 선수가 있다. 실업야구 한국전력 강타자 전성욱이다.

전성욱 야구 인생 시작점은 진해다. 진해중학교 시절 야구에 첫발을 들여놓은 건데, 타고난 신체 조건을 갖춘 그는 단숨에 4번 타자를 꿰찼다. 그런 전성욱을 유심히 본 게 마산상고 박상권 감독이다. 1962년 마산상고 야구부를 부활시킨 박 감독은 그해 경남고 등과 경쟁을 뚫고 전성욱을 제자로 들이는 데 성공한다.

당시 박 감독은 마산 남성동에 집을 얻어 선수들을 먹이고 재웠다. 전성욱도 수혜를 본 선수 중 하나였다. 전성욱과 함께 박 감독 집에서 합숙했던, 당대 마산상고 포수 김유성(72)은 전성욱을 이렇게 회상했다.

> "고등학교에 진학할 무렵 이미 키가 180㎝에 달했죠. 박상권 감독은 그를 투수로 전향시키려고도 했고요. 팀에선 결국 유격수·3루수로 뛴 전성욱이었는데, 특히 타격이 기가 막혔어요."

전성욱 타격감은 팀 상승세에 큰 역할을 했다. 전성욱은 1964년 전국체전 우승과 황금사자기 준우승에 힘을 보탰다. 같은 해 청룡기 대회에서는 미기상을 받으며 고교야구 정상급 선수로 이름을 떨쳤다.

고교 졸업 후 전성욱은 큰누나 권유로 실업팀 입단 대신 고려대 진학을 택했다. 고려대에서도 전

1970년 한국전력 타자 전성욱의 만루홈런 소식을 다룬 <경향신문> 기사.

성욱은 기량을 뽐냈다. 1965년 각 대학 스타선수를 망라해 만든 대학 선발군에 이름을 올린 전성욱은 1965년·1967년에는 일본원정대학야구단에 뽑히기도 했다. 1968년에는 고려대를 전국대학야구연맹전 정상에 올려놓았다.

대학 졸업과 동시에 전성욱은 김계현 감독이 이끄는 한국전력에 스카우트됐다. 그리고 실업야구 2년 차인 1970년 전성욱은 굵직한 기록 하나를 남긴다. 제일은행과 맞붙은 백호기쟁탈 전국 군·실업야구쟁패전 결승리그 이틀째 경기에서 만루 홈런을 친 것. 그해 첫 만루홈런인 이 홈런은 백호기 최초이자, 실업야구가 풀시즌제를 채택한 1964년 이래 11번째로 나온 만루포였다. 전성욱 홈런에 힘입은 한전은 그해 백호기 우승을 차지했고 전성욱은 최우수 선수로 뽑혔다. 1971년 백호기 2연속 우승을 달성한 전성욱은 이후 부상 등으로 부침을 겪다 그라운드를 떠난다.

슈퍼스타 감사용에게 진해는
"야구로 맺어진 고향"

진해중 진학해 처음 공 잡아

감사용(62). '연식'이 좀 된 야구팬이라면 누구나 기억하는 선수임이 틀림없을 것이다. 그는 삼미 슈퍼스타즈(OB 베어스에서 은퇴) 투수 출신으로, 1982년부터 1986년까지 프로 무대에서 활약했다. 5시즌 동안 통산 61경기에 나와 1승 15패 1세이브, 평균자책점 6.20이라는 다소 초라한 성적을 거뒀지만, 그의 '통산 1승' 과정을 영화화한 〈슈퍼스타 감사용〉이 지난 2004년 나오면서 유명해졌다.

그는 진해중학교에서 처음 야구를 시작했고, 삼미 진해 전지훈련 때 스카우트되는 등 '진해'와 각별한 인연을 두고 있다. 현재도 진해리틀야구단에서 아이들을 가르치며 '진해 야구'에 마지막 열정을 쏟고 있다.

그는 김해 진영에서 태어났지만, 진해가 운명처럼 느껴졌다고 한다.

"진영대흥초등학교 시절 어깨가 좋아 '공 멀리 던지기' 대표를 하고 있었습니다. 그러던 6학년 어느날, 친척집에 간다고 진해를 찾았어요. 진해역에서 내려 시가지를 바라보니까 김해 시골길하고는 차원이 다른 겁니다. 길이 깨끗하게 닦여있고, 이국적인 분위기랄까요, 그런 게 너무 마음에 들었습니다. 마침 공설운동장에서 진해대야초 야구부가 경기하는 모습을 보게 됐습니다. 그때 야구를 너무 하고 싶은 겁니다. 아버지한테 진해대야초로 전학 보내 달라고 했고, 뜻대로 됐습니다."

그는 야구를 하기 위해 나름의 전략을 짰다. 그 과정에서 시간이 조금 지연되기도 했다.

감사용 씨가 야구를 시작한 진해중 시절 등 옛 이야기를 들려주고 있다.

"진해대야초 바로 옆에 진해중이 있었는데, 이 학교 역시 야구부를 두고 있었습니다. 저는 진해중에 진학해서 야구를 시작하겠다는 마음이었죠. 성적이 안 돼 1년 유급 끝에 진해중에 입학했습니다. 야구부에 들어가려고 했는데, 선배들이 창고에서 후배들에게 기합 주는 걸 봤습니다. 장난 아니었습니다. 그때는 좀 그랬어요(웃음). 그래서 조금 늦춰 2학년 때부터 야구를 해야겠다는 마음을 먹고, 공부랑 개인 훈련을 병행했어요. 밤에는 진해 탑산에 올라가 뛰고, 또 공도 던지며 준비했죠. 마침내 2학년 때 체육 선생님 권유 형식으로 야구공을 본격적으로 잡을 수 있었습니다."

당시 진해중은 마산중·마산동중에 실력 면에서 크게 뒤졌다고 했다. 전국대회에 나가고자 예선전을 치를 때마다 마산지역 양대 중학교에 번번이 가로막혔다고. 그럴 만도 한 게 당시 마산동중

감사용 씨의 삼미 시절 사진과 유니폼.

만 하더라도 1984년 KBO 한국시리즈 MVP에 빛나는 유두열(2016년 9월 별세)이 활약하는 등 선수층이 두꺼웠다. 이 때문에 진해중은 전국대회에 나갈 기회가 그리 많지 않았다.

감 씨는 그럼에도 당시 '진해 야구 저변'은 어느 정도 깔렸었다고 기억했다. 그 중심엔 해군이 있었다고 한다.

"당시만 해도 진해 초·중학교에 야구부가 있었고, 특히 해군에서 야구를 많이 했어요. 사회인 야구팀이 있을 정도였죠. 진해공설운동장은 항상 야구하는 사람으로 붐볐습니다. 우리 진해중 야구부도 여기서 훈련을 많이 했어요. 당시엔 해군이 중학교 야구부를 많이 밀어줬습니다. 한번은 중2 때 울산서 열린 도민체전에 진해 중학부 대표로 참가했는데, 돌아오는 차편이 없어서 성인 대표로 출전했던 해군 트럭을

감사용 씨는 현재도 진해리틀야구단에서 아이들을 가르치고 있다.

얻어 타기도 했습니다. 아, 그리고 제가 군대 갈 무렵에는 진해남중에 야구부가 창단했는데, 그때 공필성(전 롯데 감독 대행)이 창립 선수로 뛰던 모습도 기억이 나네요."

감 씨는 마산고 졸업 후 군 복무를 마치고 마산동중 감독직을 제안받았지만 "너무 이른 나이에 감독을 할 수 없다"며 고사했다. 그러다 야구에 대한 미련을 어느 정도 접고 창원 삼미특수강에 입사했다.

"삼미특수강에 들어와 보니 여기 직원들도 야구를 정말 좋아하더라고요. 입사 이후 창원공단 이사장기 대회에 자주 나갔습니다. 제가 명색이 그래도 야구선수 출신 아닙니까. 직장인들 상대는 '식은 죽 먹기' 였죠. 당시만 해도 창원공단에만 사회인 야구팀이 20여 개 있었습니다. 그런데 마침 삼미슈퍼스타즈가 진해로 전지훈련을 왔어요. 제가 진해 사정을 잘 아니까 길 안내도 하고, 같이 합숙하면서 하루에 연습구를 많이 던져줬어요. 하루 공 1000개씩 던져주고 그랬습니다. 당시 코치진이 왼쪽투수가 필요하다고 해서 삼미슈퍼스타즈에 들어갈 수 있었습니다. 뭐 일종의 파견근무였죠."

감 씨는 은퇴 이후에도 양덕초 감독, 김해내동중학교 창단에도 역할을 했다. 그리고 지난 2005년부터 2007년까지 진해를 연고로 한 국제디지털대학교 야구부 감독을 맡으며 '고군분투'했다. 이후 진해리틀야구단 감독을 10년 넘게 맡고 있다. 그는 현재 진해에 야구부 하나 남아 있지 않은 현실에 무척 씁쓸해했다.

"당시 진해시가 국제디지털대 야구부 숙소 지원 등을 약속했는데, 팀이 꾸려질 무렵 관심을 거두는 바람에 많이 힘들었습니다. 그래도 '진해 야구 부활' 노력을 거둘 수는 없습니다. 제가 진해리틀야구단에서 아이들을 가르치는 이유이기도 합니다. 진해는 야구로 맺어진 고향같은 곳이니까요."

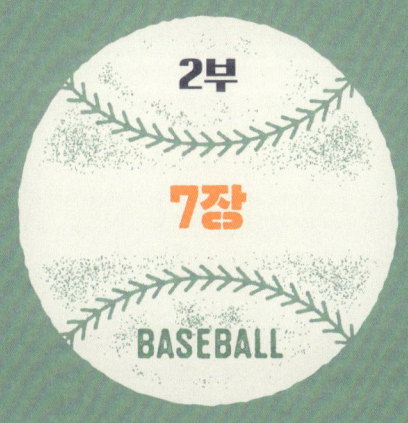

1980년대 초반
초·중·고·대

초등학교부터 대학까지
야구단 연계 완성

마산상고 '강팀에 강했다'

마산상고(현 마산용마고)는 1980년 전국대회 준우승·4강 성적을 거두며 '명문 부활'을 알렸다. 이 당시 마산상고는 사이드암 박동수(58, 전 마산용마고 감독)가 마운드를 든든히 지켰다. 또한 이창원·박덕춘은 타선을 이끌었다.

1980년 4월, 마산상고는 그해 첫 전국대회인 '제14회 대통령배쟁탈 전국고등학교 야구대회'에 출전, 1회전서 서울명지고와 맞붙었다. 마산상고는 선발 박동수가 1회부터 흔들리며 2점을 내주는 등 결국 1-6으로 무릎을 꿇었다. 5회 이창원이 대회 1호 홈런을 날린 것에 만족해야 했다.

마산상고는 6월 열린 '제35회 청룡기쟁탈 전국 고교야구선수권대회'에서 '명문 부활' 신호탄을 쐈다.

마산상고는 1회전서 청주세광고와 맞붙었다. 역시 박동수가 선발로 나섰는데, 이번에는 상대 타선을 2안타로 꽁꽁 묶으며 1실점, 4-1 승리

마산상고는 1980년 6월 '제35회 청룡기쟁탈 전국고교야구선수권대회' 8강에서
우승 후보 충암고를 4-3으로 눌렀다.
당시 경향신문이 '마상 돌풍…거함 충암 격침'이라는 제목으로 다룬 기사.

를 이끌었다.

　마산상고는 8강에서 우승 후보 서울충암고와 맞붙었다. 6월 20일 경기에서 7회까지 0-3으로 끌려가다, 8·9회 잇따라 득점을 뽑으며 3-3 동점을 만들었다. 이날 경기는 연장 12회까지 승부를 가리지 못했다. 마산상고는 다음날 오전 9시 30분 경기가 속개되자마자 승부를 결정지었다. 13회 초 2사 만루 찬스에서 6번 타자 박덕춘이 내야 땅볼을 쳤다. 그런데 충암고 2루수가 유격수로부터 송구 받은 볼을 놓치는 실수를 범했다. 마산상고는 행운 속에서 4-3으로 충암고를 눌렀다. 당시 〈경향신문〉은 관련 기사 제목을 '청룡기 중고야구 마상 돌풍…거함 충암 격침'으로 뽑았다.

　마산상고는 4강에서 서울중앙고를 7-3으로 꺾고 대망의 결승에 진출했다.

　우승컵을 놓고 다툴 상대는 당시 '야구 천재'로 불리던 박노준(57, 전 OB)을 비롯해 김건우(56, 전 MBC) 등이 있는 서울선린상고(서울인터넷고)였다. 마산상고는 에이스 박동수가 마운드에 올랐는데, 2회 1점, 3회 2점을 내줬다. 마산상고는 5회 1사 만루 황금 찬스를 맞았지만, 대타로 나선 조영천이 병살타를 치며 기회를 날렸다. 마산상고는 상대 박노준 구위에 꽁꽁 묶인 채, 7회에 2점을 추가 실점하며 결국 0-5로 완패했다. 마산상고는 준우승과 투수 이영윤이 감투상을 받은 것에 만족해야 했다.

　마산상고는 이후 7월 '제10회 봉황기쟁탈 전국 고교야구'에도 출전해 2회전까지 올랐다.

　마산상고는 8월 '제32회 화랑기쟁탈 전국 고교야구대회'에서 서울경기고를 3-1, 목포상고를 10-3으로 격파하고 또 한 번 4강에 진출했다. 재미있는 것은 8강전부터 콜드게임 룰이 적용되지 않는데도, 심판이 이를 몰라 10-3 상황에서 마산상고 콜드게임 승을 선언했다. 목포상고도 이를 파악하지 못했는지 별다른 항의를 하지 않아, 경기는 마무리됐다.

마산상고는 천안북일고와의 4강에서 '0의 행진'을 이어가다 연장 10회 무너지며 0-3 패배로 분루를 삼켰다.

마산상고는 10월 '제34회 황금사자기쟁탈 전국지구별 초청 고교야구쟁패전' 8강에서 선동열이 선발로 나선 광주일고에 0-7로 완패했다. 당시 광주일고는 마산상고 투수 박동수에 대비하기 위해, 경기 전날 실업 롯데 사이드암 투수 박노삼을 데려와 타격 연습을 했다. 광주일고는 실제 경기에서 박동수를 상대로 타격 불을 뿜었으니, 특훈이 주효했던 셈이다.

마산상고는 1981년 들어서는 7월 '제33회 화랑기쟁탈 전국 고교야구' 2회전 진출, 8월 '제11회 봉황기쟁탈 전국 고교야구대회' 2회전 진출, 9월 '제35회 황금사자기쟁탈 전국 지구별 초청 고교야구쟁패전' 1회전 탈락 등을 남겼다.

1981년 11월에는 고교 졸업생들끼리 맞붙는 '제3회 야구대제전'이 열렸다. 마산상고는 박영태 등의 활약으로 8강까지 진출했다.

요컨대 1980년대 초 마산상고는 '강자에 강한 팀'으로 명성을 날렸지만, 동시에 '기복이 심한 팀'이라는 달갑지 않은 꼬리표도 달았다.

마산고 6년 만에 재창단

마산고 야구부는 1974년 선수 부족 등으로 두 번째 해체 아픔을 겪었다. 그러다 1980년 팀을 또 한 번 부활해 6년 만에 전국 대회에 얼굴을 내밀었다. 마산고는 그해 7월 '제10회 봉황기쟁탈 전국 고교야구대회'에 출전했는데, 1회전서 성남고에 3-9로 패했다.

마산고는 1981년 5월 '제15회 대통령배쟁탈 전국 고교야구대회'에서 2회전 진출 성과를 거뒀다. 6월 '제36회 청룡기쟁탈 전국 중고야구선수권대회'에도 경남 대표로 출전, 1회전서 성남고를 상대로 8-0 콜드게임 승을 거뒀다. 하지만 2회전서 경북고 성준의 투타 활약에 밀려 2-5로 패했다. 마산고는 7월 '제3회 대붕기쟁탈 전국 고교야구대회', 8월 '제11회 봉황기쟁탈 전국 고교야구대회'에 잇따라 참가했지만 1회전서 탈락했다.

중학 팀은 마산동중이 1980년 6월 '제35회 전국 중학야구선수권대회'에 출전했지만 1회전 탈락 등 주목받을 만한 성적을 거두지는 못했다.

초등학교도 마산성호초가 전국대회에 얼굴을 알리는 정도였다. 마산성호초는 1980년 6월 '제10회 회장기쟁탈 전국 초등학교야구대회' 2회전에 진출했지만, 삼척진주초에 4-9로 패하며 더 높은 성적을 거두지는 못했다. 8월에는 '제2회 전국 초등학교야구선수권대회'에서 1회전 탈락했다. 마산성호초는 1981년에도 5월 '제11회 회장기쟁탈 전국 국민학교 야구대회'에 출전해 1회전서 탈락했다. 9월 '제3회 전국 국민학교 야구선수권대회'서는 2회전 진출에 만족해야 했다.

이런 가운데 1981년 마산양덕초등학교가 야구부를 창단했다.

또한 경남대가 1981년부터 준비에 들어가 이듬해 말 야구부를 정식 창단했다. 마산지역 초·중·고·대 연계가 비로소 완성된 것이다.

한편 '마산 야구인' 김차열은 1981년 7월 실업 후기 1차 리그를 끝으로 은퇴를 선언했다. 그는 1964년 마산상고 전국체전 우승을 이끌었고, 제일은행 소속으로 1970년대 실업리그 타자로 맹활약했다. 그는 제23회 백호기대회 타격·홈런·타점 3관왕, 1974년 실업리그 24게임 연속 안타 기록 등을 세웠고, 국가대표로도 이름 날렸다. 김차열은 36세 나이로 은퇴한 후 미국에 이민을 갔다.

1981년 9월에는 일본과 맞붙을 고교대표팀이 꾸려졌는데, 마산고 외야수 임경택이 포함됐다. 당시 고교 대표팀 멤버는 △투수 김건우(서울선린상고)·김정수(광주진흥고)·차동철(광주일고)·조계현(군산상고) △포수 김상국(천안북일고)·장채근(광주상고) △내야수 류중일(경북고)·강기웅(대구고) 등이었다.

교수·동문 힘 모아
경남대 야구부 창단

기금 1억 모금해 1982년 출범

1980년대 마산을 넘어 경남 야구가 맞은 획기적인 사건은 '경남대학교 야구부' 창단이었다.

경남대가 야구부 창단을 준비한 건 종합대학 승격 직전인 1981년 말이다. 경남대는 그해 10월 27일 대학체육진흥위원회를 구성해 야구부 창단 계획을 구체화했다.

경남대 교수와 동문이 주축이 된 위원회는 '체육을 통한 교기 진흥으로 전 경남대인 일체감 조성과 교위 선양'을 야구부 창단 목적으로 삼았다. 이들은 기금 모금 활동 등을 펼치며 야구부 창단에 적극적으로 힘을 보태기도 했다. 〈마산시 체육사〉에 따르면 경남대 동문회만 하더라도 1982년 8월 무렵까지 기금 1억 원을 모았다.

창단 감독은 정연회 당시 경남고 감독이 맡았다. 이어 1982년 말에는 천안북일고·휘문고·부산상고·배재고·경남상고를 주축으로 한 창단 멤버 23명을 확정하고 본격적인 운영에 들어갔다.

부푼 꿈을 안고 경기장으로 나섰을 경남대 야구부였지만 창단 초기 적응 과정이 순탄치만은 않았다. 대학 2학년생 이상 선수와 신입 고교스타 균형이 무엇보다 중요시됐던 당시 대학야구 판도를 고려하면 당연한 결과였다.

경남대는 1983년 4월 '제33회 백호기쟁탈 전국종합야구선수권대회'에서 실업팀 상업은행을 패배 직전(최종 스코어는 7-9 패)까지 몰며 분전했지만, 창단 7개월 만인 그해 5월에서야 첫 승을 달성했다. 1983년 '제17회 대통령기쟁탈 전국대학야구대회' 1회전(16강)에서 경남대는 인천전

1982년 10월 경남대 야구부 창단식 모습.

(사진 제공. 경남대)

문대와 맞붙어 6번 타자 신용섭 솔로 홈런으로 기선을 잡았다. 그리고 5·6회 집중 8안타로 8점을 보태며 13-7 승리를 거뒀다. 물론 경남대는 8강에서 만난 동아대에 2-10으로 패하며 준결승 진출에는 실패했다. 그래도 첫 승리를 맛보며 도약 발판을 다진 셈이다.

창단 초기 보낸 인고 시간은 1980년대 중·후반 성과로 나타났다. 1987년 경남대는 '제37회 백호기쟁탈 종합야구선수권대회'에서 우승후보 건국대를 10-4로 대파하고 8강에 올랐다. 1989년 '제70회 전국체전'서는 마침내 우승 트로피를 들어올렸다. 이후 2003년 '대통령기 전국야구선수

권대회' 준우승 등 명맥을 이어갔다.

〈경남대학교 70년사〉는 학교 야구부를 이렇게 평가했다.

> '우리 대학교 야구부가 출범한 1982년은 프로야구가 시작된 해다. 야구는 많은 국민이 사랑하는 스포츠로 곧 자리 잡게 되었다. 우리 대학교 야구부에서도 많은 우수 선수를 배출해 한국 야구 발전에 적지 않은 기여를 하였다.'

전국체전 개최로
마산야구장 탄생

17억 원 투입 1982년 8월 건립

1980년 11월 12일, 대한체육회는 경남(마산·창원·진해·진주 분산)을 '1982년 제63회 전국체전 개최지'로 확정했다.

이에 경남 체육회는 곧바로 대회 준비에 들어갔다. 가장 중요한 것은 역시 경기장이었다. 마산시는 기존 공설운동장 자리인 양덕동에 전체 사업비 117억 원을 들여 메인 경기장(3만 5000명 규모)을 비롯해 야구장·수영장·테니스장·승마장을 건립하기로 했다.

그런데 훗날 창원NC파크 야구장 위치를 놓고 지역 신경전이 있었듯, 이때도 마찬가지 상황이 연출됐다. 경남도는 애초 '메인 경기장 창원 건립'을 염두에 두고 있었다. 이러한 분위기가 조성되자, 이상규 마산시체육회 사무국장과 김정태 경남도체육회 사무국장이 나서 반대 뜻을 강하게 나타냈다. 그런데 경남도가 한 가지 절충안을 제시했다. 메인 경기장은 마산에 건립하되, 야구장은 창원에 짓자는 것이었다. 하지만 마산 체육인들은 이 역시 거절하며, 메인 경기장 및 야구장 유치를 모두 관철했다.

마산 지역민을 중심으로 한 전국체전준비후원회는 1981년 8월 발족, 3억 원에 가까운 성금을 모금했다. 경남도는 환경 정비를 진행했는데, 그 과정에서 일제 강점기 지어졌던 마산지역 적산 가옥들이 대거 사라지기도 했다.

마산야구장은 △예산 17억 7000만 원 △면적 2만 3484m^2(7100여 평) △수용 1만 5000석 규모로 진행됐다. 건설 과정에서 스탠드 골조와 자재 일부는 기존 마산공설운동장 것을 재활용하기

마산시가 '1982년 제63회 전국체전'을 위해 조성한 마산종합운동장. 오른쪽이 야구장.
(사진 제공. 마산시사)

도 했다.

마산야구장은 마침내 1982년 8월, 경남 유일의 야구장으로 탄생했다. 특히 서울 잠실야구장에 이어 전국 두 번째로 조성된 '내·외야 잔디 구장'이었다.

전국체전 경기장 건립을 주도한 이홍조 마산시 도시계획국장은 당시 언론 인터뷰에서 이렇게 전했다.

"마산은 야구 명문 도시면서도 지금까지 규격을 갖춘 경기장 하나 없었습니다. 부끄러운 현실이었죠. 그래서 야구장만은 초현대식으로 설계해야겠다고 다짐했습니다. 실제로 시설 면에서 서울 잠실야구장 다음이라고 자부합니다."

당시 야간조명시설은 함께 만들어지지 않았는데, 부산·마산을 연고로 한 프로야구 롯데 구단이 그 비용을 부담해 설치하는 것으로 정리됐다.

제3부

1982~2009
롯데와 '아재들'

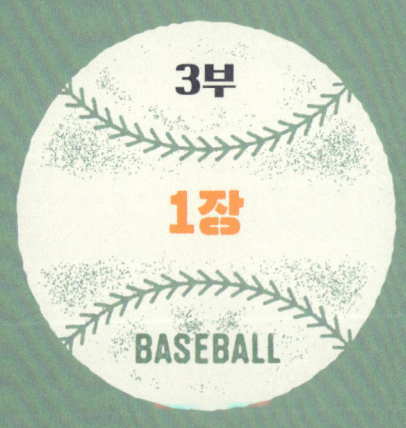

3부 1장

프로야구 출범과 마산

롯데 제2 연고지로
남다른 존재감 뽐낸 1982년

프로야구 역사적 출범

오늘날 우리나라 최고 인기스포츠로 자리매김한 프로야구는 1970년대 중·후반 줄범 싹을 틔웠다.

1960년대 후반 전국적으로 고교야구가 폭발적인 인기를 끌면서 자연스럽게 프로화 논의가 시작된 것이다. 여기에 1975년 재미교포 홍윤희 씨가 힘을 보태면서 프로야구 출범은 상당히 구체적인 단계까지 진행됐다. 하지만 유신 정권이 부정적인 반응을 보이면서 추진력을 잃기 시작한 야구 프로화는 홍윤희 씨마저 미국으로 돌아가면서 좌초됐다.

그럼에도 프로야구 출범 논의는 야구장 안팎에서 끊임없이 이어졌다. 이 논의에 기름을 부은 건 신군부정권이다. 이들은 제5공화국 출범 직후인 1981년 5월, 국민을 정치에서 멀어지게 하려는 의도로 프로스포츠 출범을 수면으로 올렸다. 이즈음 문화방송(MBC)이 창사 20주년 기념사업으로 프로야구 창설 계획을 마련하고, 별도 창단 작업을 진행하던 이용일과 이호헌(마산상고 출신) 등이 출범 준비에 가세하면서 프로화는 급물살을 탔다.

그해 8월 이용일·이호헌이 '프로야구 창립 계획서'를 청와대에 제출하면서 출범 작업은 본격화하기 시작했다. 당시 계획서 핵심은 △향토애 자극 △프랜차이즈(연고지)제 도입 △6개 팀 확정 △고교출신별 선수 선발 등이었다. 그중에서도 '정부 지원금이 없어도 된다'는 내용이 군부정권 구미를 당기게 했다. 정부 보조를 필요로 하지 않은 이유는 대기업 참여를 바탕에 둔 덕분이었다. 대기업 참여에 군부정권이 적극적인 지지를 표하면서 프로야구 출범 작업은 구단 선정 절차로 이어졌다.

그로부터 약 5개월 뒤 참여 기업·연고지 선정을 마친 야구계는 12월 11일 롯데호텔에서 창립총회를 열고 한국프로야구 출범을 공표한다. 창립총회에 참가한 구단은 MBC청룡, 롯데자이언츠, OB베어스, 삼성라이온즈, 삼미슈퍼스타즈, 해태타이거즈로 6개 팀이었다. 이들 기업은 각각 서울(MBC), 부산·경남(롯데), 대전·충청(OB), 대구·경북(삼성), 인천·경기·강원(삼미), 광주·전라(해태)를 연고지로 하고 프로야구 시대 개막을 알렸다.

물론 그 사이 있었던 연고지 선정 작업이 마냥 순탄치만 않았다. 대표적인 사건이 롯데의 반발이다. 애초 롯데가 연고지로 원한 도시는 서울이었다. 당시 롯데는 과자업계 라이벌 해태가 참여하는 데 반발하며 '동종업계 참가를 묵인할 터이니 서울을 연고지로 달라'고 요구했다. 롯데의 강한 요구에 이호헌 프로야구 출범 추진위원은 '롯데와의 일이 잘 풀리지 않으면 럭키금성을 끌어들인다'는 복안을 세워놓고 일을 지속했다. 오히려 '롯데가 아니더라도 맡을 기업은 있다'며 역으로 압박하기도 했다.

1981년 12월 11일 한국프로야구 창립총회 모습을 다룬
그해 12월 18일 자 <경향신문> 기사.

이는 제대로 통했다. 최종 결정권자인 신격호 롯데 회장이 한발 물러서 '연고지야 어떻든 프로야구를 절대 포기해서는 안 된다'는 의견을 내비친 것. 프로야구 시장성을 놓칠 수 없다는 뜻이었다. 롯데 항복에 더해 '프로야구 출범 3년 뒤 OB의 서울 입성을 보장한다'는 계약도 어렵사리 마무리되면서 오늘날 익숙한 각 구단 연고지 뿌리가 내려졌다.

마산은 롯데 제2 연고지로

지역안배, 특히 시장성을 중심으로 각 구단 연고지가 정해지면서 마산은 프로야구 출범의 직접적인 수혜자는 되지 못했다. 단독적인 지역 연고팀 없이 부산과 함께 롯데 연고지로 묶인 것인데, 다소 아쉬운 상황 속에서도 마산은 '특유의 존재감'을 뽐냈다.

시즌 개막 전 전지훈련 장소로 각광받은 게 한 예다. 1982년 초 '마산행'에는 OB베어스가 앞장섰다. 6개 팀 중 가장 먼저 코치진·선수 계약을 끝낸 OB는 1982년 2월 1일 마산에 스프링 캠프를 차렸다. 당시 OB의 마산 전지훈련 분위기를 〈경향신문〉은 이렇게 전했다.

'봄의 고향 마산은 프로야구 열기 속에 새봄을 기다리는 설렘으로 들떠있다. 가고파 시인 노산 이은상 씨를 낳은 문학의 고장이자 항도인 마산에 프로야구 OB베어스 팀이 스프링 캠프를 차리면서 시민 관심은 온통 프로야구에 쏠려 있다. 한 폭의 그림 같은 평화스런 남쪽바다가 한눈에 들어오는 무학산 기슭의 마산고 교정은 시골잔칫집처럼 부산하다. 운동장을 가득 메운 곰들(베어스)을 조련시키는 훈련 광경

프로야구 출범 소식을 다룬
1982년 3월 27일 자 <매일경제> 기사.

은 실업팀에서 볼 수 없는 조직적이고 강도 짙은 것이어서 호기심 어린 구경꾼 발길이 끊이지 않는다.'

따뜻한 남쪽행에는 삼미슈퍼스타즈도 동참했다. 1982년 2월 5일 인천상공회의소에서 창단식을 연 삼미는 이틀 뒤인 7일 진해를 찾아 전지훈련에 돌입했다. 7명의 투수 등 모두 23명의 선수단이 굵은 땀방울을 흘린 곳은 진해공설운동장. 〈경향신문〉이 기록한 당시 삼미 훈련 분위기는 다음과 같다.

'삼미는 다른 팀보다 템포를 빨리하여 실기훈련을 서두르고 있다. 캐치볼, 토스 배팅, 아메리칸 노크 타격 연습 등 시즌 오픈에 대비한 실전연습에 열을 올리고 있다.'

전지훈련으로 한껏 부풀어 올랐던 이들 지역 프로야구 열기는 그해 9월 마산야구장이 준공되면서 더욱 치솟는다. 준공을 기념하고자 프로야구 첫 경기가 열린 데 이어 시즌 종료 후에는 비공식 시범경기까지 개최하게 된 것.

1982년 11월 12~14일 마산야구장에서 열린 프로야구 시범경기에는 MBC청룡, OB베어스, 롯데자이언츠, 삼성라이온즈가 참여했다. 이 시범경기는 '경남에서도 프로야구 붐을 조성하겠다'는 전략을 안고 열렸는데 결과적으로 대성공이었다. 마산 사람들의 그칠 줄 모르는 야구 사랑은 프로야구에도 자연스럽게 녹아들었고, 이는 훗날 '마산아재'로 대표되는

OB베어스의 마산 전지훈련 현장을 담은
1982년 2월 18일 자 <경향신문> 기사.

이 지역 야구의 변신·도약 기틀이 됐다.

마산야구장 첫 경기

마산에서 열린 첫 프로야구 경기는 1982년 9월 26일 롯데자이언츠-삼미슈퍼스타즈전이다. 경기는 마산야구장 준공을 기념해 열렸는데, 마산을 비롯한 경남 사람 관심이 대단했다.

입장권 예매분 1500매가 삽시간에 매진된 건 시작에 불과했다. 경기 개시 전부터 밀려들기 시작한 관중은 얼마 지나지 않아 수용인원의 2배를 넘어섰다. 당시 마산야구장 수용 인원이 1만 5000명이었는데, 무려 3만여 명이 몰린 것이다. 질서를 잃은 몇 관중은 유리창과 셔터를 부수고 진입을 시도하기도 했고, 시구를 하기도 한 노시사소자 입장하지 못한 채 경기가 시작하는 해프닝도 있었다.

경기 결과도 흥미로웠다. 1982년 프로야구는 전·후기리그로 나눠 치렀다. 후기리그에서 삼미는 이날 경기 전까지 4승 31패 승률 0.114, 리그 최하위에 머물고 있었다. 후기리그 3~4위권을 유지하던 롯데 입장에서는 자연히 승리가 기대됐던 셈. 하지만 경기에서 롯데는 8·9회 대거 8실점 하며 9-11로 패배했다.

마산에서 열린 첫 프로야구 경기를 승리로 장식하진 못했지만 위안거리도 있었다. 이 경기에서 마산상고 출신 롯데 정학수가 5타수 2안타를 기록했고, 같은 팀 박용성은 8회 마산야구장 첫 홈런을 쐈다. 삼미 원년 멤버이자 마산고 출신 감사용이 지역 팬에게 인사를 건넨 점도 추억이 될 만했다.

마산 사람이 내비친 야구 열기에 놀랐을까. 그해 말 롯데는 마산시에 2억 원을 기부하며 '마산야구장 야간 조명 설치'에 힘을 보탠다. 이듬해 조명 설치 작업이 마무리되고 롯데가 마산야구장 방문 경기를 늘리면서 이 지역 프로야구 시대도 활짝 열렸다.

마산·진해 출신 야구인들의 활약

정학수·박용성 롯데서 펄펄

마산·진해 출신 야구인들은 1982년 프로 출범 당시부터 롯데 등에서 인상적인 활약을 펼쳤다. 정학수·박용성이 대표적이다.

정학수는 진해중·마산상고·동아대 졸업 후 실업 한전에서 활약하다 롯데 원년 멤버에 이름 올렸다. 정학수는 2루수, 그리고 팀 부동의 1번 타자였다. 방망이를 어깨 위에서 일자로 눕힌 특이한 타격 폼으로도 유명했다. 정학수는 프로 첫해 정규리그 80경기 가운데 76경기에 출전해 △타율 0.274(19위) △76안타(14위) △12도루(16위) △홈런 2개 △25타점 등의 기록을 남겼다.

박용성은 마산동중·마산상고·동아대 졸업 후 실업 한일은행에서 뛰다 롯데에 입단했다. 그는 1982년 시즌을 앞두고 동계훈련 중 손목 부상을 당했다. 그 탓에 전체 80경기 가운데 52경기 출전에 그쳤다. 하지만 후기리그(당시 전·후기로 나눠 진행) 홈런을 몰아치며 그해 11개를 담장 밖으로 날렸다. 롯데 클린업 트리오(3~5번)였던 김용희·김정수와 함께 팀 내 최다홈런이었다. 전체 홈런 순위에서는 공동 7위를 차지했다. 특히 박용성은 그해 9월 26일 삼미전에서 '마산야구장 첫 홈런' 주인공을 기록, 고향 팬들에게 값진 선물을 남겼다.

이 밖에 마산상고 출신 김덕열(투수)·엄태섭(외야수)도 롯데 원년 멤버로 뛰었다.

마산상고 출신 임정면은 실업 농협에 있다 1982년 후기리그를 앞두고 해태에 입단했다. 임정면은 롯데 연고권, 시즌 도중 실업 선수 스타우트 등으로 당시 신문 지면에 이름을 자주 올리기도 했다. 임정면은 후기리그 26경기에 출전해 타율 0.219, 홈런 1개 등을 기록하며 프로에 적응해 나갔다.

진해 출신으로 삼미에 입단한 감사용은 첫 시즌 모두 41경기에 출전하며 133⅔이닝을 소화했다. 성적은 1승 14패 1세이브 방어율 6.46이었다. 감사용은 훗날 '패전 처리 투수'로 알려졌지만, 정확히는 '패전이 많은 투수'였다. 감사용은 완투도 1번 기록하는 등 선발로 종종 등판했다. 삼미는 첫 시즌 전·후기 80경기에서 단 15승(승률 0.188)만을 거뒀는데, 투수 승수는 김재현 6승, 인호봉 5승, 오문현 2승 등이었다.

이런 가운데 롯데는 1982년 시즌 후 연고 선수 14명을 스카우트 대상자에 올렸다. 여기에는 마산 출신 유두열·한문연·박영태도 포함, 향후 활약을 예고했다.

한편 프로 원년 감독은 △롯데 박영길 △OB 김영덕 △삼성 서영무 △MBC 백인천 △해태 김동엽 △삼미 박현식이었다.

고교야구는
대회 출전 이어갔지만
성적 주춤

야구팬들은 1982년 프로야구에 눈·귀를 집중했지만, 아마야구는 그 나름의 매력을 이어갔다. 우리 지역팀 역시 그해 각종 전국대회에 출전했지만 괄목할 만한 성적까지는 거두지 못했다.

마산고는 6월 '제37회 청룡기쟁탈 대회'에서 서울신일고 등을 꺾고 8강까지 올랐지만, 경북고에 1-4로 패해 준결승행이 좌절됐다.

마산고는 7월 '제4회 대붕기쟁탈 대회' 1회전서 강릉고에 7-0 콜드게임승을 거뒀다. 에이스 강원중이 산발 1피안타 무실점으로 막았고, 4번 타자 김용권이 3타수 3안타 2타점으로 맹활약했다.

8월 '제12회 봉황기고교야구'에서는 마산고·마산상고가 함께 8강에 진출했다.

마산고는 1회전서 전통의 강호 인천고를 5-2로 제압하며 이변을 연출했다. 마산고는 2회전서 강원원주고를 꺾고 16강에 진출했지만, 8강 군산상고전에서 상대 에이스 조계현 호투에 눌려 3-8로 패했다.

마산상고는 8강서 재일동포팀에 3-4로 석패하며 준결승 진출에 실패했다.

마산상고는 앞서 4월 '제16회 대통령배쟁탈 대회' 1회전, 7월 '제34회 화랑기쟁탈 대회' 2회전서 각각 탈락했다.

마산야구장이 1982년 10월 전국체전 덕에 탄생하자, 마산은 11월 '우수 고교 초청' 등 대회 개최에도 시동을 걸기 시작했다.

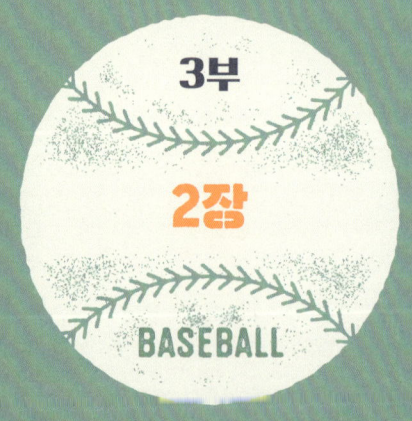

1980년대 프로야구 지역 출신 스타

최동원도 밀어낸
'한방의 사나이' 유두열

'역전 3점 홈런' 1984년 한국시리즈 MVP 유두열

마산은 '구도(球都·야구 도시)'답게 1980년대 프로야구를 빛낸 스타를 수두룩하게 배출했다. '별 중의 별'은 누구일까? 단연 앞자리에는 유두열이 꼽힌다. 1984년 한국시리즈 '결정적 한방'이 너무나도 강렬하기 때문이다.

롯데자이언츠와 삼성라이온즈가 맞붙은 1984년 한국시리즈 7차전으로 돌아가 보자. 롯데는 3-4로 끌려가던 8회 초 1사 후 김용희·김용철의 연속 안타로 1·3루 기회를 잡는다. 당시 삼성 투수는 좌완 에이스 김일융. 유두열은 당시 시리즈 내내 20타수 2안타로 부진을 면치 못하고 있었다. 1볼 1스트라이크에서 유두열은 배트를 힘차게 돌렸고, 잘 맞은 타구는 왼쪽 담장을 그대로 넘어갔다. 유두열의 이 홈런 '한방'으로 롯데는 6-4로 승리해 창단 첫 한국시리즈 우승을 차지했다.

당시 강병철 감독은 경기 직후 언론 인터뷰에서 "유두열에게 강공을 시킨 것은 모험이었다. 스퀴즈번트(주자가 3루에 있을 때 득점을 하고자 번트를 대는 작전)를 할까 생각하다가 기회를 놓쳐 맘대로 해보라고 맡겼는데, 가장 이상적인 결과를 낳았다. 김일융을 상대로 자료를 검토해 좋은 타구를 날렸던 선수들을 중요 포스트에 박는 타순 변경을 시도했는데, 결과적으로 유두열을 5번에 놓은 것이 적중했다"고 말했다. 이 경기는 KBO리그 한국시리즈 최고 명승부로도 꼽힌다.

유두열은 이 홈런으로 당시 혼자 한국시리즈 4승을 거둔 '무쇠팔' 최동원을 제치고 시리즈 MVP를 수상했다. 그는 이후 기회 있을 때마다 "MVP는 결승 홈런을 친 내가 받았지만, 최동원이 없었다면 롯데 첫 우승도 힘들었을 것"이라며 공을 돌렸다.

유두열은 과연 '한방의 사나이'였다. 홈런 관련 기록을 제법 남겼다. 같은 해 10월 19일 부산구덕운동장에서 열린 한일 프로야구 1차전에서 6번 타자로 출전, 결승 홈런으로 일본 롯데오리온을 3-2로 누르는 데 결정적 역할을 했다.

1988년 8월 28일 부산에서 열린 OB와의 경기에서는 김용철과 합작으로 프로야구 최초 '한 경기 2개 만루 홈런'이라는 대기록도 작성했다. 김용철은 당시 롯데가 1-3으로 뒤져있던 4회 2사 주자 만루에서 OB 두 번째 투수 이상훈으로부터 만루 홈런을 뽑아내 5-3으로 전세를 뒤집었다. 이어 6·7회 연속 안타 등을 허용해 롯데가 6-7로 재역전 당한 상황에서, 유두열은 8회 말 계형철에게서 만루 홈런을 뺏었다. 이 홈런으로 롯데는 11-7로 역전승했다.

유두열은 월포초등학교 시절부터 야구를 했다. 마산동중·마산상고

한국시리즈 MVP에 뽑힌 유두열(왼쪽)과 정규리그 MVP를 차지한
최동원 모습을 다룬 <경향신문> 기사.

(현 용마고) 졸업 후 한국전력을 거쳐 1983년 롯데에 입단했다. 프로 첫해 타율 0.307에 홈런 9개, 36타점으로 활약했다. 1984년 정규시즌에서는 타율 0.229로 다소 부진했지만, 한국시리즈 7차전 홈런 하나로 한국 프로야구사에 이름을 남겼다.

유두열은 이후 1991년 시즌을 끝으로 은퇴할 때까지 타율 3할을 기록하지는 못한다. 그의 프로야구 통산 성적은 734경기 타율 0.264(2224타수 588안타), 58홈런, 268타점, 298득점이다.

박동수, 1985년 부상으로 신인왕 놓쳐

유두열 외에도 1980년대 마산 출신 선수 활약은 이어졌다. 롯데 '사이드암 에이스' 박동수도 빼놓을 수 없다.

그는 마산성호초-마산동중-마산상고-동아대를 거쳐 1985년 롯데에 입단했다. 박동수는 고교시절인 1980년 마산상고를 제35회 청룡기쟁탈전국고교야구대회 준우승에 올려놓았으며, 동아대 시절에도 에이스로 활약했다.

그는 프로 데뷔 첫 경기인 삼미슈퍼스타즈전에 선발로 등판해 8명을 삼진으로 돌려세우고 단 3안타만 허용, 3-0 완봉승을 거뒀다. 박동수는 그해 168이닝을 소화하며 9승 10패 방어율 2.73을 기록했다. 하지만, 아쉽게도 당시 20경기가량을 남겨두고 어깨 통증으로 나머지 경기에 출전하지 못했다. 이에 신인왕을 이순철(당시 해태)에게 넘겨줬다. 그는 훗날 경남도민일보와 인터뷰에서 "부상만 아니었으면 12·13승은 가능했고 신인왕도 탈 수 있었는데 아쉽다"고 말하기도 했다.

1984년 롯데의 한국시리즈 우승 확정 순간을 담은
<경향신문> 사진 속 한문연(오른쪽)과 최동원.

박동수는 이후 1986년 8승, 1987년 9승, 1988년 7승을 기록했지만, 1989년엔 1승에 머물렀다. 1993년을 끝으로 은퇴하기 전까지 통산 41승 48패 방어율 3.79의 성적을 남겼다.

롯데가 창단 첫 우승을 했던 1984년 한국시리즈에서 최동원의 공을 받아 낸 포수는 한문연이었다. 당시 마지막 공을 던지고서 승리를 확인하며, 기뻐하는 최동원을 얼싸안은 사진 속 주인공이다.

한문연은 성호초-마산동중-마산상고-동아대를 거쳐 1983년 롯데에 입단했다. 앞서 동아대 4학년이던 1982년엔 서울서 열린 세계야구선수권대회에 선수로 발탁돼 우승 멤버로 이름을 올렸다.

그는 미트질(프레이밍)이 뛰어나 볼이 되는 변화구도 스트라이크처럼 잡아내 스트라이크 판정을 많이 받아 낸 선수로도 유명했다. 안 그래도 최동원 공을 치기도 어려운데 떨어지는 '볼'을 스트라이크로 잡아내는 한문연 때문에 다른 팀 선수들이 '속앓이'를 했다고 한다. 당시 팀에 뛰어난 포수였던 심재원이 있었지만, 최동원이 직접 자신의 전담포수로 한문연을 지목할 정도로 포수로서도 능력을 인정받았다.

정학수(진해중-마산상고-동아대)는 프로 원년서부터 롯데 2루수로 활약, 1989년 시즌을 끝으로 은퇴할 때까지 통산 355경기에 출전했다.

박용성(마산동중-마산상고-동아대)은 1982년 후기리그에만 홈런 11개를 쳐 야구팬들에게 강한 인상을 남겼다. 이듬해인 1983년에도 홈런 17개를 기록, 전체 5위에 오르기도 했다. 박용성은 1988년 시즌까지 전체 홈런 43개를 기록했다.

박영태(완월초-마산동중-마산상고-동아대)는 1983년 롯데 입단 이후

1992년까지 677경기에 출전했다.

이 밖에 투수 김덕열(마산상고)은 1982~83년 롯데, 1984년 삼미 소속으로 통산 1승을 거뒀다. 외야수 엄태섭(마산상고)은 1982년 롯데, 1983~1984년 삼미 소속으로 뛰었다. 이석규(마산상고-동아대)는 1984년 롯데, 1986년 빙그레 소속으로 얼굴을 내밀었다. 이창원(마산상고-건국대)도 1986년 롯데에 입단했지만 붙박이 주전으로 자리 잡지는 못했다. 투수 김청수(마산상고-동아대)는 1989년 롯데 입단 첫해 7승을 거두며 인상적인 활약을 펼쳤다.

마산상고 출신 임정면은 1982~1988년 해태·빙그레에서 뛰었지만, 아마 시절 명성과 비교하면 아쉬운 활약에 머물렀다. 진해 출신으로 프로 원년 삼미에 입단한 감사용은 1982~1986년 삼미·청보·OB에서 뛰며 통산 1승 15패 방어율 6.09를 기록했다.

'롯데 안방마님'
한문연의 그때 그 시절

"마산상고 출신 많아 고향 자부심 컸죠"

한문연(58)은 1983년 프로 입단 후 1992년 은퇴 때까지 10년간 '롯데 안방마님'으로 활약했다. 롯데가 지금까지 한국시리즈 우승을 딱 2번(1984·1992년) 차지했는데, 한문연은 그 영광을 모두 경험했다.

그는 마산에서 태어나 성호초등학교 때 친구 추천으로 야구부에 들어갔다. 포수도 초등학교 때부터 맡았다. 그는 마산동중을 거쳐 마산상고(현 용마고)에 진학했다. 박용성·임정면·박영태·박동수·엄태섭이 같이 뛰던 시절이다.

그는 1983년 계약금·연봉 각각 1500만 원을 받고 롯데에 입단했다. 당시 대기업 사원 월급이 20만 원가량 되던 때였으니, 적지 않은 금액이었다.

롯데는 전년도 주전 포수였던 차동열을 MBC로 이적시키고, 1982년 세계선수권대회 우승 멤버인 한문연·심재원을 영입했다. 한문연은 입단 첫해 심재원과 주전 경쟁 속에서 정규리그 전체 경기의 절반가량 소화했다. 하지만 최동원이 출전하는 경기에서는 함께 호흡을 맞췄다.

"제가 최동원 전담포수였죠. 연배가 심재원·최동원, 그리고 저거든요. 최동원 입장에서는 선배보다는 후배인 저와 배터리를 이루는 게 좀 더 편했던 것 같습니다. 최동원은 공을 위에서 내리꽂는 스타일이에요. 당시 타자들이 '몇 층 되는 빌딩 위에서 던지는 것 같다'는 말을 하기도 했죠."

그는 역시 1984년 한국시리즈 우승 순간을 잊을 수 없다. 삼성과의 7차전. 롯데가 6-4로 앞선 가

마산상고 출신으로 '롯데 안방마님'이었던 한문연.

운데 9회 아웃 카운트 1개만 남겨놓고 있었다. 상대 타자는 장태수였다.

"포수는 투수한테 사인을 자신감 있게 줘야 하거든요. 그때 장태수를 상대로 '에라 모르겠다, 행님 직구로 갑시다'라는 느낌으로 마지막 사인을 냈어요. 최동원 공이 매우 높았는데 장태수 방망이가 나오는 게 보였어요. 순간 '됐구나' 싶었죠. 그런데 장태수가 나가던 방망이를 멈추며 볼넷이라고 1루로 뛰어가는 겁니다. 하지만 이미 롯데 선수들이 더그아웃에서 경기장으로 뛰쳐나오는 상황이었어요. 그런 분위기니 심판도 스윙 아웃을 선언했죠. 실제 방망이가 돈 것도 맞고요. 35년 전 일인데, 그 순간이 아직도 눈에 선합니다."

한문연은 이후 전성기를 보내다 1986년 말 어깨를 다치면서 주춤하기도 했다. 하지만 이후에도 꾸준히 경기에 출전했고, 1992년 플레잉코치로 활동하면서 또 한 번 우승을 경험했다.

"사실 그때는 큰 희열까지는 아니었어요. 우리 투수진이 염종석·윤학길·윤형배·박동희까지 쟁쟁했거든요. 한국시리즈에서도 빙그레를 상대로 4승 1패로 비교적 쉽게 이겼어요. 1984년에는 모두가 삼성 우승을 예상했는데, 우리가 그걸 극복했기에 더 큰 감격을 느꼈던 거죠."

그는 프로시절 '마산 출신 야구인'에 대한 자부심이 컸다고 한다.

"롯데 경기에서 어떨 때는 마산상고 출신이 8~9명씩 뛰고 그랬습니다. '롯데가 마산상고 없으면 안 된다'는 말까지 있을 정도였으니까요. 마산야구장에서 시합을 하면 부담도 컸어요. 워낙 관중 열기가 높아 무조건 이겨야 한다는 압박감이었죠. 그래도 마산상고 출신들은 고향 사람들 정서를 아니, 동시에 힘이 날 수밖에 없었습니다."

그 시절 스타들,
은퇴 후 후배 육성 앞장

유두열은 은퇴 후 지도자로 변신해 초기 롯데·한화에서 코치로 활동했다. 이후 김해고등학교 감독과 설악고등학교 타격 코치 등을 맡기도 했다.

그는 안타깝게도 지난 2016년 9월 1일 신장암 투병 끝에 향년 60세를 일기로 별세했다. 그의 1주기 때는 회고록 〈MVP 유두열〉이 출간되기도 했다. 현재 그의 아들 유재신이 KIA타이거즈에서 '대'를 이어 프로 선수로 뛰고 있다.

박동수(58)는 지난 2008년 모교 마산용마고로 돌아와 후배들을 지도했다. 특히 올해 프로야구 SK에서 철벽 마무리로 거듭난 하재훈을 발굴했다. 박동수는 NC다이노스 창단 이후 스카우트 팀장 등을 맡기도 했다.

한문연(58)은 롯데서 10년간 '원팀 선수'로 활약하다 1992년 은퇴 후 줄곧 프로서 코치로 활동하고 있다. 그는 롯데·SK·롯데·SK를 거쳐 지난 2012년 고향 팀 NC다이노스로 돌아왔다. 현재 NC D팀(재활군) 총괄 코치를 맡고 있다. 한 코치는 "고향에서 후배들을 가르치고 있는 것 자체가 행복하다"는 마음을 전했다.

박영태(60)도 롯데서 코치 생활을 시작한 이후 지난 2011~2012년 NC 수비 코치를 맡았고, 이후 한화이글스 육성군 수비 코치를 맡기도 했다.

박동수　　　　　　　　　박영태　　　　　　　　　감사용

이 밖에 정학수(63)는 은퇴 이후 미국에 이민을 가 골프 지도자로 활동 중이며, 박용성(61)은 사업가로 변신하기도 했다.

감사용(62)은 '자신의 야구 고향'인 진해에서 여전히 리틀야구단을 이끌고 있다. 그는 "진해 야구 부활에 마지막 열정을 불태우고 있다"고 말한다.

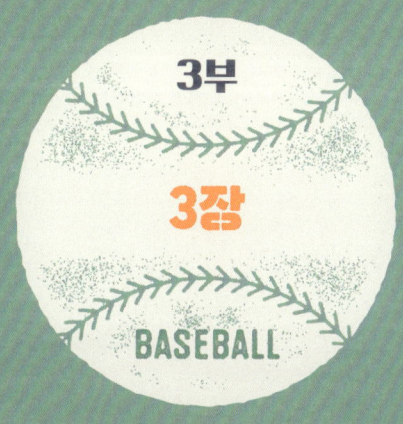

3부 3장 BASEBALL

지역 팬들 유별난 열정

롯데 경기 열리면 관중석 만원
'마산 아재'의 등장

　마산은 1982년 9월 야구장 준공으로 롯데자이언츠 제2 연고지 역할을 했다. 지역 야구팬들은 이후 과한 열정을 표출하며 '마산 아재'로 대변되기도 했다.

　마산야구장 관중석은 1990년대 중반까지 의자 없는 시멘트 바닥이었다. 전체 규모는 1만 5000석이었다. 하지만 좌석이 정해져 있지 않아, 그 이상의 관중이 들어차기 일쑤였다. 일부 관중은 포수 뒤편 본부석 천장에 올라가 경기를 보기도 했다. 그 당시 그리 이상할 게 없는 풍경이기도 했다.

　때로는 외야 관중석에서 연기가 피어오르기도 했다. 삼겹살 등 고기를 굽는 관중이었다. 경기장 내 소주 반입도 당연시되는 분위기였다. 판매원들은 바구니에 담은 먹거리를 관중석 곳곳에 돌아다니며 팔았다. '소주~ 맥주~ 오징어~'라고 외치면서다. 하지만 터무니없이 비싼 가격에, 관중 대부분은 바깥에서 먹거리를 미리 사서 들어왔다. 그 가운데 병 소

1990년 6월 7일 롯데-LG 전이 열린 마산야구장.
표를 구하지 못한 팬들이 3루쪽 조명탑을 타고 경기장으로 난입하고 있다.

주도 포함돼 있었다.

마산야구장 관중들은 롯데가 잘 풀리지 않으면 경기장 안으로 화풀이를 했다. 소주병 투척이 대표적이었다. 당시 외야수들은 종종 헬멧을 쓰고 수비를 볼 수밖에 없었다.

'최루탄 사건'은 축구로 더 잘 알려져 있다. 1987년 6월 10일 마산종합운동장에서 열린 대통령배 국제축구대회 한국-이집트전. 경기장 바깥 6월 항쟁 시위로 최루탄 연기가 축구장 안으로 들어오면서 경기가 중단됐던 사건이다.

그런데 야구에서도 비슷한 일이 있었다. 이때 상황은 더 예기치 않게 흘러갔다.

1988년 5월 25일, 롯데가 마산에서 빙그레와 맞붙었다. 롯데는 초반부터 빙그레 투수 한희민 호투에 꽁꽁 묶였다. 롯데가 6회 이후까지 1-5로 끌려갔다. 관중석에서는 술 취한 관중들이 서로 싸움을 벌이기 시작했다. 그 시간 마산운동장 동문 쪽에서 시국 시위가 벌어지면서 또다시 최루탄이 발사됐다. 그런데 야구장 관중 일부가 더 극렬히 난동을 부렸다. 경찰이 관중들을 향해 최루탄을 쏜 것으로 받아들인 것이다. 일부 관중은 야구장 바깥 시위대에 합류해 경찰 승합차에 불을 지르기도 했다. 이날 경기는 1시간가량 중단됐다가, 관중 100여 명만 남은 상태에서 겨우 마무리했다. 이날 롯데는 2-5로 패했다.

1980년대 롯데에서 전성기를 보낸 한문연(58) 현 NC 코치는 이런 기억을 전했다. '최루탄 사건' 때 상황으로 보인다.

1995년 8월 24일 롯데-빙그레 경기를 보기 위해 마산야구장을 가득 채운 팬들 모습. 당시 관중들 주된 응원가는 '아리랑 목동' '부산 갈매기'였다.

"마산 경기는 부담일 수밖에 없었습니다. 롯데가 지면 선수들이 집에 못 가니까요. 한번은 이런 일이 있었습니다. 관중들이 경기 도중 계속 병을 던지니, 심판이 몰수게임이라고 하며 조명등까지 끄게 했습니다. 그런데 양 팀 선수들은 더그아웃에 몰래 숨어있었어요. 관중들이 거의 다 빠져나갔을 때 경기를 재개했던 거죠. 어쨌든 롯데는 그런 압박감 때문에 마산에서 잘 이기지 못했죠."

1990년대 들어서도 한동안 이런 분위기는 계속됐다. 1990년 6월 7일, 롯데-LG전이 마산에서 열렸다. 이날도 매표소는 일찌감치 매진을 알렸다. 그러자 표를 구하지 못한 팬들은 조명탑을 기어 올라 야구장 안으로 진입했다. 일부는 외야 출입문으로 몰려가 '냉자냉차'를 외치며 힘으로 밀어붙였고, 결국엔 자물쇠를 부러뜨려 경기장으로 들어갔다.

야구장 통제 요원, 경찰 의경들이 있었지만, 막을 도리가 없는 분위기였다. 이 때문에 1만 5000석 야구장은 그 2배에 가까운 인원으로 발 디딜 틈 없었다.

일부 관중은 경기 도중 그라운드에 난입해 흐름을 끊었다. 패색이 짙던 9회에는 술 취한 관중이 아예 경기장에 드러누웠다. 경찰이 관중을 끌어내자 또 다른 관중 10여 명이 들어와 볼썽사나운 장면을 연출했다. 일부는 경기 후 "경품 추첨을 왜 하지 않느냐"며 운영 사무실로 몰려가기도 했다.

1990년대 중반에는 일명 '김용희 감독 청문회'가 있었다. 롯데가 시즌 성적 부진에다 마산에서도 패하자, 성난 관중들이 경기 후 롯데 버스

1995년 8월 24일 롯데-빙그레 전이 열린 마산야구장 바깥 풍경.
주차장 사이에 늘어서 있는 좌판들이 눈에 들어온다.

를 가로막으며 "김용희 감독 나와라"고 외쳤다. 김 감독은 결국 버스에서 내려야만 했다. 이태일 전 NC다이노스 대표이사는 당시 기자 시절 목격한 분위기를 이렇게 전한 바 있다.

"김용희 감독이 '앞으로 좋은 성적을 내겠다'고 말하자, 마산 팬들은 그제야 버스 길을 터줬는데요, 마치 모세의 기적처럼 길이 열리더군요."

이러한 지역 야구팬 분위기가 다소 누그러진 건 1998년 마산야구장 새 단장 이후부터다. 마산야구장은 기존 1만 5000석이던 관중석을 2만 1000석으로 증축했다. 시멘트 좌석은 의자로 바뀌었다. 10억 원을 들인 컬러전광판도 들어섰다. 무엇보다 야구장 주변 '술 좌판'이 정리되기 시작했다.

〈마산시 체육사〉는 이와 관련해 '얌전해진 마산 관중'이라는 표현으로 다음과 같이 전했다.

'1998년 마산야구장이 새 단장 됨으로써 경기장 모습이 확연히 달라졌다. 운동장 주위에 노점상이 정리되어 일찌감치 술판을 벌여놓고 시비를 벌이던 사람들도 사라졌다. 1998년 5월 5일 롯데가 쌍방울에 역전패 당했을 때 마산 관중들은 이전처럼 흥분하지 않고 조용히 지켜보기만 했다. 7일 야간 경기 때에도 롯데가 일방적으로 밀리자 물병 몇 개가 날아왔지만, 그 숫자가 줄어 그다지 위협적이지는 않았다.'

1998년 새 단장 이전 마산야구장 구식 전광판 모습.

마산운동장 인근에서 수십 년간 슈퍼를 하는 주인장은 이런 기억을 전했다.

"2000년대 초반까지 야구 열리는 날은 어마어마했죠. 나하고 3~4명이 가게에 달라붙는데도 손이 부족해요. 하루에 오징어를 200마리 넘게 구웠지 싶어요. 돈이 어디로 들어오는지 알 수 없을 정도였으니까요. 여기 가게에서 다 보이는데, 사람들이 롯데 패한 날에는 상대 팀 버스를 곱게 내보내질 않았죠. 아이고, 말도 아니었어요, 허허허…"

지역 야구팬 유독 극성 왜?

"걸출한 스타 배출, 야구 자존심·욕구 커"

'바람의 아들' 이종범(49)은 과거 MBC 〈황금어장-무릎팍 도사〉에 나와 고개를 절레절레하며 이렇게 말했다.

"부산만 해도 그나마 괜찮았죠. 마산에서 경기하면 끝나고 기본적으로 1시간 30분은 못 나갔어요. 집에 가려면 달걀 몇 개씩 맞고 간 것 같아요."

1980~90년대 야구장 분위기는 다른 곳 역시 험악하기는 했다. 그럼에도 마산이 상대적으로 좀 더 극성스러웠던 게 사실이다. 그 이유는 뭘까?

이재문(64) 경남야구협회장은 이렇게 말했다.

"이른바 '곤조'라고 하나요, 타고난 기질 같은 게 있는 것 같아요. 다르게 표현하면 근성이 강한 거죠. 제 현역 시절에도 다른 지역 선수들과 비교해 마산 선수들이 근성 면에서는 최고였어요. 마산상고가 어느 대회 8강에서 광주일고한테 졌어요. 그날 저녁 식당에서 서로 마주쳤는데, 광주일고 선수들이 슬슬 피해 가더군요. 우리가 기 싸움만큼은 절대 뒤지지 않았죠."

마산이 롯데 제2 연고지였지만, '우리 팀'에 대한 애착도 좀 더 끈끈했던 것으로 보인다.

한문연(58) NC다이노스 코치는 이렇게 말했다.

1998년 증축되기 이전 마산야구장 모습. 1만 5000석 규모 관중석이 빽빽하게 들어차 있다.

"어떨 때는 마산상고 출신이 롯데 주전으로 8~9명씩 뛰고 그랬습니다. '롯데는 마산상고 없으면 안 된다'는 말까지 있었습니다. 마산 팬들은 그것에 대한 자부심이 당연히 컸고요."

변종민(59) 전 마산용마고 총동창회 사무총장은 이렇게 더했다.

"이 지역은 마산상고·마산고에서 걸출한 스타를 배출한 '야구 도시'잖아요. 야구에 대한 자존심과 욕구가 매우 컸죠. 하지만 롯데 마산 홈 경기가 1년에 몇 번 열리지 않으면서 그 갈망을 충족하지 못한 거죠. 특히 롯데가 마산에만 오면 유독 잘 이기지 못한 측면도 더해졌다고 봅니다."

롯데 마산 홈경기 수 부족은 '진실'

지역 팬 '야구 갈망' 이어져

지역 팬들이 과거 줄곧 외쳐왔던 '롯데 마산 홈경기 부족'. 실제 어느 정도 수준이었을까? 이를 알기 위해서는 당시 '제2 연고지 마산'과 비슷한 처지에 있던 청주·전주와 비교할 필요가 있다. 청주는 빙그레(현 한화), 전주는 해태(현 기아) 제2 연고지였다. 한국야구위원회(KBO) 자료를 살펴봤다.

우선 마산은 1982년 1경기를 시작으로 1990년대 초반까지 매해 최대 6경기를 치렀다. 대부분 2~3연전을 전·후반기 각각 한 차례씩 치르는 형태였다. 그나마 1995년 7경기로 소폭 늘었다. 그러다 1998년 마산야구장 새 단장 이후 경기 수가 늘었다. 1998년 11경기, 1999년 12경기, 2000년 15경기였다.

즉 마산은 1982~2000년 19시즌 동안 모두 100경기를 소화했다. 한 해 평균 5.2경기꼴이다. 마산 야구장 증축 전으로 한정하면 한 해 평균 3.8경기 수준이다.

반면 청주는 1982~2000년 매해 평균 10.8경기나 치른 것으로 나타났다. 마산과 비교하면 두 배 많은 수치다. 청주는 1982년 7경기를 시작으로 1986년 15경기, 1987·1988년 각각 11경기씩 치렀다. 특히 1993년 34경기, 1998년 21경기나 됐다. 청주는 1990년 전국체전에 따른 시설 보수로 한 경기도 치르지 못했을 뿐이다.

전주는 1982년 9경기를 비롯해 1988년에는 19경기를 소화했다. 전주는 이후 1990년부터 쌍방울 레이더스 제1 홈구장으로 전환됐다. 이에 전주는 1982~1989년 7시즌 동안 해태 제2 연고지

제2연고지 경기 수 (자료: KBO)

	마산	청주	전주
1982년	1경기	7경기	9경기
1983년	6경기	2	6
1984년	2경기	2	3
1985년	6경기	0	2
1986년	4경기	15	8
1987년	5경기	11	9
1988년	4경기	11	19
1989년	4경기	8	8
1990년	3경기	0	쌍방울 홈
1991년	3경기	9	
1992년	0경기	13	
1993년	6경기	34	
1994년	4경기	12	
1995년	7경기	10	
1996년	7경기	10	
1997년	0경기	19	
1998년	11경기	21	
1999년	12경기	13	
2000년	15경기	9	
평균	5.2경기	10.8경기	8.0경기

로 있으면서 한 해 평균 8게임을 소화했다.

종합하면, 마산 5.2경기, 청주 10.8경기, 전주 8.0경기다. 마산은 특히 '전통 야구 도시'라는 자부심이 컸다. 그런데 경기 수는 이들 도시보다 턱없이 부족했다. '야구에 대한 갈망'이 클 수밖에 없는 환경이었던 셈이다.

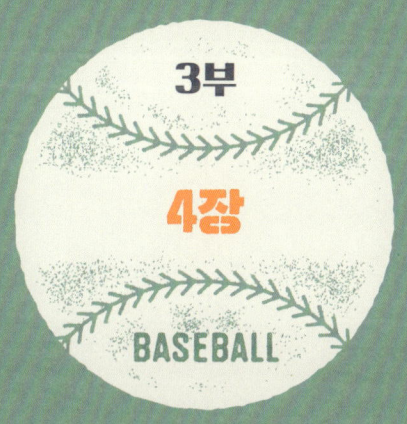

3부 4장

한일합섬, 지역 연고 프로팀 추진

'진짜 우리 팀'
오래 전 만날 수도 있었다

지난 2011년 창원 연고 프로 팀이 'NC다이노스' 이름으로 창단했다. '지역 연고팀 창단' 움직임은 이미 1980년대 여러 차례 있었다. 마산 향토기업 '한일합섬'이 그 주체였다.

1982년, 김중원 한일합섬 회장은 창업자인 아버지 김한수 회장에 이어 기업 총수 자리에 올랐다. 그는 경남고 학창 시절 야구 선수로 활동했다. 그룹을 이끌던 때에도 종종 취미로 야구를 했다. 한일합섬은 1980년대 한창 사세를 확장해 나가던 중이었다. 프로야구단은 그 매개로 삼기에 매력적인 카드였다.

프로야구 출범 이듬해인 1983년 6월, 한일합섬은 KBO(한국야구위원회)에 프로야구 창단 허가 신청서를 제출했다. 마산·창원·울산을 지역 연고로 하는 '제7 구단'을 창단하겠다는 것이었다.

이 무렵 프로야구 창단 뜻을 나타낸 기업은 한국화약그룹·동아건설·태평양·한양·금성사·국제상사·농심·한국야쿠르트·쌍방울로 모두 10개

마산 향토기업 한일합섬은 1980년대 마산 연고 프로야구단 창단을
여러 차례 시도했지만, 번번이 좌절 아픔을 겪어야 했다.
사진은 한일합섬 마산 공장 전경.
오늘날 이곳에는 주상복합아파트 메트로시티가 들어서 있다.

에 이르렀다.

그해 10월 체육부는 프로야구단을 1개 더 늘리겠다는 견해를 나타냈다. 다만 연고지는 대전·충남·충북을 전제로 했다. OB베어스가 프로 출범 당시 대전·충청에 둥지를 틀었다가, 1985년 서울로 이전할 예정이었다. 그 빈자리를 새 구단으로 채우겠다는 것이었다.

이에 한국화약그룹(현 한화)·동아건설 2파전으로 압축됐다. 한국화약은 천안북일고 야구부 창단 주도를 비롯해 충청도 초·중고 야구에 지원을 이어오고 있었다. 김승연 그룹 회장 고향이 충남 천안이기도 했다. 동아건설은 대전 기반 기업활동에서 연결고리를 찾았다.

1984년 1월, 기존 6개 구단주 회의가 열렸다. 이들은 '신생 구단이 창단 가입금 30억 원 등 4개 조건에 걸쳐 모두 100억 원가량 투자해야 한다'는 조건을 내걸었다. 진입 장벽을 매우 높게 쌓은 것이다. 이에 한국화약·동아건설 모두 발을 빼 버렸다.

1984년 12월, KBO는 다시 한번 제7 구단 창단 접수에 들어갔다. 충청권 연고에 우선권을 주되, 이 지역 신청이 없으면 타지역에도 기회를 주겠다는 것이었다.

이에 한국화약을 비롯해 한일합섬·농심이 신청서를 제출했다. 우여곡절 끝에 결국 한국화약이 제7 구단 주인공으로 확정, 1986년 빙그레이글스로 1군 시즌에 합류했다.

한일합섬은 이후에도 마산·창원 연고 팀 창단 끈을 놓지 않았다. 1989년 또 한 번 기회가 찾아왔다. KBO 이사회는 그해 2월 '제8 구단 1990년 창단 계획'에 합의했다. 그리고 구단주 회의가 3월 열렸는데, 이

김중원(왼쪽 두번째) 한일합섬 회장은 경남고 학창 시절 야구 선수로 활동했다.
그룹 총수 자리에 올라서도 변치 않는 애정을 이어가며
마산 연고 프로 팀 창단을 여러 차례 시도한다.

들은 다시 가이드라인을 내놓았다. 주요 내용은 △연간 매출액 5000억 원 이상 기업 △가입금 50억 원 이상 △3만 5000명 수용 가능한 구장 신축이었다.

전북이 먼저 발 빠르게 움직였다. 이 지역 상공인들이 야구단 유치 의사를 공식적으로 나타낸 것이다. 그리고 쌍방울·미원이 참여 기업으로 나섰다.

한일합섬 역시 마산을 중심으로 한 경남 연고 팀 신청서를 KBO에 냈다. '경남 마산·창원' '전북 전주·군산' 대결이었다.

야구계는 설왕설래했다. 우선 마산은 높은 야구 열기와 한일합섬 대규모 직원 등 관중 동원에서 우위를 점했다. 그런데 1980년대 중·후반은 지역감정이 극에 달했던 시기다. 경상도는 이미 부산(롯데자이언츠)·대구(삼성라이온즈)가 팀을 두고 있는데, 마산까지 더해지면 3팀이 되는 것이다. 반면 전라도는 광주(해태타이거즈) 하나뿐이었다.

그해 5월로 접어들면서 이상한 기류가 형성됐다. 한일합섬이 야구단 창단 의지를 접은 것으로 알려지기 시작했다. '제8 구단'이 결정되지 않은 상황에서 '김동엽이 전북 연고 팀 창단 감독을 맡게 됐다'는 기사까지 흘러나왔다.

7월 8일, 임시 구단주총회가 열려 표결에 들어갔다. 결과는 전북 연고 팀 6표, 경남 연고 팀 1표, 기권 1표였다. 결국 제8 구단은 전북에 돌아가며 쌍방울레이더스(초대 감독 김인식)가 탄생했다.

한일합섬은 특별한 이유 없이 양보하는 형식으로 물러난 것이다. 이에 대해 공식적인 견해를 나타내지도 않았다.

이에 대해 '물밑 정치권 압력'이 있었다는 게 중론이다. 당시 '프로야구 지역연고제'는 스포츠에 국한된 문제가 아니었다. 정치권과도 밀접히 연결됐다.

당시 정치권 상황을 짚어볼 필요가 있다. 1987년 12월 대선에서 '양김(김영삼·김대중)'이 갈라지며 노태우 정권이 탄생했다. 1988년 4월 총선에서 '여소야대' 결과가 나왔다. 당시 김대중 총재가 이끌던 평민당은 70석으로 제1 야당이 되었다. 평민당은 특히 광주·전남·전북에서 1석을 제외한 36석을 싹쓸이했다.

그런데 노태우 정권 정보기관은 '프로야구 해태(광주)가 평민당 바람에 결정적인 영향을 줬다'는 분석을 내놓기도 했다. 이런 분위기 속에서 1988년 말 체육부 고위 관계자가 '프로야구 제8 구단 창단'을 처음 언급했다. 그러자 KBO가 신속하게 신생 구단 창단 분위기를 조성했다. 당시 KBO 총재는 여당(민자당) 국회의원인 이웅희 씨였다. 그는 앞서 전두환 정권 시절 청와대 대변인, 문화공보부 장관 등을 역임했다. 전북지역에서는 이례적으로 기업 아닌 상공인들이 먼저 야구단 창단 의지를 나타냈다.

이 과정에서 정치권 평민당이 가장 민감하게 받아들였다. 당시 당 관계자가 김대중 총재에게 한 말에서 그 분위기를 알 수 있다.

"호남 구심은 김대중 총재님과 프로야구 해태입니다. 전북 야구단이 창단되면 구심력 하나가 상실되는 것입니다. 제8 구단 창단이 호남지역을 약화하고 분열하기 위한 정치공작이 아닌지 따져볼 필요가 있습니다."

이에 대해 당시 KBO 관계자는 이러한 입장을 내놓았다.

"제8 구단 창단 문제는 현재 홀수인 7개 팀으로서는 정상적인 시즌을 펼칠 수 없어, 언론 쪽에서 먼저 제기한 것입니다. 전북지역이 전력 등 여러 면에서 가장 적합해 각 구단을 비롯해 프로야구계 대부분 동의에 의해 결정된 부분입니다."

하지만 당시 정치권 여당 내에서는 '한 건 했다'며 생색내고 다니는 자들이 있었다는 후문이다.

한편으로 당시 해태는 한국시리즈 3회 연속 제패 등 말 그대로 무적이었디. 해대 전력을 분산하려는 타 구단 이해관계도 맞아떨어진 것이다.

한일합섬은 이후 1993년 다시 반짝 주목을 받기도 했다. 현대그룹이 계열사 현대중공업을 중심으로 한 '제9 구단 창단'을 추진했다. 연고지 1순위는 울산, 2순위가 마산이었다. KBO는 이참에 '10개 구단 체제'를 목표로 세웠다. 이에 한일합섬 창단 추진에 또다시 군불을 지피려 했다. 하지만 한일합섬은 이전과 같은 의지를 나타내지 않았다. 한일합섬은 이를 끝으로 야구단 창단 분위기에 더는 얼굴을 내밀지 않았다.

현대는 기존 태평양돌핀스(전 삼미슈퍼스타즈·청보핀토스)를 인수, 1996년 인천·경기·강원을 연고로 한 현대유니콘스(현 키움히어로즈)를 창단했다.

한일합섬은 어떤 회사?

40여 년간 마산 부흥 이끈
향토기업

한일합섬은 김한수 경남모직 사장에 의해 지난 1964년 '한일합성섬유공업'으로 설립됐다. 1967년 당시 마산시 양덕동으로 본사를 옮기며 지역 향토기업으로 자리 잡았다.

한일합섬은 1960년대 아크릴 섬유를 국내 최초로 생산했고, 1973년 단일 기업으로는 국내 최초 '1억 불 수출탑'을 수상했다. 1970년대 중후반 사원 수는 2만 7000여 명에 이르렀다. 1980년대 초, 프로야구·프로축구 탄생 및 86아시안게임·88올림픽을 앞두고 스포츠 붐이 일었다. 이때 한일합섬은 자체 상표를 개발해 스포츠의류 생산에도 참여했다.

한일합섬은 1997년 IMF 외환위기 여파에서 벗어나지 못하며 휘청했다. 지역민들은 '한일합섬 살리기'를 전국에 눈물로 호소하기도 했다. 한일합섬은 결국 지난 2007년 동양그룹에 인수됐다. 이후 2018년 1월 (주)한일합섬으로 물적 분할돼 유진그룹 계열사로 운영되고 있다.

한일합섬 터에는 현재 주상복합아파트 메트로시티가 들어서 있다. 마산상공회의소는 2011년 이곳에 '한일합섬 옛터' 기념비를 세웠다. 당시 한철수(현 창원상의 회장) 마산상의 회장은 이와 같은 마음을 나타냈다.

> "지난 40여 년간 한일합섬을 거쳐 간 근로자만 30만 명에 이릅니다. 한일합섬은 산업체 부설 학교인 한일여실고(현 한일여고)를 설립하기도 했습니다. 이제는 한일합섬 기억을 떠올릴 만한 흔적이 아무것도 없어 안타깝습니다."

한일합섬은 1964년 문을 연 이후 향토기업으로 마산 부흥을 이끌었다.
1997년 IMF 한파 소용돌이에 휩싸여 결국 타 그룹에 인수됐다. 사진은 직원들이
1998년 6월 22일 '창사 34주년'에 열린 직장사수결의대회에서 눈물을 흘리는 모습.

김중원 2대 회장 아들인 김효준 씨는 한일합섬 학교법인인 한효학원(마산한일여고·김해한일여고) 이사장을 현재 맡고 있다. 마산한일여고 인터넷 누리집은 1970년대 한일합섬 사보를 정리해 올려놓고 있다.

한편 한일합섬은 지난 1973년 여자 실업 배구단을 창단했다. 김중원 한일합섬 회장은 1983년 대

지역 단체가 1998년 7월 13일 경남대 정문 앞에서 도민들을 대상으로
한일합섬 살리기 서명을 받는 모습.

한배구협회장을 맡기도 했다. 한일합섬 여자 배구는 매해 우승과는 연을 두지 못하다, 1997년 한국배구 슈퍼리그 1차 대회에서 무실세트 전승으로 우승을 차지했다. 하지만 뒤늦게 찾아온 전성기도 잠시, 팀은 외환위기 여파로 1998년 해체되고 말았다.

STX 2007년
현대유니콘스 인수 논의

KBO와 긴 협상 후
"내부 사정 있어" 없던 일로

2000년대 중반에는 한 지역 기업이 '기존 야구단 인수' 중심에 섰다.

2007년 'STX의 현대유니콘스 인수 논의'였다. 현대유니콘스가 재정난으로 야구단 운영 포기를 선언했고, KBO(한국야구위원회)가 인수 구단 물색에 들어갔다. 유력 후보 중 하나가 STX였다. 당시 STX는 재계 서열 24위였다.

신상우 KBO 총재는 강덕수 STX 회장을 직접 만나 현대유니콘스 인수를 요청했다. 이에 그룹 내부에서는 진지한 논의를 이어갔다.

강덕수 회장은 야구 명문 동대문상고 출신으로 학창 시절부터 야구에 관심이 많았다. 이 때문에 'STX 인수 유력설'이 떠돌았다. KBO 측에서도 '곧 좋은 소식이 있을 것'이라며 분위기 띄우기에 나섰다.

하지만 협상은 긴 줄다리기 끝에 결국 결렬됐다. 당시 STX는 "의지는 있지만 내부 사정이 있다"며 결국 없던 일로 했다.

그런데 이때 상황은 다소 지역 야구팬 관심 밖에 있었다. 이유가 있었다.

당시 현대유니콘스 연고지는 경기도 수원이었다. STX는 진해·창원에 주 근거지를 둔 기업이다. 만약 인수하게 되면 연고지는 당연히 마산·창원·진해 중심의 경남으로 기대됐다. 하지만 STX는 서울 연고에 눈길을 두며 경남 연고와는 거리를 뒀다. 지역 팬들이 서운함을 둘 수밖에 없었다.

당시 STX 외 농협·KT도 현대유니콘스 인수설에 휘말렸다. 결국 한 투자회사가 인수에 성공, 우리히어로즈(현 키움히어로즈)가 탄생했다.

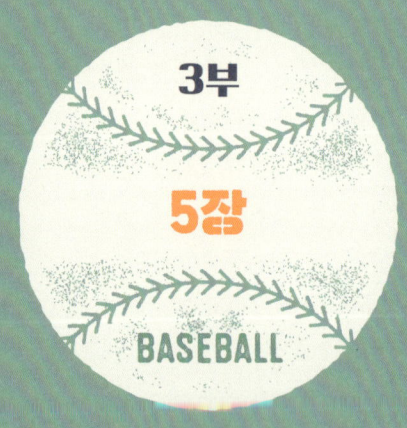

3부 5장

1980~90년대 아마 야구 흐름 ①

초등~대학 연계 육성
전국대회서 저력 발휘

안정세 접어든 아마야구

프로야구 열기가 한창이던 1980~1990년대, 아마야구도 나름의 존재감을 뽐내며 그 명맥을 이어갔나. 특히 이 시기 우리 지역 팀은 각종 대회에서 좋은 성적을 거두며 깊은 인상을 남겼다.

1980년대 초 마산지역 아마야구는 '부활과 창단'으로 정의할 수 있다. '부활'은 고교야구팀에서 비롯됐다. 이 시기 마산상고(현 마산용마고)는 1980년 전국대회 준우승·4강 성적을 거두며 명문 재도약 가능성을 알렸고, 1974년 해체 아픔을 겪었던 마산고는 6년 만에 부활했다. 창단 열기도 대단했다. 1981년 마산양덕초 야구부가 창단하고 이듬해 경남대 야구부가 첫발을 내디딘 덕분인데, 이로써 마산지역 초·중·고·대 연계 육성 기틀도 확실히 잡혔다.

1980년대 초반을 막 넘어서면서부터는 부활·창단 성과도 하나둘 나왔다.

마산고는 1994년 8월 '제46회 화랑대기 전국고교야구대회' 결승에서 경남상고를 7-6으로 누르고 창단 이후 전국대회 첫 우승을 맛봤다. 5회말 역전 만루홈런을 터뜨린 채종범(10번)이 홈으로 들어오며 동료들과 기쁨을 나누고 있다.

일찌감치 꿈틀댔던 마산상고는 1982년 7월 개막한 '봉황기 고교야구 대회'에서 8강에 오르며 상승세를 이어갔다. 비록 4강 진출에는 실패했지만 마산상고는 이 대회 8강에서 '뒷심'을 뽐내며 지역 야구팬을 들끓게 하기도 했다. 재일동포 팀과 붙은 8강에서 마산상고는 7회까지 0-3으로 끌려갔다. 추격에 나선 마산상고는 8회 5번 조영천 적시타와 상대 실책 등으로 2점을 만회했다. 그리고 9회 초 3번 김형섭 희생플라이로 3-3 동점을 만드는 데 성공했다. 9회 말 터진 상대 홍수영의 중전 적시타로 마산상고는 결국 3-4로 패했으나, 좋은 경기력으로 명문 부활을 확실히 알렸다.

1982년 4강 진출에 실패했던 마산상고는 4년 뒤 '제16회 봉황대기 쟁탈 전국고교야구대회'에서 그 한을 풀었다. 이 대회에서 마산상고는 예선에서 군산상고를 격침한 데 이어 강호 인천고와 진년도 준우승팀 광주상고를 차례로 꺾고 4강에 진출, 지역민 관심을 모았다. 당시 마산시내 주점과 다방가는 온통 마산상고 야구부 이야기가 만발했다는 기록이 남을 정도. 4강 상대팀인 광주 진흥고 응원단이 200명 정도였던 데 비해 마산에서는 약 1000명이 경기장을 찾았다는 점도 그 열기를 짐작하게 한다. 경기에서 마산상고는 2-2로 팽팽하게 맞서던 9회 말 안타·희생번트로 내준 1사 2루 위기에서 상대 이재훈에게 끝내기 2루타를 맞으며 2-3으로 석패했다. 이 같은 결과를 두고 마산 시민은 '날씨 관계로 4강전이 4차례나 연기됐기 때문'이라며 패배 원인을 찾기도 했다.

이 대회 이후 마산상고는 한동안 염원했던 우승컵은 들지 못했지만 지역 아마야구 맥을 꿋꿋하게 지켰다.

경남대는 1989년 '제70회 전국체전' 결승에서
단국대를 누르고 사상 첫 전국대회 우승을 차지했다.

재창단한 마산고도 전국대회에서 두각을 나타냈다. 1982년 마산상고와 함께 '봉황기 대회' 8강에 올랐던 마산고는 2년 뒤인 1984년 '제18회 대통령배쟁탈 고교야구대회'에서 4강에 진출하며 마산 고교야구 자존심을 세웠다. 이 대회에서 마산고는 경남고에 6-9로 패하며 결승에는 오르지 못했지만 중견수 박재수가 타격상(타율 0.529)에 이름을 올리는 등 매서운 방망이를 뽐냈다.

1985년 전준호·박재수 등을 앞세워 '대붕기' 8강, '39회 황금사자기' 4강에 진출하며 성장한 마산고는 1987년·1989년 '대통령배 대회'에서 또다시 8강에 오르며 '신야구 명문'으로의 입지를 다졌다.

1980년대 지역 라이벌 마산상고와 마산고가 제대로 맞닥뜨린 일도 있었다. 1986년 9월 '황금사자기쟁탈 고교야구 경남 예선' 결승 때다. 이 경기에서 두 팀은 8회까지 8-8로 팽팽하게 맞섰다. 승패는 의외의 사건(?)으로 갈렸다. 9회 말 마산고 공격 때 나온 심판 판정에 마산상고가 불복한 게 발단인데 심판은 곧바로 몰수게임을 선언, 본선진출권을 마산고에 안겼다.

이 시기 중등부에서는 마산중이 우위를 보였다. 마산중은 1985년 '제28회 체육부장관기쟁탈 전국중학야구대회'에서 광주 충장중을 18-5로 꺾고 우승하였다. 대회에서 마산중 투수 최정환은 최우수선수상을, 김철웅은 우수투수상을 받았다. 당대 마산 중등 야구는 '한일야구 교류'에도 앞장섰다. 1986년 8월 마산종합운동장에서 열린 '한일중학생 친선야구 교환경기'가 한 예다. 경기에는 마산중·마산동중에서 선발된 한국 측 2개 팀과 일본 후쿠오카현 선발 2개 팀이 경기를 펼쳤다.

마산고는 1994년 8월 '제46회 화랑대기 전국고교야구대회'에서
창단 첫 전국대회 우승을 경험했다. 이에 마산고 총동창회는 마산사보이호텔 연회장에서
야구부 우승 축하의 밤을 개최했다.

1980년대 초 창단 이후 이렇다 할 성적을 내지 못하던 경남대 야구부는 1980년대 중·후반 들어 본궤도에 올랐다. 1987년 '제37회 백호기 쟁탈 종합야구선수권대회'에서 8강에 오르며 달라진 모습을 보였다. 그리고 경남대는 1989년 '제70회 전국체전'에서 사상 첫 전국대회 우승을 차지했다. 단국대와 겨뤘던 결승에서 경남대는 3회까지 0-6, 8회까지 6-10으로 끌려갔으나 9회 말 극적으로 동점을 내더니 결국 추첨승 하였다. 경남대 야구부 선전으로 그해 체전에서 경남은 부산을 누르고 '종합 3위' 영광을 안았다.

새 역사, 그리고 부흥

1990년대 마산지역 아마야구는 흥행 면에선 프로야구에 상당 부분 지분을 뺏겼으나 성적 면에선 부흥을 맞았다.

고교야구에서는 마산고가 부흥에 앞장섰다. 1980년대 후반 꾸준히 전력을 향상해가던 마산고는 1990년 5월 열린 '제24회 대통령배 고교야구대회'에서 결승에 진출했다. 이 대회 기간 마산 시민 관심도 대단했다. 1986년 마산상고의 '봉황대기' 4강 진출 이후 오랜만에 고향 팀 활약을 보게 된 마산 시민은 마산고 경기가 있는 날이면 서울 목동구장·인천공설운동장에 몰려들어 선수 사기를 드높였다. 급기야 마산고가 결승에 오르자 관심은 폭발했다. 마산고 동문은 저녁 비행기로, 재학생 1200명은 버스를 타고 서울로 가 결승 경기를 관람했다. 비록 결승에서 마산고는 충암고에 5-10으로 패하며 우승컵은 들지 못했지만 마산역 광장에서는 성대한 환영식을 열어 마산고 야구부를 치하했다.

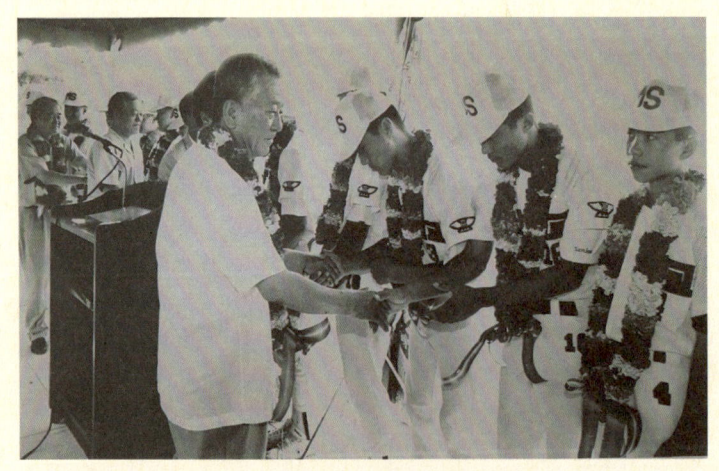

'제46회 화랑대기 전국고교야구대회'에서 우승을 차지한 마산고가 교정에서 우승 환영식을 하는 장면.

1990년대 중반 마산고 야구부 전성기 주축 멤버였던 채종범.

마산고는 얼마 지나지 않아 '우승 한'도 풀었다. 1994년 8월 열린 '제46회 화랑대기 전국고교야구대회' 결승에서 마산고는 경남상고를 7-6으로 꺾으며 창단 52년 만에 전국대회 첫 우승을 맛봤다. 특히 마산고는 결승 만루 홈런을 포함, 2경기 연속 홈런을 기록한 채종범이 대회 MVP에 뽑히고, 투수 박병구가 타격상(타율 0.625)·우수투수상 2관왕에 오르며 기쁨을 키웠다.

마산고는 이 여세를 몰아 1995년 '49회 황금사자기 전국고교야구대회'에서도 결승에 올랐다. 여기서 마산고는 덕수상고에 1-3으로 패했지만 고교야구계에 강렬한 인상을 심었다. 이듬해 마산고는 '48회 화랑기 전국고교야구대회'에서 또 한 번 우승을 차지하고, '50회 황금사자기 대회'에서도 8강에 오르며 창단 후 최고 전성기를 보냈다.

이 시기 마산상고는 번번이 우승 문턱에서 미끄러졌던 1980년대 상황을 되풀이했다. 1993년 '대붕기 대회'에서 신일고에 0-8로 패하며 준우승을 차지한 건 시작에 불과했다. 이후 마산상고는 1997년 '전국체전' 준우승에 이어, 1999년 '무등기'에서도 3위에 머물며 '준우승 굴레'를 벗어나지 못했다. 그럼에도 마산상고는 '1993년 고교야구 첫 만루포 기록'을 변진석이 세우고 프로야구에 모교 출신 선수가 하나둘 얼굴을 비치는 등 개개인 활약으로 존재감을 뽐냈다.

1989년 '전국체전' 우승으로 전성기를 맞았던 경남대 야구는 1990년대에도 상승세를 이어갔다. 1990년대 초 전국 4강권을 형성하던 경남대는 1993년 10월 '제48회 전국대학야구선수권대회' 준우승으로 새 역사를 썼다. 이 대회 4강에서 경남대는 강호 경희대를 4-3으로 꺾고 결승행

티켓을 거머쥐었다. 4강전에서 경남대는 경희대보다 1개 적은 4안타에 그쳤으나 선발 조용범과 불펜 곽병찬 호투에 힘입어 결승행을 확정했다.

대회 결승 상대는 1988년 창단 이후 처음으로 전국대회 결승에 오른 홍익대였다. 1회 경남대는 김동주의 홈런으로 선취점을 얻었다. 하지만 1회 말 곧바로 동점을 내준 경남대는 3회 말 터진 홍익대 김경렬 홈런으로 역전까지 허용했다. 이후 경남대는 상대 선발 최상덕의 빠른 공과 내·외야진의 빼어난 수비에 묶이며 추가 득점에 실패, 1-10으로 패했다. 비록 준우승에 그쳤으나 1980년대 중·후반부터 이어진 경남대 활약은 칭찬받아 마땅했다. 이를 두고 〈마산시 체육사〉는 다음과 같은 평가를 내리기도 했다.

'지방대학으로서 스카우트상의 어려움과 연습상대 부족 등 온갖 악조건 가운데서도 이처럼 정상권을 유지할 수 있었던 것은 감독·선수들의 피나는 노력 덕분이었다.'

한편 초등부에서는 양덕초 야구부가 1998년 '전국소년체전' 금메달을 땄다. 이후 양덕초는 2014년에는 준우승, 2016·2018년에 각각 3위를 차지한 데 이어 2019년 21년 만에 다시 우승하며 소년체전과 인연을 이어갔다.

짧지만 큰 족적 남긴 청강고 야구부

1986년 창단 3개월 때
첫 대회서 강호 물리쳐 주목

1980년대 마산에는 혜성처럼 나타나 바람처럼 사라진 야구부가 있다. 청강고(현 마산제일고) 야구부다.

1985년 개교한 청강고는 1986년 교기로 야구부를 창단했다. 벅찬 꿈을 안고 첫발을 내디뎠을 청강고 야구부였으나 역사는 오래가지 못했다. 1988년 청강고 야구부는 운영 미숙과 재정난을 이유로 창단 3년 만에 해체한다.

여기에는 프로야구 인기 상승에 따른 고교야구의 상대적 쇠퇴 등 시대 상황도 영향을 끼쳤다.

짧은 역사지만 청강고 야구부를 기억하는 이는 많다. 청강고는 처음 참가한 전국대회에서 이변을 일으켰고, 프로지명 선수를 2명이나 배출한 까닭이다.

1986년 8월, 창단 3개월의 청강고는 '16회 봉황대기 전국고교야구대회'에서 그해 대붕기 우승팀 보성고를 꺾는 이변을 연출했다. 경기에서 청강고는 이틀에 걸친 사투 끝에 보성고를 4-3으로 물리쳤는데, 연장 13회 말 터진 7번 타자 김상식의 끝내기 안타 덕에 전국대회 첫 승리를 기록할 수 있었다.

물론 그해 청강고는 봉황대기 32강에서 탈락하고 1987년·1988년 대회에서도 1회전 탈락 쓴맛을 봤지만, 첫 승리 감격은 지금도 회자하고 있다.

청강고를 졸업하고 나서 프로에 입단한 서정용·김상진도 청강고를 기억하게 하는 지점이다.

1985년 부산고에 입학했다가 2학년 때 청강고로 전학 온 서정용은 1988년 고졸 연습생 출신으로 롯데에 입단한다. 이후 서정용은 1988년 8월 태평양과 경기에서 당대 프로야구 최연소(19세) 승리 투수 기록을 세우는 등 2년간 8승을 올리며 청강고 이름을 알렸다. 1990년 이후 크고 작은 부상에 시달리던 서정용은 1993년 시즌 종료 후 은퇴한다.

1989년 청강고를 졸업한 김상진은 'OB 배팅볼 투수'로 프로에 입문해 17승 투수로 거듭난 전설적인 인물이다. 1990년 정식 지명을 받고 본격적으로 프로 생활을 시작한 김상진은 이후 5년 연속 10승(1991년 10승, 1992년 11승, 1993년 11승, 1994년 14승, 1995년 17승)을 올리며 한 시대를 풍미했다. 1998 시즌을 마치고 삼성으로 트레이드된 김상진은 이후 SK로 팀을 옮겨 선수 생활을 이어가다 2004년 은퇴한다. 은퇴 후 김상진은 해설가, 코치로 변신해 프로야구 발전에 기여했다.

3부

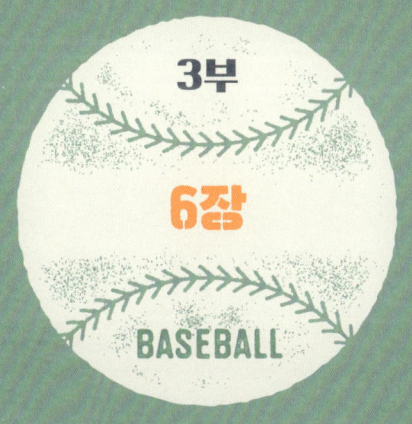
6장
BASEBALL

1980~90년대 아마 야구 흐름 ②

야구부 버팀목이었던 선배 동문들의 내리 사랑

마산고등학교는 지역 명문 고등학교로 '공부벌레들' 집합소였다. 교사도, 학생도 그다지 야구부에 관심이 없었다. 예산도 늘 부족했다. 이렇다 보니 1970년대에는 마산상고(현 용마고)에 눌려 전국규모대회 출전조차 쉽지 않았다.

마산고 야구부 새 역사가 시작된 건 1980년대다. 마산고는 1974년 팀 해체 후 6년 만에 재창단했다. 1982년 청룡기쟁탈 전국고교야구대회 16강에 오른 데 이어 1984년 대통령배대회 4강 진출 등 기지개를 켜기 시작했다. 1990년엔 대통령배대회 준우승을 거두더니 1994년 열린 '제46회 화랑대기 전국고교야구대회'에서 창단 이후 처음으로 우승하며 전성기를 맞았다.

마산고 야구부가 1980~90년대 뿌리내리고 꽃을 피울 수 있었던 건 동문들이 후원회를 꾸리고 뒷바라지를 했기 때문이다. 그 중심엔 당시 마산 창동에서 오행당약국을 운영한 김용대(마산고 13회) 씨가 있었다. 그

마산고는 1990년 5월 제24회 대통령배 고교야구대회에서 준우승을 차지했다.
김용대(왼쪽 두번째) 마산고 야구부 후원회장 모습도 보인다.

김용대 마산고 야구부 후원회장.

는 1984년 한 해에만 1400여 만 원을 야구부에 지원했다.

마산고 야구부 공식 소개 자료에도 '김용대 회장이 야구부 부활을 위해 약 16년 동안 야구부에 물심양면으로 지원을 했고, 야구부가 존재를 알리는 데 동력이 됐다'고 기록하고 있다.

마산고 제23대 총동창회 사무총장을 지낸 이정국(42회) 씨는 '선배 김용대'에 대해 이렇게 말했다.

"1980년대 마산 경제 수준이란 게 빤하지 않습니까. 그런데도 약국에서 번 돈을 거의 야구부에 쏟아부었던 것 같아요. 운동부 전용 버스도 사주시고, 선수들 자주 불러 회식시켜주며 격려도 많이 해주었습니다. 졸업생이 모교에 '이해 관계'라는 게 얼마나 있었겠습니까. 거의 맹목적인 후배사랑, 모교사랑이랄까요(웃음)."

김용대 후원회장이 작고한 이후인 2000년대 마산고 야구부는 다시 휘청했다. 김종혁(36회, 본초당 한의원)·최병무(40회)·김나규(43회)·장봉석(46회) 씨 등이 야구부 후원회를 이어갔다. 하지만 2002년 야구부 해체 분위기가 또 한 번 조성됐다. 학교는 2003년 야구부 신입생을 2명만 선발하기도 했다. 다행히 2003년 이효근 감독 부임 등 분위기 쇄신으로 지금껏 마산고 야구부를 그라운드에서 만날 수 있다.

이 밖에 마산고 27회 졸업생인 장광기 씨도 지난 1983년 모교에 실내연습장(140평 규모)을 지어 기증해 '내리사랑'을 이어갔다. 당시 전국에서 4번째로 지어진 실내연습장이었다. 하지만 2002년 태풍으로 망가져 철거되기도 했다. 실내연습장은 지난 2007년 동문 강병중 넥센타이어 회장 지원으로 다시 건립될 수 있었다.

이재문
현 경남야구협회장 지도자로
대붕기 우승 견인

이재문(64) 경남야구협회장은 1987~1993년, 1999~2007년 마산용마고(마산상고 시절 포함) 감독을 맡았다.

그는 용마고 지휘봉을 잡으면서 1989년 전국체전 3위, 1993년 대붕기대회 준우승, 1999년 무등기대회 4강 등을 기록했다. 그러다 2001·2004년 대붕기대회 우승까지 거머쥐었다.

4대 메이저대회(청룡기·황금사자기·대통령배·봉황대기) 우승을 차지하지는 못했지만, 용마고 야구부 전성기 초석을 닦았다.

이 회장은 마산성호초등학교 5학년 때 야구를 시작했다. 이유는 '유니폼이 멋있어서'였다. 그는 이후 마산중을 거쳐 마산상고에서 주로 내야수로 활약했다. 1973~75년 시절이다. 동기가 유두열이었고, 한 해 위 선배가 정학수, 한 해 아래 후배가 임정면·박용성이었다. 멤버에서 짐작되듯, 마산상고는 당시 성적면에서 약진을 이뤘다. 하지만 4강 문턱에서 번번이 좌절했다.

"우리 고3 때 '4강 제도'가 도입됐어요. 전국대회 4강 안에 들어야 대학 진학이 가능한 거죠. 그런데 우리가 8강까지만 3번 진출했던 거로 기억합니다. 어쨌든 당시 고교야구 열기는 엄청났죠. 전국대회 4강만 올라도 카퍼레이드를 할 정도였으니까요. 대회가 서울서 열리면, 마산상고 재학생들도 수업 빼먹고 자비로 그 먼 곳까지 응원오곤 했습니다."

그는 그래도 진학에 성공하면서 영남대에서 선수생활을 이어갔다. 그러다 1979년 모교 마산중을

이재문 경남야구협회장.

시작으로 지도자 삶을 살았다.

이 회장은 한때 광주일고 지휘봉을 잡기도 했다. 박재홍·이호준·김종국 등이 선수로 뛰던 시절이다.

"당시 광주일고 인기가 어느 정도였느냐 하면, 완도로 전지훈련을 갔는데, 기자들이 함께 숙식하며 상주를 했습니다. 이태일(전 NC다이노스 대표) 씨가 기자로 활동할 때였습니다. 당시 이 기자와 가볍게 얘길 나눴는데, '광주일고 올해 목표 우승 세 번'이라는 기사가 나가 난처했던 기억도 있습니다. 허허허."

그는 선수·감독을 거치는 동안 하나 느낀 게 있다고 한다. 근성 하나만은 마산을 따라올 데가 없다는 것이다.

"마산상고 선수 시절 광주일고와 붙어 8강서 떨어졌어요. 그날 저녁 식당에서 서로 마주쳤는데요, 우리가 완전히 으르렁으르렁했죠. 우리 기에 눌려서 이 친구들이 꼼짝도 못 하고 가버리더군요. 마산 선수들이 유독 기가 세고 악착같은 근성이 있는 건 분명하죠."

1980~90년대
아마야구의 기억

우리 지역 아마야구는 1980~90년대 마산양덕초·경남대 창단으로 초·중·고·대 연계를 다질 수 있었다. 이에 전국 대회서 본격적으로 괄목할 만한 성적을 냈다. 특히 마산고는 마산상고 그림자를 뒤로하고, 채종범 등 스타플레이어를 앞세워 명성을 떨쳤다. 당시 지역 아마 야구 분위기를 담고 있는 사진들이다.

마산고는 1990년 '제24회 대통령배 전국고교야구대회'에서 준우승을 차지했다.
대회 직후 마산역 앞에서 열린 준우승 환영대회.

마산고는 1996년 '제48회 화랑기 대회'에서 전국대회 두 번째 우승 기쁨을 맛봤다. 학교에서 열린 환영식.

마산상고는 1980년대 이후 봉황대기 3위 등 이전보다 좀 더 괄목할 만한 성적을 내기 시작했다.
마산상고 운동장에서 훈련을 하고 있는 선수들.

경남야구협회가 1997년 전국체전 야구 종목 종합 우승을 기념해 자축연을 열고 있는 모습.

마산고는 1995년 9월 '제49회 황금사자기 고교야구대회' 결승에서 덕수상고에 패해 준우승을 차지했다. 결승 경기 후 선수들이 응원 온 동문들에게 인사하고 있다.

마산 양덕초등학교 야구부는 1998년 5월 '제27회 전국소년체전'에서 금메달을 차지했다.

창원 사파초등학교 야구부는 지난 1991년 4월 창단해 현재까지 도내 초교 야구부 명맥을 이어가고 있다.

1980~90년대 마산동중은 마산중과 함께 지역 중등부 야구 명맥을 이어갔다. 1995년 소년체전 경남 1차 예선전 장면.

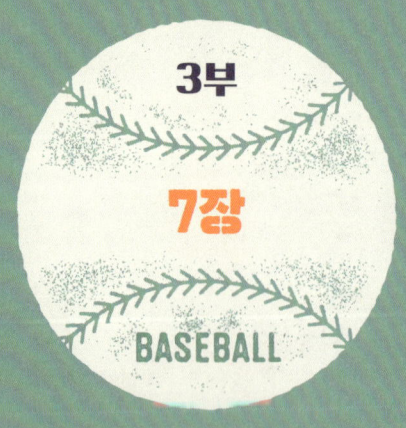

3부
7장

2000년대 프로야구

롯데 제2 연고지 설움 날린 2000년

2000년 마산서 첫 가을야구

롯데자이언츠는 1999년 한국시리즈에 진출했지만, 한화이글스(1승 4패)에 우승 타이틀을 넘겨줬다.

롯데는 2000년 다시 V에 도전했다. 롯데는 정규시즌 매직리그(양대리그 시절)에서 2위를 기록, 드림리그 3위 삼성과 준플레이오프를 했다. 당시 롯데 홈인 부산 사직야구장은 전국체전과 겹쳐 사용할 수 없었다. 이에 10월 14일 준PO 1차전이 마산야구장에서 열렸다. 프로야구 출범 이후 마산야구장에서 열린 첫 '가을야구'다.

선발은 롯데 박석진, 삼성 가르시아였다. 팽팽한 투수전으로 0의 행진이 이어졌다. 하지만 롯데는 9회 초 삼성 이승엽에게 통한의 2점포를 내주며 0-2로 패했다. 롯데는 준PO 2차전 대구 원정서 극적인 역전승을 거뒀지만, 3차전 서울 잠실서 패하며 그해 가을 야구를 접었다.

롯데는 이후 2007년까지 7시즌 연속 가을 야구를 TV로 지켜보는 암

2009년 7월 8일 삼성을 상대로 한 롯데 마산 홈경기.
1루 관중들이 롯데 응원 상징인 신문지 응원을 펼치고 있다.

흑기를 겪어야 했다.

마산야구장은 2000년 첫 가을야구뿐만 아니라, 앞서 7월 올스타 1차전을 개최하기도 했다. 지역 야구팬 처지에서는 그동안의 '롯데 제2 연고지 홀대' 서러움을 조금이나마 씻어낼 수 있는 한해였다.

이런 가운데 롯데는 2000년대 들어 제2 연고지 마산 경기 수를 늘렸다. 롯데는 2000·2001년 각각 15경기 등 2009년까지 한 해 평균 8.2경기를 마산서 치렀다. 1980·90년대 평균 5.2경기를 한 것과 비교하면 제법 증가한 셈이다.

'마산아재' 극성도 이전보다 많이 사그라들었다. 하지만 롯데는 마산만 오면 유독 작아졌다. 롯데는 2008년 5월 삼성전 승리 이후 그해 마산서 5연패를 당했다. 그리고 2009년 마산 5경기에서도 내리 패했다. 당시 마산 팬들은 "롯데가 마산에서 야구하기 싫어 일부러 지는 거 아닌가"라는 푸념성 음모론을 내놓기도 했다.

롯데는 2010년 마산 첫 경기에서 승리, '마산 홈 10연패'에서 탈출할 수 있었다.

지역 출신 다승왕·신인왕 등극

1990년대 지역 출신 스타들은 2000년대에도 명성을 이어갔다. 마산동중-마산고 출신 전준호(50·NC 코치)는 2004년 도루 53개로 1993·1995년에 이어 세 번째 '대도' 타이틀을 차지했다. 진해남중-마산상고 출신 공필성(52·전 롯데 감독 대행)은 1990년 롯데 입단 이후 '원팀' 생활을 하다 2000년 은퇴했다. 공필성은 몸에 맞는 볼을 전혀 두려워하지 않아

마산시는 2009년 마산야구장 내야에 모두 인조잔디를 깔았다. 당시 공사 모습.

2009년 8월 6일 롯데 마산 홈경기 때 비가 내려 경기가 중단됐다.
외야 관중들이 전광판 아래서 비를 피하며 경기 재개를 기다리고 있다.

'사구왕'이라는 별칭까지 얻기도 했다.

2000년대에 프로 데뷔한 지역 출신들은 롯데뿐만 아니라 다른 팀에서도 두각을 나타냈다. 대표적인 선수가 좌완 투수 장원삼(36·LG)이다.

장원삼은 창원사파초-창원신월중-마산용마고 출신이다. 마산용마고가 2001년 대붕기 고교야구에서 우승을 차지했는데, 이때 장원삼이 마운드에서 혼자 4승을 책임졌다. 모두 완투승이었다.

장원삼은 2002년 용마고 3학년 때 이미 프로야구 현대유니콘스 2차 지명을 받았지만, 경성대로 진학했다. 장원삼은 2006년 현대에 입단, 프로 데뷔 첫해 12승 10패 평균자책점 2.85라는 빼어난 성적을 거뒀다. 하지만 당시 신인왕은 '투수 부문 3관왕(다승·평균자책점·탈삼진)'을 차지한 '괴물' 류현진에게 돌아갔다.

장원삼은 2007년 9승에 이어 2008년 12승으로 다시 한번 10승 고지를 밟았다. 특히 그해 베이징올림픽에 출전해 네덜란드전 완봉승 등 금메달에 일조했다. 장원삼은 이후 삼성으로 이적해 2012년 17승으로 다승왕에 우뚝 섰다.

2004년 대붕기 고교야구 우승 주축 멤버인 마산용마고 조정훈(34·용마고 코치)도 2009년 14승으로 다승왕을 차지했다.

지역 출신으로 프로야구 신인왕에 이름 올린 이도 있다. 투수 이동학(38)은 마산회원초-마산동중-마산고를 거쳐 2차 1라운드 4순위로 2003년 현대유니콘스에 입단했다. 이동학은 첫해 27경기에 등판, 8승 3패 평균자책점 5.35로 신인왕 타이틀을 거머쥐었다. 이동학은 이후 별다른 성적을 거두지 못하며 프로 통산 10승에 머물렀다.

2008년 5월 13일 롯데 마산 홈경기 모습.
1루 관중들이 내리는 비에도 아랑곳하지 않고 응원을 펼치고 있다.

채종범(42·NC 코치)은 창원용지초-마산동중-마산고 출신으로 2000년 SK에 입단해 2010년 기아에서 현역 생활을 마무리했다. 특히 2002년 127경기에 출전, 타율 0.291 홈런 17개로 최고 한 해를 보냈다.

또한 김창희(46·양덕초-마산중-마산고)는 1997~2009년 해태(기아)·두산·삼성에서, 신명철(41·용지초-마산동중-마산고)은 2001~2015년 롯데·삼성·KT에서 활약했다. 신재웅(37·사파초-창원신월중-마산고)은 2005년 LG 입단 이후 현재 SK 마운드에서 활약하고 있다. 이 밖에 오정복(33·삼성초-내동중-용마고)은 2009년, 정훈(32·양덕초-마산동중-용마고)은 2010년 프로에 입단해 팬들에 이름을 각인시키고 있다.

하재훈(29·SK)은 양덕초-마산동중-용마고 출신으로 지난 2008년 메이저리그 시카고컵스 입단 계약을 했다. 도내 출신 최초 미 프로야구 진출이었다. 당시 타 학교 동기생들이 인치홍(KIA)·정수빈(두산)·김상수(삼성)였는데, 이들은 2009년 프로 첫해부터 활약을 펼쳤다. 하재훈은 2009년 마이너 싱글A에서 미래를 꿈꾸고 있었다. 하재훈은 그해 겨울 모교 용마고를 찾아 이렇게 말했다.

"3년 후 메이저리그 입성을 목표로 하고 있습니다. 메이저리그에 한국인 포수는 아직 없습니다. 메이저리그에서 한국인 최초로 포수 마스크를 쓰고 싶습니다."

그는 끝내 메이저리그 입성 꿈을 이루지 못하고 국내로 돌아왔다. 하재훈은 투수로 전향, 올 시즌 SK 마운드 '수호신'으로 자리 잡았다.

'마산이 낳은 별'
조정훈 선수

당대 최고 포크볼 마법사

프로야구 출범 이후 '마산 야구'는 숱한 프로선수를 배출하며 위상을 떨쳤다. 그 사이 유독 빛나는 별도 있다. 전 롯데자이언츠 소속 조정훈(34)이다.

마산양덕초-마산중을 거쳐 마산용마고에서 야구를 이어간 조정훈은 고교 시절 크게 주목받는 선수는 아니었다. 포수에서 투수로 전향한 게 고교 2학년 때였다. 중간에는 부상으로 1년 유급하는 일도 있었다. 마운드에 본격적으로 오른 게 고교 3학년 때였던 셈이다. 짧다면 짧은 그 시기 조정훈은 무궁무진한 잠재력으로 자신 가치를 조금씩 높였다.

2004년 3학년 시절 동산고와 맞붙었던 '제26회 대붕기 고교야구대회' 결승. 이 경기에서 동산고 좌완 금민철과 선발 대결을 펼친 조정훈은 12이닝 8피안타 11탈삼진 4실점(투구수 175개)을 기록했다. 결승전까지 3경기에서 19.2이닝을 소화하며 305개 공을 던진 점을 감안하면 그야말로 철완을 과시한 것. 조정훈 호투 덕에 마산용마고는 대회 공동 우승 영광을 안았다. 조정훈은 금민철(결승전 12이닝 9피안타 11탈삼진 4실점 완투, 투구수 173개)과 함께 우수투수상을 받았다.

롯데는 이런 조정훈을 눈여겨봤다. 롯데 구단은 '체격조건이 굉장히 좋아 대성 가능성이 크다'는 스카우트 팀 의견을 전해 들었다. 이에 2005년 2차 지명 전체 1순위로 조정훈을 선택했다. 물론 당시 롯데 팬들은 조정훈 입단에 큰 기대를 걸지 않았다. 야구 천재로 평가받던 부산고 정의윤이나 고교 시절 150㎞를 웃도는 공을 던진 신일고 우완 서동환을 선택했어야 한다는 주장이 한동안 조정훈을 따라다녔다.

조정훈은 '포크볼 마법사'이자 '비운의 스타'로 팬들 가슴에 남아있다.

조정훈은 프로 입단 첫해 19경기에 출전해 1승을 거뒀다. 주로 2군에서 제구력과 구위를 가다듬으며 때를 기다렸다. 유망주로 차근차근 단계를 밟아가며 성장한 조정훈은 2008년 6월 22일 잠실 LG 전에서 프로데뷔 첫 선발승이자 프로 2승째를 '완봉승'으로 장식하며 자신 이름을 전국에 알렸다. 그해 조정훈은 14경기에서 5승 3패 1홀드 평균자책점 3.15를 기록, 포스트 손민한 등장을 예고했다.

2009년 조정훈은 최고 전성기를 맞았다. 130km 초·중반 빠르기에 날카롭게 떨어지는, '당대 최고 포크볼'을 앞세운 조정훈은 롯데 선발 한 자리를 꿰차더니 14승(9패)을 거두며 공동 다승왕에 올랐다. 특히 그해 준플레이오프 1차전에서 조정훈은 두산베어스를 상대로 7.2이닝 5피안타 2실점으로 팀에 승리를 안겼다. 롯데가 포스트시즌에서 9년 만에 배출한 승리 투수였기에 새로운 우완 정통파 조정훈을 향한 팬 성원과 기대감도 극에 달했다.

하지만 프로데뷔 후 처음으로 100이닝을 넘겨 182.1이닝을 소화한 후유증은 컸다. 팔꿈치 통증에 신음하던 조정훈은 2010년 6월 13일 한화이글스 경기를 끝으로 그라운드를 떠나야 했다. 조정훈은 이후 세 번의 팔꿈치 수술을 받으며 긴 재활에 들어갔다. 2015년 시범경기에 모습을 드러냈으나 팔꿈치 통증 재발로 또 한 번 수술대에 올랐다. 사실상 선수 생명이 끝난 상황. 그럼에도 조정훈은 포기하지 않았다.

7년의 기다림 끝에 2017년 돌아온 조정훈은 롯데 불펜진으로 활약하며 26경기 4승 2패 8홀드 평균자책점 3.91을 남겼다. 연말에는 각종 재기상을 휩쓸었고 팬에게는 희망을 안겼다. '안되더라도 끝까지 해보자'는 스스로 다짐이 제대로 통한 한해였다.

그러나 기쁨은 오래가지 않았다. 2018년 부상 여파로 출발이 늦었던 조정훈은 그해 7경기에 등판해 4.1이닝을 소화하는 데 그쳤다. 평균자책점은 16.62를 기록했다. 시즌이 끝나고도 팔꿈치와 어깨 상태가 회복되지 않자 롯데는 11월 조정훈에게 결별을 통보했다. 그렇게 조정훈은 13년간 몸담았던 롯데를 떠났다.

프로무대와 작별을 고한 조정훈은 올해 고향 마산에서 제2 야구인생 첫발을 내디뎠다. 모교 마산용마고 코치로 합류한 것이다. 조정훈 가르침 속에 성장한 마산용마고 투수 김태경은 2020 KBO리그 신인 1차 드래프트에서 NC다이노스 선택을 받기도 했다.

숱한 위기에도 야구를 절대 놓지 않았던 조정훈은 이제 말한다. 서툴지만 천천히 새 목표를 잡아가겠다고.

"프로시절에도 마산을 찾을 때면 뭔가 마음이 편안했어요. 학창시절부터 운동하고 경기한 곳이 마산이다 보니 마치 놀이터 같기도 했죠. 마산 팬 응원 속에 오히려 편하게 던진 기억이 있어요. 이렇게 다시 돌아오게 됐네요. 아직 무언가를 해야겠다는 생각보다는 우선 주어진 위치에서 노력하면서 자리를 잡아가야겠다는 생각이에요."

그러면서도 조정훈은 후배들이 자신을 뛰어넘는 더 큰 선수로 성장하길 당부한다.

"마산 고교야구는 2000년 이후 진짜 전성기를 맞은 듯해요. 각종 대회에서 성적을 거두고 좋은 선수도 많이 나왔죠. 올해 역시 마산용마고는 황금사자기 대회에서 준우승을 차지하기도 했고요. 모교에 재능 있는 선수들이 많아요. 앞으로 힘든 시간도 있겠지만 끝까지 버티며 열심히 하다 보면 분명히 무언가를 얻으리라 봐요."

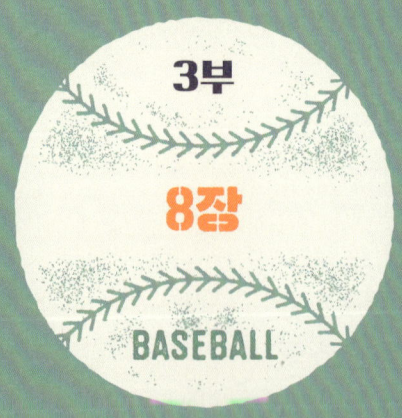

3부
8장 BASEBALL

2000년대 아마야구

장원삼 '특급 활약'
마산용마고 전국대회 첫 단독 V

장원삼·조정훈 무쇠팔 투구

2000년대 초반 아마야구 키워드는 '장원삼(36·LG)'이다. 장원삼은 2001년 7월 열린 '제23회 대붕기 전국고교야구대회'에서 마산용마고 '좌완 에이스'로 활약하며 홀로 4승을 책임졌다. 마치 1984년 혼자 한국시리즈 4승을 거둔 '무쇠팔' 최동원의 후예처럼 모두 완투승을 거두었다. 장원삼은 학교 야구부 창단 이후 첫 단독 우승을 이끈 절대적인 수훈갑이었다.

당시 용마고와 대구상고 결승전은 역전에 역전을 거듭하는 명승부였다. 대구상고는 대붕기 세 차례 우승에 도전했고, 용마고는 전국대회 첫 단독 우승, 대붕기 첫 우승을 노렸다. 양 팀 모두 체력이 바닥난 상태였지만, 그야말로 그라운드에서 투혼을 불살랐다.

선공에 나선 용마고는 1회 초 무사만루 상황에서 1점을 뽑는 데 그쳤다. 곧장 대구상고는 김형준의 적시타로 반격에 나섰다. 1-1, 첫 번째 동

마산용마고 선수들이
2001년 7월 '제23회 대붕기 전국 고교야구대회' 우승을 확정한 순간
그라운드로 나와 환호하고 있다.

(사진 제공. 마산시체육사)

점이었다. 용마고는 2회 초 다시 1점을 달아났지만, 대구상고가 4회 말 황준성의 홈런과 안지만의 3루타에 이은 황준필의 적시타로 2점을 추가하면서 2-3이 됐다.

양 팀은 5회 1점씩 주고받았다. 3-4로 뒤진 상황에서 6회 용마고는 구자현의 적시타로 1점을 얻어 4-4, 두 번째 동점을 만드는 데 성공했다.

용마고는 7회말 1사 1·3루 위기를 맞았다. 그러나 대구상고 3루 주자 곽동현을 포수견제로 잡아 실점을 막았다. 용마고는 이어진 8회 초에 연속 2안타로 결승점을 뽑았다.

'끝날 때까지 끝난 게 아니다'라고 했던가. 대구상고는 9회 말 1사 후 곽동현의 2루타로 동점기회를 맞았다. 그러나 황준성의 우전안타 때 2루 주자 곽동현이 홈으로 파고들다 잡히면서 결국 용마고에 무릎을 꿇었다. 이 대회에서 장원삼은 우수투수상을 받았고, 대구상고 곽동현은 타격상·최다안타상을 수상했다.

3년 뒤인 2004년에도 용마고는 '철완 조정훈(34·마산용마고 코치)'의 활약 덕분에 '제26회 대붕기'에서 동산고와 공동우승을 차지했다. 이 대회 결승전도 '엄청난 투구 수'로 야구팬들 머릿속에 기억되고 있다. 결승전은 7월 13일 대구시민야구장에서 열렸다. 당시 조정훈은 동산고 좌완 금민철과 선발 대결을 펼쳤다. 조정훈은 이날 45타자를 상대로 175개의 공을 던졌다. 피안타 8개, 삼진 11개를 잡아내며 팀 패배를 막았다. 금민철도 50타자를 맞아 173개 볼을 던졌다. 결과는 4-4 동점으로 승부를 가르지 못했다.

7월 14일 자 〈매일신문〉에는 양 선수 인터뷰 기사가 실렸다. 조정훈

마산용마고와 마산고는 2000년대 들어
도내 대표 주자를 놓고 더욱 치열한 자존심 싸움을 펼쳤다.
2007년 4월 제41회 대통령배 전국고교야구 경남예선전을 펼치고 있는 두팀.

은 "아무 생각 없다. 내일도 잘 던지겠다. 동산고 타자들이 생각보다 쉽다"고 했고, 금민철은 "힘이 빠졌지만 던질 수 있다. 내일도 완투하겠다"고 했다.

피 말리는 혈투를 멈추게한 건 '하늘'이었다. 7월 14일 오후 1시 재경기가 시작됐지만, 5회 초 용마고 공격 도중 갑자기 폭우가 내리면서 경기가 중단됐다. 대회를 주최한 매일신문과 대한야구협회는 선수 보호 차원에서 공동 우승을 결정했다.

당시 고교리그는 지금처럼 투구 수 제한이 없었다. 전국대회 4강 안에 들어야 대학 진학이 가능한 현실에서 단기전 승부를 위해 '에이스'에 의지하는 건 어쩔 수 없었다. 그러나 '혹사 논란'에서 자유로울 수 없었다. 현재 고교리그는 투구 수 제한을 명문화하고 있다. 한 경기 투구 수 46개부터 60개를 기록하면 하루 휴식을 하고 61개부터 75개는 이틀, 76개부터 90개는 사흘을 쉰다. 105개까지는 나흘인데 그 이상은 던질 수 없다.

이 밖에 2000년대 초반엔 2003년 김해고 야구부가 창단하면서 경남 고교 야구 저변이 한층 넓어졌다.

그해 경남대 야구부는 제37회 대통령기 전국대학야구대회에서 1989년 '전국체전' 우승 이후 처음으로 전국대회 결승에 올랐다. 하지만, 아쉽게도 영남대에 우승을 내어주며 분루를 삼켰다.

마산고, 어수선한 분위기 뒤로하고 기지개

2000년대 후반엔 용마고와 함께 경남 고교야구 양대산맥으로 불리

2007년 7월 마산야구장에서 열린 '제88회 전국체전 야구 고등부 1차 선발전'에서
마산고 선수들이 더그아웃에서 열띤 응원을 하고 있다.

는 마산고 활약이 돋보였다.

마산고는 앞서 2000년대 초반 돌연 해체설에 휩싸이는 등 크고 작은 위기를 겪었다. 2002년 9월 10일 자 〈경남도민일보〉엔 '마산고야구부 해체설 학부모들 강력 반발'이 실렸다. 학부모 20여 명이 학교 교장실에서 황덕식 교장과 면담을 하고 최근 나돌고 있는 야구부 해체설에 대해 항의했다는 내용이다.

당시 황 교장은 "최근 야구부가 있는 도내 7개 학교장들이 모인 자리에서 경남야구 현안을 놓고 이야기하면서 고등학교 야구부가 3개가 되면 서로 어렵지 않겠느냐며 '해체했으면 하는 생각이 있다'고 말한 적은 있다. 하지만 아직까지 구체적으로 결정된 것은 없다"고 했다. 그러면서 "현재 학교에 운동부가 3개나 있어 일반 학생들이 운동장과 강당을 사용하기 어려워 민원이 많이 발생하고 있다. 장기적으로는 폐지하는 것이 바람직한 것으로 본다"고 했다. 마산고 야구부 공식 소개 자료에는 '동창회, 학교장이 야구부를 해체하기 위해 2003년도 신입생을 2명으로 제한하고 운동장 사용도 규제하는 등 온갖 탄압을 자행했던 시기였다'고 적혀 있다.

엎친 데 덮친 격으로 마산고 야구부는 2002년 태풍으로 1983년 당시 전국에서 4번째로 지어진 실내연습장마저 망가져 철거해야 했다. 마산고는 이러한 분위기에서 2003~2005년까지 각종 대회 본선 진출조차 하지 못하는 '침체기'를 보냈다.

2006년 들어서야 청룡기 8강, 봉황대기 32강에 오르면서 서서히 재도약을 위한 '몸 풀기'에 들어갔고, 2007년 2월 동문 강병중 넥센타이어

마산용마고가 2008년 학교 운동장에서 OB-YB로 나눠 친선전을 펼치고 있는 모습.

회장 지원으로 실내연습장이 다시 건립되면서 '활약을 위한 근거지'를 확보했다.

이러한 지원에 힘입어 마산고는 그해 전국체전 준우승, 화랑대기 4강에 올랐다. 2008년엔 무등기 준우승을 차지하며 '어둠의 터널'을 벗어났다.

한편 김해 내동중학교는 2007년 5월 전국소년체전에서 우승을 차지하며 경남 야구 자존심을 이어갔다.

마산상고 '마산용마고'로 개명
2001년 새 출발

마산상고는 지난 1921년 12월 마산공립상업학교 인가를 받으며 태동했다. 이듬해 4월 '창동 사립 노동야학교'로 개교했다. 이후 1949년 6년제 마산상업중학교로 개칭했으며, 다시 1951년 3년제 마산상업고교·마산동중으로 분리됐다.

마산상고는 1923년 상남동(마산합포구 옛 로얄호텔 건너편)으로 이전했다가, 1941년 지금 자리에 안착했다. 마산상고 야구 원로 김성길(93) 옹은 이런 기억을 전한다.

"당시 상남동에서 지금 자리로 옮길 때, 학생들이 공사에 동원됐어요. 상남동 학교 건물 일부를 부수고, 거기서 나온 벽돌을 새 학교로 옮겨 짓는 식이었습니다. 저를 비롯한 학생들이 그 벽돌을 지고 매일 날랐죠. 그때는 공부할 시간도 없었어요."

마산상고는 2001년 3월 1일 학교명을 '마산용마고'로 변경했다. 시대 변화 속에 신입생 모집에 어려움을 겪자 일반계 고교로 전환하면서다. 학교는 당시 전 교실 냉·난방시설 전면 교체, 그리고 140명을 수용할 수 있는 기숙사를 만들었다. 당시 윤진홍 교장은 이렇게 말했다.

"80년 역사의 상업고교가 인문계로 전환되면서 이름도 바뀌었습니다. 많은 동문이 아쉬워할 것입니다. 하지만 제2 건학 원년으로 삼아 새 출발 하겠습니다."

야구부는 지난 1947년 정식 창단 이후 '마산상고' 이름으로 끝내 '전국대회 단독 우승'을 하지 못

1920~30년대 마산상고 상남동(마산합포구 옛 로얄호텔 건너편) 시절 사진.

마산상고는 그 이름을 달고서는 끝내 '전국대회 단독 우승' 꿈을 이루지 못했다.

했다. 1964년 전국체전서 우승팀에 이름 올렸지만 성남고와 '공동'이었다.

야구부는 공교롭게 마산용마고 유니폼으로 바꿔 입자마자 그 꿈을 이뤘나.

마산용마고는 그해 7월 '제23회 대붕기대회'에서 우승을 차지, 마침내 전국대회 단독 V를 현실화했다.

사회인 야구도 꽃피워

마산 14개 팀 연중리그전
창원 야구협회장배 열기

2006년 '제2회 경남도민일보기 사회인야구대회' 결승에서 마산자이언트를 꺾고 우승을 차지한
부산혼 선수가 우승기를 흔들며 기쁨을 만끽하고 있다.

2000년대 들어 마산·창원은 본격적으로 사회인야구 꽃을 피웠다.

국민생활체육 마산시야구연합회는 이미 1990년대 중반 발족해 까치대은리그를 운영했다. 그러다 1995년 경남사회인야구인연합회 주최 리그로 확대했다. 이때 마산지역에서만 가고파·산호·대일·자이언트·버팔로·치토스·마패즈, 7개 팀이 이름 올렸다. 마산지역 사회인야구는 2003년 14개 팀 참여 속에 8개월간 연중 리그전을 하기도 했다.

창원지역 역시 1994년 생활야구협회가 만들어졌고, 2005년 '제1회 창원야구협회장배 사회인야구대회'를 기점으로 더욱 활성화됐다. 당시 첫 대회 때 창원 사회인야구 까치리그 20개 팀, 에이스리그 7개 팀, 모두 27개 팀이 참여했다.

〈경남도민일보〉는 이러한 사회인야구 붐 속에서 지난 2005년 영남지역 최강팀을 가리는 '경남도민일보기 사회인야구대회'를 개최하기도 했다. 첫 대회에는 마산·창원 등 경남뿐만 아니라 부산·대구팀들도 참가, 모두 44개 팀이 열전을 펼쳤다. 이 대회 1·2회 우승은 부산 팀이 차지, 마산·창원 팀들은 안방에서 자존심에 상처를 입기도 했다.

제4부

2010~2018
진짜 연고팀 NC

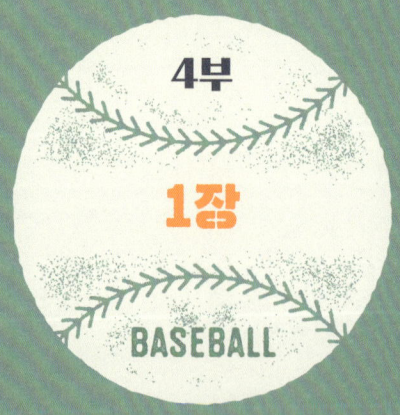

4부 1장

창원 프로야구단 마침내 창단

통합창원시 출범이
NC다이노스 탄생 촉매제로

마산·창원을 기반으로 하는 프로야구단 창단 추진은 1980·90년대 몇 차례 있었다. 하지만 정치적 논리 등으로 번번이 좌절됐다. 역설적으로, 2010년대 창단 새추진은 지역 정치권 역학 관계 속에서 피어올랐고, 실제 현실화했다. 그 기점이 2010년 6월 지방선거, 그리고 7월 통합 창원시 출범이다.

지방선거, 통합 창원시 출범

2010년 상반기, 옛 창원·마산·진해는 이명박 정부 행정구역 자율통합에 따라 '통합 창원시' 출범을 예고하고 있었다. 6월 지방선거가 '통합 창원시장' 의미를 담고 있었다. 한나라당 내에서 박완수 기존 창원시장이 유력 주자였다. 황철곤 마산시장도 뛰어들었다. 황 시장은 열세 분위기 속에서 특별한 뭔가를 필요로 했다.

황 시장이 4월 8일 창원시청 프레스센터에서 기자회견을 열었다. 그

2010년 4월 13일 경남야구협회가 마산시청 브리핑 룸에서
'통합 창원시 연고 프로야구단 창단 촉구' 기자회견을 하고 있다.
오른쪽 세번째가 황칠석 당시 경남야구협회장.

가 내놓은 카드는 '프로야구단 창단'이었다.

"통합 창원시는 인구 108만 메가시티로 탄생할 예정입니다. 그에 걸맞은 브랜드 가치 창출이 필요합니다. 이를 위해 창원 연고 프로야구단 창단을 추진할 것입니다. 통합 창원시는 서울 잠실, 부산 사직, 인천 문학구장에 이어 전국 4위 규모 마산야구장(2만 명 수용)을 두고 있습니다. 하지만 활용도가 매우 낮은 현실입니다. 프로야구단 창단으로 구장 효율적 관리가 가능할 것입니다. 감독·선수는 지역 출신으로 영입해 통합 시민 자랑거리가 될 수 있게 할 것입니다."

황 시장은 프로야구단 창단 첫해 예산을 300억 원으로 잡았다. KBO(한국야구위원회) 가입비 100억 원, 연간 운영비 200억 원이다. 그는 이 돈을 △국내 대기업 참여 △시민주 △기업체 스폰서 △통합시 인센티브 활용 등으로 확보하겠다는 구상이었다.

그리고 며칠 후인 4월 13일. 경남야구협회가 마산시청 브리핑룸에서 기자회견을 열었다. 황칠석 당시 경남야구협회장이 전면에 섰다.

"마산야구장은 부산을 연고로 한 롯데자이언츠의 보조구장으로 사용되고 있습니다. 그런데 연간 6경기 정도만 열릴 뿐입니다. 지역민 야구 열기를 수용하지 못하는 것입니다. 따라서 황철곤 예비후보가 밝혔듯 시민 주주 형태의 지역 연고 팀 창단을 추진해야 합니다. 통합 창원시장이 누가 되든 프로야구단 창단에 노력해 주길 바랍니다."

2010년 10월 26일 서울 야구회관에서 열린 창원시-KBO의
'제9구단 창단 관련 양해각서' 체결식.
박완수(오른쪽) 창원시장이 유영구 KBO 총재와
협약서에 서명하고 나서 기념촬영을 하고 있다.

황철곤 마산시장이 화두를 던지고, 황칠석 경남야구협회장이 바람몰이에 나서는 형태였다. 당시 경남야구협회 기자회견에 참석한 한 야구인은 이렇게 전하기도 했다.

"사실 협회에서 사람들을 모아보라고 해서 급하게 얼굴을 내밀었습니다. 내용이 뭔지 구체적으로 알지도 못했고요."

이후 황 시장은 통합 창원시장 한나라당 후보 공천에서 탈락했다. 예상대로 박완수 창원시장이 본선에 올랐다.

이런 분위기에서 상황은 의외 방향으로 흘러갔다. 6·2지방선거를 일주일가량 앞둔 5월 말, 김두관(무소속·야권 단일) 도지사 후보가 '도내 연고 프로야구단'을 언급한 것이다. 김 후보는 '마산 도시재생 프로젝트' 세부 공약으로 '민간 주도 프로야구단 창단 지원'을 공약화했다. 하지만 구체성은 떨어졌다. 한 표가 아쉬운 측면에서 부랴부랴 마련된 분위기가 역력했다. 당시 김 후보는 이달곤(한나라당) 후보와 접전을 벌이고 있던 터였다.

김두관 후보는 6·2지방선거에서 승리해 7월 임기를 시작했다. 하지만 당시 도청 고위 관계자는 이렇게 말했다.

"프로야구단 창단은 도지사가 하겠다고 공약한 사항이 아닙니다. 선거 당시 '야구단 창단 관련 움직임이 있으면 허용하는 범위에서 지원을 아끼지 않겠다'고 말한 것이 다소 와전된 것 같습니다."

2010년 11월 29일 '신생 프로야구단 창원시 유치 추진위원회'가 출범했다.
허구연(오른쪽) KBO 야구발전실행위원장이 정기방 창원시 문화체육국장으로부터
추진위원 위촉장을 전달받고 있다.

2011년 3월 31일 '엔씨소프트 제9구단 창단 승인 기자회견'이
창원컨벤션센터에서 열렸다. (왼쪽부터) 유영구 KBO 총재, 김택진 엔씨소프트 구단주,
박완수 창원시장, 김이수 창원시의장.

그 사이 또 한 번 예상치 못한 곳에서 반전 분위기가 일었다. 박완수 후보가 당선돼 시정을 이끄는 '통합 창원시'였다.

창원시·KBO 이해관계 맞아떨어져

2010년 10월. KBO가 '8개 구단 체제에서 2012년까지 2개 팀을 더 창단하겠다'는 청사진을 내놓았다. 프로야구 관중 증가로 덩치를 키울 호기였다. 허구연 당시 KBO 발전실행위원장은 유력 지역 가운데 한 곳으로 '통합 창원시'를 언급했다. KBO는 창원시와 이미 사전 교감을 나누고 있었다. KBO가 먼저 제안했고, 창원시가 이를 적극적으로 검토한 것이다.

창원시 처지에서는 통합 이후 기존 창원·마산·진해 지역민을 하나로 묶을 구심점이 필요했다. '프로야구단'은 이를 충족할 매력적인 카드였다. 무엇보다 당시 창원시는 '통합청사' 위치를 놓고 창·마·진 지역 갈등을 빚고 있었다. 지역 안배를 위해 '통합청사'에 버금가는 뭔가가 더 있어야 했다. 당시 창원시의원, 시 관계자들은 그러한 분위기를 굳이 숨기지 않았다.

"야구장은 통합청사 문제와 연관해 생각하지 않을 수 없죠. 규모 면만 보더라도 통합청사와 비교해 절대 모자라지 않습니다."

이러한 배경 속에서 '창원 연고 프로야구단 창단 추진'은 이전과 다르게 급물살을 탔다.

10월 26일, 창원시·KBO가 양해각서 체결로 첫 단추를 끼웠다. 창원

2011년 9월 6일 창원시 마산 사보이호텔에서
NC 다이노스 김경문 감독 취임 기자회견이 열렸다. (왼쪽부터)
이태일 대표이사, 김경문 감독, 이상구 단장.

시가 구장 확보 등 행정적 지원을, KBO가 운영 기업을 찾기로 했다.

11월 29일, 창원시는 '신생 프로야구단 창원시 유치 추진위원회' 첫 회의를 열며 얼개 짜기에 들어갔다. 허구연 KBO 발전실행위원장이 이 회의에도 참여하며 적극적인 역할을 했다.

시는 '창원 연고 프로야구단 로드맵'을 마련했다. 2012년 2군 리그 참여, 2015년 새 야구장 건설 등이었다. 그 사이 몇몇 기업이 프로야구 창단 의향을 나타냈다. 온라인 게임 업체 '엔씨소프트'가 유력 후보로 급부상했다.

2011년 2월 8일, KBO 이사회가 마침내 '창원 연고 9구단 엔씨소프트'를 확정했다. 1982년 프로야구 출범 이후 30여 년 만에 경남 연고 구단이 탄생하게 된 것이다.

김택진 엔씨소프트 대표는 그해 3월 창원에서 열린 창단 승인 기자회견에서 이렇게 말했다.

"이제 엔씨소프트 고향은 창원입니다. 3개 지역이 통합한 창원시가 야구로 화합할 수 있도록, 감동 드라마를 선사하겠습니다."

엔씨소프트는 이후 구단명 공모로 공룡을 의미하는 '다이노스(DINOS)'를 최종적으로 확정했다.

우여곡절도 이어졌다. 창원시는 시의회에서 제기된 '신규 야구장 건설 필요성' '재원 부담을 모두 시에서 떠안아야 하는가' 등을 놓고 논란을 빚었다. 2011년 6월 28일, 시의회가 '프로야구 9구단 협약서 체결 동의의 건'을 어렵게 처리하면서 '창원시 프로야구단 유치'가 최종 마무리 됐다.

NC다이노스는 이상구 단장, 이태일 대표이사 체제하에 팀 꾸리기에 나섰다. 가장 큰 관심사였던 감독에는 김경문이 선임됐다. '김경문호' 항해가 시작된 것이다.

창원 연고 프로야구단 창단 경과

2014년 4월 8일	황철곤 통합 창원시장 예비후보 '야구단 창단' 공약
2011년 5월	김두관 도지사 후보 '민간 주도 프로야구단 창단' 지원 공약
2010년 10월	KBO, 2개 구단 창단 의지 드러내며 '창원 연고' 거론
2010년 10월 26일	창원시-KBO 9구단 창단 관련 양해각서 체결
2010년 11월 29일	창원시 유치추진위원회 출범
2010년 12월 22일	엔씨소프트 프로야구단 창단 의향서 제출
2011년 1월 11일	KBO 이사회 '9구단 창단 가결' '연고·기업 결정은 유보'
2011년 2월 8일	KBO 이사회 '창원 연고 확정' '엔씨소프트 우선 협상 결정'
2011년 3월 21일	엔씨 이상구 초대 단장 선임
2011년 3월 31일	창원서 창단 승인식·기자회견
2011년 5월 9일	이태일 대표이사 선임
2011년 6월 28일	창원시의회 '프로야구 9구단 협약서 동의의 건' 처리 유치 최종 확정
2011년 8월 2일	구단 명칭 'NC 다이노스 프로야구단'
2011년 8월 31일	김경문 초대 감독 선임
2011년 11월 18일	2012 시즌 유니폼 공개

롯데자이언츠, 창원 연고구단 창단에 몽니

"9구단 시기상조" 끝까지 반대

롯데자이언츠는 1982년 프로야구 출범 이후 부산을 제1 연고로, 마산을 제2 연고로 삼았다. 롯데는 매해 많지 않은 경기를 마산에 배정, 지역 팬 원성을 샀다. 그러던 롯데가 창원 연고 구단 창단 과정에서 '몽니'를 부렸다.

2011년 1월 11일. KBO가 이사회를 열어 '프로야구 9구단 창단 여부'를 결정할 예정이었다. 하지만 '창원 연고 팀 창단'은 이날 확정되지 못하고 유보됐다. 롯데 반대 때문이었다.

허구연 KBO 발전실행위원장이 그로부터 얼마 후 창원을 찾아 롯데에 대한 불편한 심기를 내비쳤다.

"결국은 롯데 반대로 유보된 게 맞습니다. KBO는 구단보다 크게 힘이 없기 때문에 이를 고려하지 않을 수 없습니다. 하지만 롯데가 경남에 대한 연고를 주장할 수 있는 근거는 아무것도 없습니다."

창원시도 가만히 있지 않았다. 시는 '9구단 유치 철회 고려'로 KBO를 압박했다. 당시 시 관계자는 이런 말로 결연한 뜻을 나타냈다.

"창원 연고 팀 창단이 롯데 반대로 또다시 유보되면, 우리 시민들이 롯데 구단 항의 방문, 1인 시위, 롯데 제품 불매운동에 나설 수도 있을 것입니다. 이러한 걷잡을 수 없는 사태로 이어지지 않길 바랄 뿐입니다."

2월 8일, KBO 이사회가 재차 열렸다. 7개 구단 대표는 '창원 연고 구단 창단'을 환영했지만, 롯데는 끝까지 반대 뜻을 나타냈다. 이사회는 결국 표결로 '창원 연고 구단 창단'을 통과시켰다. 롯데 대표 참석자는 불쾌한 기색을 감추지 않으며 회의석상을 제일 먼저 빠져나갔다.

롯데가 이토록 반대한 이유는 표면과 속내가 다르다. 겉으로는 '아직 프로야구 기반이 다져지지 않은 상황에서 새 구단 창단은 시기상조'라는 것이었다. 하지만 결국엔 자신들 제2 연고지가 사라지는 문제 때문이었다. 당시 롯데 구단 관계자는 〈경남도민일보〉에 이렇게 말했다.

> "밥그릇 차원의 문제가 전혀 없다고 하지는 않겠습니다. 하지만, 그것이 전부는 아닙니다. 성적 등 부실 구단이 나오는 것을 미연에 방지하자는 차원이 큽니다."

창원 연고 NC다이노스는 2014년 70승 1무 57패(승률 0.551)로 3위를 차지했다. 1군 정규리그 두 번째 시즌 만이었다. 그해 롯데는 58승 1무 69패(승률 0.457)로 7위를 기록했다.

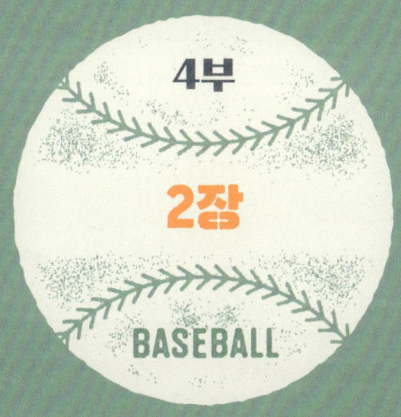

4부 2장

2012년 '김경문 호' 닻 올리다

NC다이노스,
창단 첫해부터 거침없었다

프로구단 면모 갖춰

2011년 2월 창단이 확정된 NC다이노스는 이후 발 빠르게 '프로구단 면모'를 갖춰 갔다.

시작은 김경문 감독 선임이었다. 2011년 8월 NC는 김경문 전 두산베어스 감독과 계약기간 3년, 총 14억 원에 감독 계약을 체결했다. NC가 김경문 감독을 선택한 이유는 명확했다. 김 감독은 '화수분 야구'로 불릴 정도로 어린 선수 발굴에 뛰어난 성과를 보였고, 2008년 베이징올림픽에서는 9전 전승으로 금메달을 따며 '챔피언 스피릿'까지 갖춘 인물이었다. 신생팀 한계를 넘어 승리 갈증에 목마른 연고지 팬 기대에 부응하는 데 김 감독만 한 사람도 없었던 셈이다.

그즈음 NC '창단 멤버'도 하나둘 모습을 드러냈다. 애초 NC는 2012 신인선수 지명회의(1차 드래프트)에서 10라운드까지 15명 안팎의 선수(1~2라운드가 끝난 뒤 특별지명 형식으로 5명 더 선발)를 뽑았고, 두 차례 트라

NC 포수조가 한문연 코치 지도 아래 훈련하는 모습.

이아웃(프로 적성을 검사하고 실기를 테스트하는 행사)과 신고 선수 영입 등을 거쳐 50여 명 규모 선수단을 구성할 예정이었다.

NC가 지명회의 우선지명권을 활용하여 선택한 카드는 '좌우 원투펀치'였다. 2011년 8월 NC는 대학 최고 왼손 투수 노성호와 고교 최정상급 오른손 투수 이민호 지명을 발표, 팀 마운드부터 확실히 다졌다.

NC는 '숨은 보석' 찾기에도 분주했다. 프로 구단 선택을 받지 못한, 상무·경찰청 소속 제대 예정 선수를 살피며 원석 고르기에 나선 것이다. 상무·경찰청 소속 미지정 선수들은 고교 졸업반 선수보다 신체적인 잠재력은 떨어질지 모르나 프로 매뉴얼을 어느 정도 익힌 터라 신생팀 NC에는 안성맞춤이었다.

NC 스카우트팀 레이더에 걸린 긴 상무 소속 이창호(투수)와 경찰청 소속 오현민(투수), 김종찬·신창명(이상 외야수), 이성엽(내야수), 이렇게 5명이었다. '군 5인방'이라고도 불린 이들 지명과 관련해 당시 박동수 NC다이노스 스카우트 팀장은 "이창호는 학창시절 유격수와 1번 타자를 맡았을 정도로 재능이 뛰어난 선수였다"면서 "2군 리그에서 검증된 기량과 프로 무대를 꿈꾸는 도전 정신을 높게 평가했다"고 밝혔다.

NC의 거침없는 영입 행보는 2012 신인선수 지명회의와 두 차례 트라이아웃을 거치며 절정을 맞았다. 먼저 8월 말 열린 신인선수 지명회의에서 NC는 1라운드 9순위로 박민우(내야수)를 선택한 데 이어, 특별지명으로 김태우(포수), 노진혁(내야수), 강구성(외야수), 김태형·이형범(이상 투수)을 차례로 지명했다. 이어 NC는 3~10라운드 김성욱(외야수), 강진성(내야수) 등을 호명하며 내·외야를 강화했다. 지명회의에서 NC가 2라운드

1순위로 지명한 나성범(외야수)은 특히 큰 주목을 받았다. 한 달 후 NC가 나성범과 계약금 3억 원, 연봉 2400만 원에 입단 계약을 체결한 것이다. 계약금 3억 원은 2012년 신인 지명 선수 가운데 최고 대우에 해당했다.

지명회의 이후 열린 트라이아웃에서도 선수 영입 열기는 계속됐다. NC는 9·11월 두 차례에 걸쳐 연 트라이아웃을 통해 투수 11명, 포수 1명, 내야수 7명, 외야수 2명 등 22명의 선수를 뽑았다. 합격자 명단에는 미국 메이저리그 애틀랜타 브레이브스 산하 마이너리그에서 7시즌을 뛰었던 정성기(투수)를 비롯해 황덕균·한윤기(이상 투수) 등이 이름을 올렸다. 총 6명이 참가한 도내 선수 가운데서는 경남대 투수 김태진이 최종 승선했다.

이후에도 NC는 신고 선수로 박가람 등 9명을 영입했고, 11월 22일 사상 처음으로 열린 KBO리그 2차 드래프트(기존 프로선수 대상)에서는 7명(특별지명 4명 포함)을 추가 영입했다. 특히 2차 드래프트 2라운드에서 뽑은 이재학(투수)은 이후 2013년 신인왕을 차지하고 4년 연속 10승 이상을 거두며 '2차 드래프트' 성공 신화를 썼다.

두 번의 드래프트와 트라이아웃 등으로 선수단 60명이 갖춰진 사이, 12명의 초대 코칭스태프 구성도 끝났다. NC는 박승호 수석코치를 시작으로 투수 부문에 최일언·김상엽, 타격 부문에 김광림 코치 등을 선임했다. 한국 프로야구 최초로 2000안타·500도루 대기록을 이룬, 마산고 출신 전준호 코치는 주루 부문을 맡았고, 2004년 롯데에서 지도자 길을 시작한 이동욱 현 NC다이노스 감독은 수비 코치로 동행을 시작했다.

2011년 말에는 '깜짝 선물'이라 불릴 만한 일도 있었다. 2005년 롯데

2012년 4월 14일 NC다이노스 창단 첫 공식 홈경기.

자이언츠 소속으로 18승 7패 평균자책점 2.46을 기록, MVP를 수상하기도 했던 손민한의 NC 이적 소식이 전해진 것이다.

2006년 10승, 2007년 13승, 2008년 12승을 거두며 꾸준한 활약을 펼치던 손민한은 2009년 이후 어깨 부상에 따른 부진으로 1군 마운드에 서지 못했다. 급기야 2011년에는 롯데에서 방출 통보를 받기도 했다. 그런 손민한에게 김경문 감독은 "야구 선배로서 다시 기회를 주고 싶다"며 손을 내밀었고, 손민한은 자신에게 찾아온 마지막 기회를 놓치지 않았다. 이듬해 입단테스트를 거쳐 정식으로 NC 선수가 된 손민한은 2013년 28경기에 등판해 5승 6패 9세이브 3홀드 평균자책점 3.43을 기록, 팀 맏형으로서 부족함 없는 역할을 했다.

퓨처스리그 새 역사

착실하게 시즌 준비를 한 성과는 곧바로 나타났다. 2012년 11개 팀이 참가한 퓨처스리그(남부·북부리그)에서 남부리그(NC·삼성·한화·롯데·넥센·KIA)에 속한 NC는 성적과 인기를 동시에 잡으며 국내 프로야구에 활력을 불어넣었다.

2012년 4월 11~12일 전남 강진에서 넥센을 상대로 치른 개막 2연전에서 1승 1패를 거둔 NC는 14일 마산구장에서 롯데 2군을 맞아 역사적인 홈 개막전을 열었다. 빈약한 선수층에다 1군 무대가 아닌 2군에서 시작하는 탓에 우려와 관심이 교차했지만, 당시 창원 팬은 마산을 왜 '야구성지'라 부르는가를 확실히 보여줬다. NC 홈 개막전이 열린 마산구장에는 9865명의 관중이 운집했다. 이에 애초 외야 쪽은 개방하지 않을 예정

2012년 4월 14일 NC다이노스 창단 첫 공식 경기를 앞둔 선수들 모습.

이었던 구단은 인터넷 예매를 통해 내야석이 모두 매진되자 부랴부랴 외야를 개방해 팬 입장을 도왔다. 그동안 '그들만의 리그'로 진행된 퓨처스리그에 1만 명에 육박하는 관중이 경기장을 찾은 것은 이례적인 일이었다. 창원 시민이 자신의 지역을 주된 연고로 하는 프로야구단을 얼마나 갈망해왔는지 알 수 있는 대목이었다.

NC 선수단도 지역 팬 관심에 제대로 화답했다. 개막전에서 NC는 4타수 4안타 4타점 맹타를 휘두른 김종찬을 앞세워 롯데를 8-1로 꺾었다. 이후 NC는 거침없이 나아갔다. NC는 9월 11일 리그 6경기를 남겨두고 일찌감치 남부리그 우승을 확정했다. 이어 NC는 9월 21일 넥센과 치른 리그 최종전에서도 승리하며 퓨처스리그 최고 승률(60승 5무 35패, 0.632)을 기록했다. 그해 타선에서는 나성범을 비롯해 조평호·이명환·마낙길·강구성·강진성·박민우 등이 맹활약했다. 마운드에서도 퓨처스리그 최다승 주인공인 이재학과 황덕균·노성호·김태형·김진성·문현정·정성기·민성기 등이 뒤를 받쳤다.

NC는 결과적으로 출범 첫해 '성공 신화'를 썼지만, 사실 시즌 개막 당시만 해도 야박한 평가를 받았다. 대부분 '2군 리그에서 중간만 하면 다행일 것'이라는 시선이 지배적이었다.

2011년 10월 NC는 강진 훈련을 시작으로 서귀포, 애리조나 스프링캠프까지 거의 120일 동안 단내 나는 훈련을 계속했지만 전력에는 항상 물음표가 따라다녔다. 시즌 초반 롯데전 3연승을 비롯해 4승 1패 상승세를 탔을 때도 '언제까지 잘하나 보자'는 의심의 눈초리가 많았다. 하지만 NC는 탄탄한 마운드와 공격 야구를 바탕으로 상승세를 타기 시작하더니

'2012 퓨처스 남부리그 우승'을 확정한 NC다이노스 선수단 환영행사가 9월 11일 마산야구장에서 열렸다.

김경문 감독이 퓨처스 남부리그 우승 소감을 밝히고 있다.

7월 퓨처스리그 팀 가운데 가장 먼저 40승 고지에 오르며 1위 자리를 굳게 지켰다. 이후 넥센이 맹렬하게 추격을 시도했지만 NC는 더더욱 강해졌다. 8월 15일 이후 치른 14경기에서는 11승 2무 1패라는 경기력을 선보이며 프로야구계에 신선한 충격을 안겼다.

NC가 쓴 반전 드라마 밑바탕에는 사령탑 김경문 감독의 노하우와 경륜·리더십이 있었다. 특히 그해 5월 KBO 이사회에서 2014년으로 예정됐던 NC의 1군 진입을 1년 앞당기기로 하면서 선수단 사기는 하늘을 찔렀다. 여기에 2013 시즌 '즉시 전력감'을 발굴하고자 하는 코칭스태프 의지와 '나도 할 수 있다'는 선수단 결의, 창원 팬의 열정적인 응원까지 더해지면서 NC는 신생 강팀으로 거듭날 수 있었다.

물론 시즌이 끝난 후에도 NC를 둘러싼 의문은 일부 남았다. '1군에서는 승승장구하기 어려울 것'이라는 말로 대표된 그 의문은 곧 프로 스포츠의 냉혹한 현실을 보여줬다. 또 하나, 2012년 6월 모기업 NC소프트 최대 주주가 바뀌면서 구단이 연고지를 계속 유지할 것인지에 대한 우려도 고개를 들었다. NC 구단은 2013년까지 운영에 변화가 없을 것이라고 공언했지만, 구단 말대로 되더라도 2년 뒤 구단 운영이 어떻게 될지는 아무도 장담할 수 없었다.

NC로서는 퓨처스리그 우승에 마냥 취해있을 시간이 없었다. NC는 다시 전열을 가다듬었다. NC는 2012년 8월 신인선수 지명회의에서 뽑은 윤형배·이성민·장현식·손정욱·윤강민(이상 투수) 등 15명에 더해 11월 특별지명 선수로 김종호(외야수), 모창민·조영훈(이상 내야수), 김태군(포수), 고창성·이승호·조영훈·이태양·송신영(이상 투수) 등을 영입하며 전력 강

NC 퓨처스리그 홈 경기를 보기 위해 경기장을 찾은 창원 팬들.

화에 나섰다. 이어 FA 시장에서는 이호준·이현곤(이상 내야수)까지 영입하며 신생팀에 부족한 '경험'을 더했다. 그 사이에는 김경문 감독 이하 박승호 1군 수석코치와 한문연 2군 수석코치 체제를 핵심으로 하는 코칭스태프 선임도 마무리됐다. 이후 NC는 국내 마무리 훈련을 끝내고 애리조나 투손에서 치를 스프링캠프 준비에 열을 올렸고, 전력을 한층 키워줄 외국인 선수 영입에도 발 빠르게 움직였다.

우려는 여전했지만 그만큼 기대도 컸다. 지역 야구팬 관심에 보답하고자, 퓨처스리그 우승 영광을 재현하고자 NC는 한 발 한 발 '1군 무대'를 향해 갔다.

지역 야구팬
'진짜 우리 연고팀' 갈망 해소

기존 마산야구장 리모델링

NC다이노스는 새 야구장 건설 이전까지 기존 마산야구장을 홈으로 사용해야 했다. 이에 창원시는 예산 100억 원을 들여 6개월간 마산야구장 리모델링을 진행했다. 시·구단은 우선 선수단을 위해 실내운련상·체력단련장·식당을 새로 만들었다. 외야 쪽 불펜을 독립된 공간으로 조성했고, 더그아웃을 2단으로 확장했다.

시·구단은 무엇보다 '팬들의 편안한 야구 관람'에 방점을 뒀다. 기존 2만 1663석이던 좌석이 1만 6000석으로 대폭 줄었다. 그만큼 1인당 관람 공간을 넓혔다는 의미다. 대표적으로 데이블석을 대폭 늘렸다. 또한 불펜 가까이에 익사이팅존, 그리고 고급 단체 관람을 위한 스카이박스를 만들었다. 이 밖에 낡은 본부석 친징을 교체했다. 경기장 선체는 NC 팀 색깔인 짙은 파랑으로 통일됐다. 1982년 준공 당시 시멘트 바닥 관람석이었던 점을 상기하면 '마산야구장의 변신'이었다.

지역 야구팬들은 2012년 비록 2군(퓨처스) 리그였지만 발걸음을 멈추지 않으며 화답했다. NC는 홈 개막전 9865명 등 그해 홈 58경기에서 관중 13만 943명을 기록했다. 경기당 평균 2297명이었다. 2군 리그, 대부분 낮 경기로 치러졌다는 점에서 의미 있는 수치였다. 이는 곧 '진짜 우리 연고 팀'에 대한 갈망 해소이기도 했다. 물론 지난 30여 년간 마음 준 '롯데'에 대한 애정 또한 여전히 한쪽에 존재하는 분위기였다. NC 팬들이 롯데 선수들을 향해 '마' 혹은 '쫌'을 외치는 모습이 익숙해지는 데는 시간을 좀 더 필요로 했다.

리모델링에 들어간 마산야구장.

리모델링을 끝낸 마산야구장.

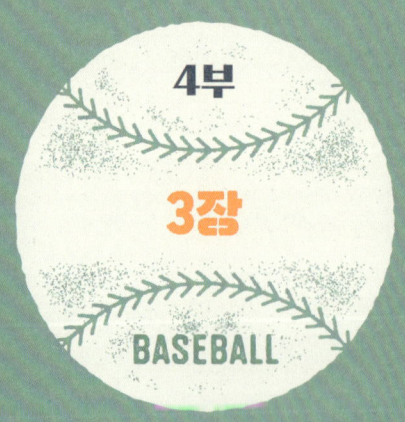

2013~2015시즌
거침없는 항해

공룡구단 1군 입성
두 시즌 만에 가을야구 돌풍

2013년 호된 신고식 후 순풍

2013년, NC다이노스가 마침내 1군 정규리그에 모습을 드러냈다.

그 역사적인 첫 경기가 4월 2일 마산야구장에서 롯데를 상대로 열렸다. 오후 6시 30분 경기였지만, 입장권은 오후 3시 40분께 일찌감치 동났다. 1만 4163석 매진이었다. 암표상이 이런 호기(?)를 놓칠 리 없었다. 5000원인 외야 티켓이 3만 원, 5만 원까지 치솟았다. 말 그대로 부르는 게 값이었다.

경기 결과는 아쉬웠다. NC 선발 아담 월크가 6이닝 무실점으로 호투했다. 하지만 NC는 불펜진 난조로 0-4 영봉패를 당했다. 모창민이 1회 첫 타석에서 중전 안타를 기록하며 'NC 통산 1호 안타'에 이름 올렸다.

NC는 개막전 패배를 시작으로 7연패 수렁에 빠지며 호된 신고식을 치렀다. 그리고 4월 11일 마침내 첫 승을 따냈다. 서울 잠실 LG전에서 이재학의 6이닝 무실점 호투에 힘입어 4-1로 승리했다.

NC다이노스 정규리그 첫 경기가 2013년 4월 2일 마산야구장에서 열렸다.
김경문 감독이 입장하는 모습.

NC는 4월 한 달간 4승 1무 17패 승률 0.190에 머물렀다. 손발 맞지 않는 엉성한 플레이로 22경기에서 실책 27개를 범했다. 하지만 NC는 이후 달라진 모습을 보이기 시작했다. 5월부터 7월 17일까지 24승 2무 28패로 승률 0.444를 기록했다.

NC는 전반기를 28승 3무 45패 승률 0.368로 마쳤다. 그리고 후반기 5할 가까운 승률을 이어갔다. NC는 결국 2013시즌 52승 4무 72패 승률 0.419로 마무리했다. 정규리그 첫해 9개 팀 가운데 7위에 이름 올렸다. 특히 롯데를 상대로 6승 2무 8패를 기록하며 '아우 매서움'을 각인시켰다.

'노장의 힘'이 컸다. 마운드에서는 손민한이, 타격에서는 이호준이 버팀목 역할을 했다. 손민한은 그해 6월, 1407일 만에 선발로 복귀했다. 그리고 한 달간 3승과 평균 자책점 0.77로 월간 최우수선수에 뽑혔다. 손민한은 2013시즌 모두 28경기에 나와 5승 6패 9세이브 3홀드 평균자책점 3.43을 기록했다. 이호준은 126경기에 출장해 타율 0.278, 20홈런, 87타점을 기록했다.

투수 이재학은 '10승(평균 자책점 2.88)' 고지를 밟으며 토종 에이스임을 증명했다. 나성범은 106경기에 나와 14홈런, 64타점으로 차세대 거포를 예고했다. 허구연 MBC 해설위원은 나성범을 향해 "모처럼 괜찮은 대형 타자가 나왔다"는 말을 한동안 달고 살았다.

NC 홈 관중은 매진 6번을 비롯해 경기당 평균 8262명을 기록했다. 9개 구단 가운데 5위에 해당하는 수치였다.

김경문 감독은 첫 시즌을 마치고 나서 이렇게 말했다.

마운드 위 든든한 노장 손민한.

타격에서 중심을 잡아준 이호준.

NC다이노스 2013시즌 마산 홈 야간 경기 모습.

"과거 선수로, 코치로, 감독으로 마산구장을 찾을 때마다 무서웠던 것이 사실입니다. 하지만 과거와는 전혀 달라진 응원 문화와 팬들의 성숙함에 고개 숙일 수밖에 없었습니다. 경기력이 형편없었던 시즌 초반에도 열화와 같은 박수와 고생했다는 한마디를 아끼지 않았습니다. 가슴 깊이 박혀 있습니다."

2014·2015년 잇따라 가을 야구

NC는 2013시즌 안착 후 이듬해 곧바로 돌풍을 일으킨다. 시즌 직전 타 구단 감독들은 NC를 '다크호스 1순위'로 꼽았다. 예상대로였다. NC는 4월에만 15승 10패를 기록하며 '신생팀 꼬리표'를 실력으로 떼 버렸다. NC는 시즌 내내 상위권 자리를 유지했고, 결국 70승 1무 57패 승률 0.551로 당당히 3위를 차지했다.

NC는 특히 탄탄한 마운드를 자랑했다. 팀 평균자책점이 4.29로 전체 1위였다. 찰리·에릭·웨버 외국인 3인방과 토종 에이스 이재학이 39승을 합작했다. 원종현이 73경기에 등판해 팀 허리를 지탱했고, 마무리 김진성은 25세이브로 뒷문을 지켰다.

타선은 '나이테 트리오(나성범·이호준·테임즈)'가 있었다. 3명은 합작 90홈런, 300타점을 뽑아냈다. 팀 전체 홈런은 143개로 리그 3위였다.

무엇보다 신구 조화가 빛났다. 노장 이호준·손민한·이종욱·손시헌은 그라운드 안팎에서 팀 중심을 잡아줬다. 박민우는 타율 0.298, 50도루로 신인왕에 등극했다.

두 번째 시즌 만의 '가을 야구'가 마산야구장에서 펼쳐졌다. 지역 야

NC다이노스는
2014시즌 가을야구를 경험한다.

구팬들은 지난 2000년 롯데 준플레이오프 때 가을 야구 경험을 하긴 했다. 하지만 '진짜 우리 연고 팀' NC 가을 야구는 다른 감회일 수밖에 없었다. 홈 매진은 당연했다.

NC 준플레이오프 상대는 4위 LG였다. 큰 경기 경험 부족은 어쩔 수 없었다. NC는 홈 2경기를 내리 패하고 1승을 만회했지만, 4차전을 내주며 1승 3패로 한 해 농사를 마무리해야 했다.

NC는 2014시즌 흥행몰이를 이어가지는 못했다. 매진은 단 2번밖에 없었다. 평균 관중은 전년도보다 1000명가량 줄어든 7297명에 머물렀다. 9개 구단 가운데 8위에 해당했고, 전체 평균 관중 1만 1302명을 크게 밑돌았다.

NC는 세 번째 시즌인 2015년 한 단계 더 도약했다. '첫 플레이오프 진출'이었다.

NC는 시즌 전 불펜 원종현이 대장암 판정으로 전력에서 이탈하며 불안에 휩싸였다. 하지만 최금강·임정호가 그 빈자리를 메웠다. 임창민은 '특급 소방수'로 거듭났다. 그리고 해커(19승)·손민한(11승)·이재학(10승)·이태양(10승), 4명이 10승 고지를 밟았다.

방망이는 1번 박민우부터 9번 김태군까지 주전 야수 9명이 규정 타석(446)을 소화한 것과 동시에 100안타 이상을 기록했다.

무엇보다 에릭 테임즈는 '역대급 외국인 선수'에 이름 올렸다. 테임즈는 '40홈런-40도루' 신기원을 이뤘다. 그리고 타율(0.381)·득점(130)·장타율(0.790)·출루율(0.497) 4관왕을 비롯해 타격 전 부문 톱5에 들었다. 사이클링 히트도 두 차례 기록했다. 정규시즌 MVP는 당연히 테임즈 몫이었

2014년 10월 19일 마산야구장에서 열린
NC-LG의 준PO 1차전.

다. NC는 테임즈를 비롯해 나성범·박석민·해커까지 4명의 골든글러브 수상자를 배출했다.

    NC는 84승 3무 57패 승률 0.596로 정규시즌 2위를 차지했다. 1위 삼성에 2.5게임 차 뒤진 2위였다. 전년도 준플레이오프에 이어 한 단계 더 높은 '플레이오프 직행'을 이룬 것이다.

    '가을야구'는 또 아쉬움으로 막을 내렸다. NC는 두산과의 플레이오프에서 1패 후 2연승을 거두며 한국시리즈행 부푼 꿈을 키웠다. 하지만 1차전에 이어 4차전서도 두산 선발 니퍼트에 꽁꽁 묶여 0-7로 패했다. NC는 마지막 5차전 마산 홈에서 4-6으로 분루를 삼키며 한국시리즈행을 다음으로 기약해야 했다.

역대 신생팀 창단 초기 성적 비교

NC, 빙그레·쌍방울·KT보다 빠른 연착륙

<신생 팀 창단 후 3시즌 성적>

팀	연도	승	무	패	승률	순위	팀수
빙그레	1986년	31승	1무	76패	0.290	7위	7팀
	1987년	47승	4무	57패	0.454	6위	
	1988년	62승	1무	45패	0.579	2위	
쌍방울	1991년	52승	3무	71패	0.425	6위	8팀
	1992년	41승	1무	84패	0.329	8위	
	1993년	43승	5무	78패	0.361	7위	
NC	2013년	52승	4무	72패	0.419	7위	9팀
	2014년	70승	1무	57패	0.551	3위	
	2015년	84승	3무	57패	0.596	2위	
KT	2015년	52승	1무	91패	0.364	10위	10팀
	2016년	53승	2무	89패	0.373	10위	
	2017년	50승	0무	94패	0.347	10위	

NC는 첫 시즌 '탈꼴찌 성공', 두 번째 시즌 '준플레이오프 진출', 세 번째 시즌 '플레이오프 진출'을 이뤘다. 이는 이전 신생팀과 비교하면 놀라운 성과임을 알 수 있다.

'빙그레 이글스'는 제7 구단으로 탄생해 1986년 첫 정규리그에 참여했다. 빙그레는 이때 31승 1무 76패 승률 0.290이라는 초라한 성적으로 꼴찌를 했다. 빙그레는 이듬해 6위(승률 0.454)로 탈꼴찌에 성공하는 데 만족해야 했다. 그리고 1988년 2위를 차지하며 3번째 시즌에서야 강팀 반열에 녹아들었다.

'쌍방울 레이더스'는 제8 구단으로 참여해 1991년 첫 시즌 52승 3무 71패 승률 0.425로 공동 6위를 차지, 다음을 기대하게 했다. 하지만 쌍방울은 1992년 8위(승률 0.329), 1993년 7위(승률 0.361), 1994년 8위(승률 0.393), 1995년 8위(0.369)로 5년간 하위권에서 벗어나지 못했다. 쌍방울은 1996년에야 3위(승률 0.563)를 차지하며 만년 꼴찌 이미지를 벗었다.

제10 구단 'KT 위즈'는 2015년 첫 시즌 52승 1무 91패 승률 0.364를 비롯해 2017년까지 3년 연속 최하위에서 벗어나지 못했다.

즉, NC는 상대적으로 '일찍 생성된 강팀 DNA'라는 수식어를 달만 하다.

새 야구장 위치 선정 지역간 갈등

창원시-NC다이노스-KBO(한국야구위원회)는 구단 창단 과정에서 '새 야구장 건설'을 약속했다.

그런데 창원시는 통합 이후 옛 창·마·진 지역 간 갈등을 빚고 있었다. 새 야구장 문제도 그 소용돌이에 휩싸였다. '통합 청사' '새 야구장' '대형 상징물'을 각 지역에 안배하는 방안이 공공연하게 논의됐다. 새 야구장 위치 선정이 합리적 과정보다는 정치적 역학 관계에 따라 결정될 수 있음을 예고했다.

창원시는 '새 야구장 위치 선정 타당성 조사 용역'을 진행했다. 장단점 종합 결과 '창원종합운동장 내 보조경기장' '마산종합운동장'이 상위권에 포함됐다.

하지만 2013년 1월 30일, 창원시는 '진해 육군대학 터'를 새 야구장 터로 선정했다고 공식적으로 밝혔다. 시는 '지역균형발전 차원'을 가장 큰 이유로 들었다. '진해 육군대학 터'는 용역에서 11번째 순위였다. 완공 시기, 접근성 등에서 낮은 평가를 받았다.

야구계 안팎에서 반발 목소리가 높았다. KBO는 NC 구단 연고지 이전 가능성까지 거론하며 시를 압박했다. NC 또한 새 야구장 입지 변경을 KBO에 요청했다.

시도 이런 분위기에 '원점서 재논의 가능성'을 내비치기도 했다. 특히 2014년 6·4지방선거는 큰 전환점이 됐다. 안상수 전 한나라당 대표가 창원시장으로 당선됐다. 그는 선거 과정에서 'NC와 충분한 협의' '시민여론 수렴 후 재결정' 뜻을 밝힌 바 있다.

2012년 4월 14일 NC 마산 홈경기에서 시구를 하고 있는
(오른쪽부터) 허성무 경남도 정무부지사, 박원수 창원시장, 김이수 창원시의회 의장.

안 시장은 당선 이후 실제 이를 공론화했다. NC 구단은 마산종합운동장 자리 선호 뜻을 거듭 내비쳤다. 주된 이유는 △마산 야구 100주년이 지닌 역사성 △위치 선정 타당성 조사에서 높은 평가 △완공 기한 고려 등이었다.

시는 결국 2014년 9월 4일 새 야구장 위치를 '마산종합운동장'으로 변경 확정했다. 지역사회는 또 한 번 후폭풍을 겪었고, 이 과정에서 시의원이 안 시장에게 계란을 던지는 안타까운 사건도 벌어졌다.

애초 새 야구장 완공 계획 시점은 2015년 3월이었지만, 물리적으로 불가능했다. 시는 2019시즌 개막에 맞춰 개장하기 위해 잰걸음을 옮겼다.

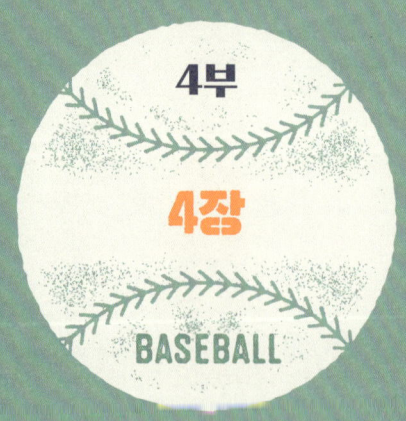

4부 4장

2016~2018시즌 도약과 추락

4년 연속 가을야구 뒤에 찾아온 성적 부진

다사다난했던 2016년

2014~2015년 잇따라 가을야구 무대를 밟은 NC다이노스 상승세는 2016시즌에도 계속됐다. 단, NC는 경기력과는 별개로 많은 악재에 시달리며 다사다난한 한 해를 보내야 했다.

2016시즌을 앞두고 NC는 박석민을 FA(자유계약)로 데려오면서 강력한 우승 후보로 급부상했다. 전력 누수 없이 취약한 3루 포지션에 국내 최정상급 야수를 보강한 것인데, 덕분에 팬들 우승 기대감 역시 치솟았다. 기대와 달리 출발은 다소 불안했다. 시즌 초반인 4월 NC는 투타 균형이 무너지면서 5할 승률로 마감했다. 5월 들어서는 위기도 닥쳤다. 외국인 에이스 해커가 팔꿈치 통증으로 전력에서 이탈한 것인데, 5월 17일 1군 명단에서 제외된 해커는 이후 두 달간 1군 마운드에 서지 못했다.

NC는 이 같은 위기를 '신인급 선수' 활약으로 헤쳐나갔다. 대표적인 선수가 정수민이었다. 깜짝 선발 등판한 정수민은 전반기 10경기에서

2016년 11월 2일 마산야구장에서 열린 한국시리즈 4차전 패배 후
NC 선수들이 팬들에게 인사하고 있다.

3승 1패 평균자책점 4.24를 거두며 해커 자리를 메웠다. 후반기 들어서는 제구력 난조로 1군 경기에 나서지 못했지만 NC 최다 연승인 15연승을 달성하는 데 크게 기여했던 정수민이었다.

급성장한 외야수 김성욱과 김준완도 눈에 띄었다. 2015시즌까지 외야진 4옵션에 머물렀던 김성욱은 6월 이후 불방망이를 뽐내며 외야 세 자리 가운데 한 자리를 꿰찼다. 김준완은 '눈야구' 대명사가 됐다. 2013년 데뷔 이후 대주자 역할에 머물렀던 김준완은 그해 4할대 출루율을 기록하는 등 뛰어난 선구안을 선보이며 주전급으로 성장했다.

물론 '깜짝 스타' 활약만으로 긴 시즌을 쳐내기에는 역부족이었다. 특히 두산과 1위 경쟁을 이어가던 9월, NC는 외국인 투수 스튜어트가 오른쪽 어깨 근육 뭉침으로 한 달간 마운드를 지키지 못하는 아픔을 다시 겪었다. NC는 상현식·구창모 등으로 그 공백을 메웠지만 추격 동력은 한풀 꺾일 수밖에 없었다. 결국 NC는 두산에 9경기 차 뒤진 2위(83승 3무 58패)로 정규시즌을 마감했다.

정규시즌 우승을 이루지 못한 아쉬움은 가을야구에서도 되풀이됐다. NC는 플레이오프에서 LG를 시리즈 전적 3승 1패로 제압하며 창단 후 처음으로 한국시리즈 무대를 밟는 데까진 성공했다. 하지만 거기까지였다. NC는 한국시리즈에서 '판타스틱 4'라 불린 두산 선발 4인방에게 막히며 4전 전패로 우승을 내줬다.

그럼에도 NC는 두산에 열세로 평가받던 마운드에서는 팽팽한 대결을 펼치며 가능성도 일깨웠다. 한국시리즈가 끝나고 나서 김경문 NC 감독도 "팀을 잘 만들어 다시 도전하겠다"는 각오를 밝히며 NC의 다음 걸

홈 팬들이 빗속에서도 열띤 응원을 펼치고 있다.

음을 주목하게 했다.

2016시즌, NC는 성적 면에서는 새 역사를 썼지만 경기력 외적으로는 수많은 악재에 맞닥뜨렸다. 그해 NC는 프로야구계를 덮친 승부조작 파문 중심에 섰다. 7월 21일 선발투수 이태양이 승부조작에 가담한 혐의(국민체육진흥법 위반죄)로 검찰에 불구속 기소됐다. 당시 검찰에 따르면 이태양은 2015년 선발 등판한 4경기에서 승부조작을 시도하고 그 대가로 2000만 원을 받은 것으로 드러났다. 이후 이태양은 8월 1심 재판에서 징역 10월에 집행유예 2년, 추징금 2000만 원을 선고받았다. 혐의가 드러나자 NC는 이태양 선수 등록을 말소했고, KBO는 참가활동정지 제재 처분을 내렸다.

시즌 막판에는 외국인 타자 테임즈가 음주운전 단속에 적발돼 물의를 일으켰다. 테임즈는 9월 한국을 방문한 자신의 어머니와 함께 저녁식사를 마치고 귀가하던 중 경찰 음주운전 단속을 받았다. 당시 혈중 알코올 농도가 면허정지 수치인 0.056%로 나왔다. KBO는 곧 정규시즌 잔여경기(8경기)와 포스트시즌 1경기 출장 정지·500만 원의 제재금을 부과했다. NC 구단도 테임즈에게 벌금 5000달러와 사회봉사 50시간 자체 징계를 했다.

다만 테임즈는 2016시즌에도 여전히 활약했고, 이를 발판 삼아 메이저리그 밀워키 브루어스와 3년 총액 1500만 달러(약 175억 원) 입단 계약에 성공했다. 테임즈는 KBO 2014~2016시즌 3년간 통산 390경기에 출장해 124홈런 382타점 343득점 타율 0.349 출루율 0.451 장타율 0.721라는 무시무시한 기록을 남겼다. 특히 2015시즌 KBO리그에서 아무도 밟지 못했던 '40(홈런)-40(도루) 클럽'에 자신의 이름을 올리며 리그 MVP를 수상했다.

2017년 10월 11일 롯데와의 준PO 3차전에서
적시타를 터뜨린 이호준(왼쪽)이 환호하고 있다.

가장 길었던 가을

외국인 선수 2명 교체(맨쉽·스크럭스 합류)와 함께 2017시즌을 열었던 NC는 정규시즌 내내 2위를 확고히 지키다가 후반기 두산·롯데 질주에 밀려 4위로 떨어졌다.

NC 부침에는 선발 마운드 붕괴가 컸다. 4월에는 외국인 투수 해커와 맨쉽을 제외한 국내 선발진이 흔들리며 조기강판을 밥 먹듯 했고, 5~6월에는 기세 좋던 맨쉽마저 부상으로 두 달간 1군 명단에서 빠졌다. 구창모·장현식 등 젊은 투수들은 기복이 심했고, 이재학마저 제 역할을 해주지 못했다. 그해 NC 선발투수 퀄리티스타트(6이닝 이상 3자책점 이하 투구)가 48회로 10개 구단 가운데 9위에 머물렀다는 점은 NC가 겪은 마운드 위기를 잘 보여준다. 선발진 부진은 곧 불펜진 과부하로 이어졌다. 치열한 순위 다툼이 한창이던 시즌 막판, 피로가 누적된 불펜진마저 붕괴하며 NC는 4위로 정규시즌을 마감했다.

그래도 창단 후 '네 번째 포스트시즌'을 맞은 NC였다. 정규시즌 5위와 와일드카드 결정전(WC)부터 치러야 하는 불리한 위치해 놓인 NC였으나, NC는 보란듯이 이를 헤쳐나갔다. SK와 맞붙은 와일드카드 1차전에서 NC는 타선 파괴력을 앞세워 10-5 단판으로 승부를 매듭짓고 준PO에 올랐다. 준PO에서 NC는 5차전까지 가는 명승부 끝에 롯데를 3승 2패로 제압했다. 3년 연속 PO 진출이라는 성과는 덤이었다.

한국시리즈(KS)를 향한 마지막 관문에서 만난 건 2016시즌 KS에서 NC에 4전 전패 치욕을 안겼던 두산이었다. NC는 지난 아픔을 씻고자 분전했지만, WC-준PO를 치르는 동안 누적된 피로와 불펜진 구위 저하로

김경문 감독은 2018시즌 성적 부진에 중도 사퇴 아픔을 겪었다.

또 한 번 패배(1승 3패)를 맞아야 했다.

그러나 꾸준한 가을야구 경험은 NC를 저력 있는 팀으로 성장시켰다. NC는 첫 포스트시즌 경험이었던 2014년 준PO 4경기, 2015년 PO 5경기, 2016년 PO·KS 8경기를 넘어, 2017시즌 10경기로 가장 긴 가을을 보냈다. NC의 긴 가을나기에는 타선 공이 컸다. 2016년 KS 4경기에서 2득점으로 침묵했던 타선은 2017 포스트시즌에서는 맹타를 휘둘렀다. 와일드카드 1차전에서 홈런 2개를 포함해 13안타 10득점으로 SK 마운드를 무너뜨린 NC는 롯데와 준PO 5경기에서 51안타(6홈런)를 쏟아부으며 32점을 쓸어담았다. 타선은 PO에서도 4경기 동안 안타 49개(6홈런)를 몰아치며 28득점으로 제 몫을 해줬다.

에이스 해커 역투도 빛났다. 해커는 당시 준PO 1·5차전과 PO 3차전 3경기에 등판했다. 준PO에서는 완벽했다. 해커는 1차전 선발 등판해 7이닝 8피안타 2볼넷 1실점(1자책)으로 시리즈 기선을 제압하는 데 앞장섰다. 2승 2패로 맞선 5차전에서도 해커는 6.1이닝 4피안타 2볼넷 무실점 완벽투를 선보이며 팀을 PO로 이끌었다. 2경기 평균자책점 0.68을 기록한 해커는 시리즈 MVP에 선정되기도 했다. 비록 해커는 승리가 절실했던 PO 3차전에서 부진했지만 여전히 '2017년 NC의 PO행에 가장 큰 기여를 한 선수'로 회자하고 있다.

긴 가을 뒤에는 이별도 찾아왔다. 2013시즌부터 NC 소속으로 팀 중심을 잡아줬던 맏형 이호준이 현역 은퇴 뜻을 밝힌 것이다. NC 구단은 그해 9월 30일 넥센전에서 그의 은퇴식을 열어줬고 1만 1000명 만원 관중이 함께 이호준의 제2 인생을 축복했다. 이호준은 이 자리에서 "팬 여

NC 제2대 사령탑을 맡은 이동욱 감독.

러분의 뜨거운 함성을 가슴에 품고 더 멋진 이호준이 되겠다"라고 고마움을 전했다.

창단 첫 꼴찌 수모와 변화

2018시즌 NC가 받은 최종 성적표는 144경기 58승 1무 85패 승률 0.406이었다. 4년 연속 가을야구 대신 남은 건 팀 창단 이후 최악의 등수(10위)였다.

시즌 시작 전만 해도 NC에는 장밋빛 미래가 있었다. 내부 FA 3인방 손시헌·이종욱·지석훈과 계약에 성공하며 전력 변화를 줄였고, 새 외국인 투수 왕웨이중과 로건 베렛, 베테랑 최준석 등을 품은 까닭이었다. 전지훈련에서 부활을 알린 '원조 에이스' 이재학과 2017시즌 이닝이터 면모를 뽐낸 장현식, 쇼완 구장모 존새도 기대감을 키우는 요소였다.

하지만 NC는 잇단 부상에 발목이 잡혔다. 스프링캠프에서 팔꿈치 통증을 호소, 조기 귀국한 장현식이 시작이었다. 시즌 시작 전부터 구상했던 '선발 라인업'이 꼬인 셈이었는데, 이후에도 NC는 권희동·박석민·임창민·모창민 등의 이탈을 지켜봐야 했다. 부상과 별개로 일부 선수 부진도 이어졌다. 2017시즌 테임즈 빈자리를 메웠던 스크럭스는 좀처럼 살아나지 못했고 베렛은 부진을 거듭하다 2군행을 통보받았다. 1선발 왕웨이중도 체력 저하로 1군을 이탈해야 했다. 온전치 않은 전력·경기력은 곧 결과로 이어졌다. 팀은 최다 연패 타이인 9연패 수렁에 빠지더니 5월에는 리그 최하위로 내려앉았다.

6월 들어서는 다소 충격적인 소식까지 안았다. 창단 때부터 NC를 이

끌어온 김경문 감독의 중도 하차가 결정난 것이다. 우승 트로피는 없지만 거의 매 시즌 팬에게 '가을야구'를 선물했던 김 감독은 씁쓸한 이별을 해야만 했다.

유영준 감독대행 체제로 치른 후반기 들어서도 NC 상황은 크게 달라지지 않았다. 선수들은 건강을 되찾았지만 경기력은 좀처럼 올라오지 않았다. 선발 마운드는 후반기 리그 최하위권인 262.2이닝밖에 소화하지 못하며 불펜 부담을 키웠다. 후반기 타율 0.279를 기록한 타선은 기복이 심했다. 9월 한때 NC는 7연승을 달리며 '고춧가루 부대'로 맹위를 떨치기도 했지만 좋은 흐름을 끝까지 이어가진 못했다.

창단 후 최악의 성적표를 받은 NC 아픔은 곧 강력한 보강·도약 의지와 통 큰 투자로 이어졌다. 데이터 야구에 밝은 이동욱 전 수비코치를 새 감독으로 임명하며 변화 불씨를 지핀 NC는 새 외국인 투수 루친스키, 버틀러에 이어 'FA 최대어' 양의지를 품었다. '포수난'을 완벽히 씻으며 단번에 리그 상위권 전력을 갖추게 된 셈이었다.

NC는 새 야구장 이사까지 앞두며 지난 7년에 이은 '구단 제2막'을 준비했다.

NC 2016~2018시즌 성적

연도	승	무	패	승률	순위	가을야구
2016년	83승	3무	58패	0.589	2위	KS 진출
2017년	79승	3무	62패	0.560	4위	PO진출
2018년	58승	1무	85패	0.406	10위	진출 좌절

36년 간 야구팬들에게 추억을 안긴 마산야구장.

36년 추억 남기고
역사 속으로 사라진 마산야구장

NC 창단 후 팬 302만 명 방문

2018년을 끝으로 창원 마산야구장은 "프로야구 1군 무대"에서 은퇴했다. NC가 2019시즌부터 마산야구장 옆에 준공한 창원NC파크 마산구장을 사용하기로 한 까닭이다.

NC 창단 이후 마산야구장에는 7년간 302만여 명의 팬이 찾았다. NC가 마산야구장에서 남긴 최종 성적은 222승 7무 187패.

이보다 앞서 롯데 제2 홈구장 시절, 1년에 몇 차례뿐인 프로야구 경기를 즐기고자 수많은 팬이 이곳을 찾았다. 1982년 프로야구 창단 때부터 2018년까지, 한 해도 쉬지 않고 프로야구와 동고동락해 온 마산야구장이었다.

1982년 마산에서 열린 전국체육대회를 치르고자 지은 마산야구장은 같은 해 9월 개장했다. 이후 구장은 롯데자이언츠 제2 홈구장으로 사용됐다.

최초 1만여 명을 수용했던 마산야구장은 1997년 규모를 2만 1663석까지 늘렸다. 2011년 NC가 창원에 뿌리를 내리면서 마산야구장도 변신했다. 2012년 1만 6000석으로 수용 인원을 줄인 게 한 예다.

NC 1군 데뷔 첫해인 2013년을 앞두고는 대대적인 리모델링도 했다. 콘크리트 바닥이던 외야석은 등받이가 있는 좌석으로 바뀌고, 기존 테이블석에는 가림판이 설치됐다. 메이저리그에서 사용하는 흙을 공수해 타석과 마운드에 입히고 20인용 스카이박스(전용관람석) 4곳도 마련했다.

마산야구장에서 마지막 경기를 끝낸 선수들이 팬들과 그 의미를 되새기는 행사를 하고 있다.

수용 인원은 1만 4164석으로 줄었지만 과거보다 좌석 간 폭이 넓어져 쾌적한 야구 관람이 가능해졌다. 2014년 수용 인원을 1만 3700석으로 줄인 마산야구장은 2015년 마지막 리모델링을 통해 1만 1000석의 오늘날 모습으로 바뀌었다.

NC 창단 이후 마산야구장에는 열정적이면서도 성숙한 응원 문화가 자리 잡았다. 응원에 힘입은 NC도 마산야구장에서 추억을 쌓으며 강팀 입지를 다져갔다.

2013년 4월 13일 SK전에서 권희동의 마산야구장 첫 홈런이자 3점포를 앞세워 1군 데뷔 첫 승을 거둔 NC는 같은 해 5월 2일 LG 3연전에서 첫 싹쓸이를 달성했다. 그해 6월 5일 이호준은 SK전에서 최초 만루포를 쐈고, 8월 30일에는 나성범이 최초 홈구장 장외홈런을 터뜨렸다. 마운드에서는 4월 11일 이재학이 최초 승리를 거둔 데 이어 9월 10일 찰리 쉬렉이 최초 두 자릿수 승리를 완성했다.

이후 NC는 마산야구장과 함께 승승장구했다. 2015년 10월 18일에는 첫 포스트시즌을 치렀는가 하면 2016년 11월 1일에는 사상 첫 한국시리즈를 열기도 했다.

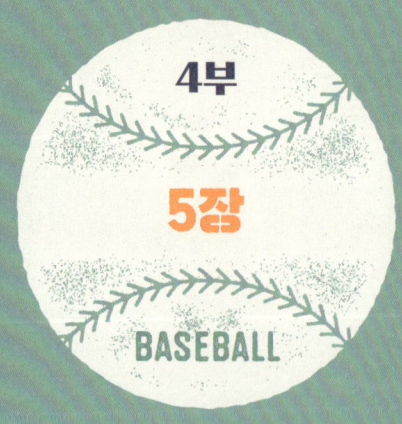

2010년대
아마야구

연고팀 NC다이노스 존재가
아마야구 자극제로

지역 고교야구 쌍두마차인 마산용마고·마산고는 2010년대 들어 부활 신호탄을 쐈다. 이는 NC다이노스 창단 시점과 맞물려 있다. 지역 연고 프로팀 존재 자체가 아마야구에 엄청난 힘을 불어넣은 것이다. 아마야구 지도자들 말에서 좀 더 구체적인 이유를 알 수 있다. "NC 창단 전에는 지역 유망주들이 외부로 많이 유출됐습니다. 이제는 그런 걱정은 하지 않습니다." "실력 있는 도내 유망주들을 충분히 스카우트할 수 있을 뿐만 아니라, 심지어 타지에서도 데려올 수 있게 있습니다." 하지만 '4대 메이저대회(청룡기·황금사자기·대통령배·봉황대기)' 우승은 여전히 꿈으로 남아있다.

마산용마고 창단 이후 최고 전성기

마산용마고는 2004년 '대붕기 전국고교야구대회' 우승 이후 전국대회에서 멀어졌다. 특히 2000년대 말부터 2010년대 초반까지 선수 수급

마산용마고는 2015년 전국체전에서 사상 첫 단독 우승 기쁨을 맛봤다.
선수들이 김성훈 감독을 헹가래 치는 모습.

에 어려움을 겪기도 했다. 하지만 2012년 김성훈(48) 감독 부임 이후 팀을 재정비하며 꽃을 피웠다.

2011년 전국적으로 고교야구 주말리그가 도입됐다. 마산용마고는 2012년 주말리그(경상권) 전반기 준우승을 차지하며 부활 채비를 했다.

마산용마고는 2013년 9월 '제41회 봉황대기 전국고고야구대회'에서 4강에 오르며 전국대회에 다시 이름을 올리기 시작했다.

그리고 2014년 '4대 메이저대회' 무관 한풀이에 나섰다. 마산용마고는 5월 '제68회 황금사자기 고교야구대회'에서 광주동일고·야탑고·동산고·유신고를 잇따라 격파하며 결승에 올랐다. 지난 1964년 이후 이 대회 50년 만의 결승 진출이었다. 하지만 마산용마고는 결승서 서울고에 3-11로 패하며 고개를 떨궈야 했다.

이 당시 마산용마고 에이스가 창원사파초-마산중을 나온 3학년 김민우(24·한화)였다. 김민우는 결승에서 3이닝 5실점으로 부진했지만, 이 대회 모두 5경기에 등판해 27과 3분의 2이닝을 소화하는 등 마운드 기둥 역할을 했다. 김민우는 이 대회 직전 '노히트노런'을 달성하기도 했다. 3월 30일 울산공고와의 주말리그서 9이닝 동안 안타 없이 볼넷 2개만 내주며 경기를 마무리 지었다. 고교야구에서 3년 만에 나온 노히트노런이었다. 김민우는 대기록 달성 후 경남도민일보에 이런 소감을 전했다.

"30일이 아버지 생신이었습니다. 아버지께 좋은 결과물을 안겨 드리고 싶었는데 기대 이상의 성과를 내 얼떨떨합니다. 이날 제 친구 임지섭(LG트윈스)도 프로 데뷔 무대에서 첫 승을 따내, 더욱 잊지 못할

마산용마고 출신 김민우.

하루가 된 것 같아요."

김민우는 2013년 팔꿈치 부상으로 1년 휴학했다. 부상을 딛고 이룬 위업이라 의미를 더했다. 김민우는 이후 2015 프로야구 2차 1라운드로 한화이글스에 입단, '야신(당시 감독 김성근)' 품에 안겼다. 김민우는 2019시즌 16경기 출전 2승 7패 방어율 6.75에 그치는 등 여전히 '미완의 대기'로 남아있다.

마산용마고는 여세를 몰아 2015년 10월 강원도에서 열린 전국체전에서 사상 첫 단독 우승을 차지한다.

마산용마고는 1회전서 충북 청주고를 5-1, 2회전서 홈 팀 강릉고를 4-0으로 꺾은 데 이어, 준결승에서 광주동성고마저 4-3으로 제압했다. 마산용마고는 대망의 결승에서 강호 경북고를 8 3으로 격파하며 우승 헹가래를 쳤다. 마산용마고는 지난 1964년 전국체전에서 공동 우승을 차지한 바 있다. 전국체전 51년 만에, 그리고 첫 단독 우승 기쁨을 맛본 것이다.

마산용마고는 2016년 '황금사자기' 준우승, 2017년 '주말리그 전·후반기' 우승, '황금사자기' 준우승, '전국체전' 준우승, 2018년 '청룡기대회' 3위, '전국체전' 2위 등의 성과를 냈다. 2019년에는 기적의 드라마를 연출하기도 했다. 마산용마고는 6월 '제73회 황금사자기 전국고교야구대회' 충훈고와의 4강에서 0-7로 뒤지다 9회말 8점을 뽑아내며 믿기지 않는 역전승을 거뒀다. 마산용마고는 결승에서 유신고에 4-10으로 패하며 준우승에 만족해야 했다.

2013년 황금사자기에서 준우승을 차지한 마산고.

마산용마고 전성기를 이끈 김성훈 감독은 2017년 세계청소년야구선수권대회 국가대표팀 코치에 발탁되기도 했다.

이런 가운데 마산용마고 출신들은 프로에서도 활약을 펼쳤다. 장원삼(36·LG)은 2012시즌 삼성에서 17승(6패)을 거두며 다승왕을 차지했다. 또한 정훈(32·롯데)은 2014시즌 13연속 출루로 당시 역대 타이 신기록을 작성했다.

마산용마고는 2020 KBO 신인 드래프트에서도 여러 선수를 입단시켰다. 김태경이 NC다이노스 1차 지명을 받았다. 2차에서는 조제영이 두산, 강재민(단국대)이 한화, 노상혁(동의대)이 NC 지명을 각각 받았다.

마산고도 전국대회 잇따라 성과

마산고 역시 2010년대 들어 의미 있는 성과를 냈다.

마산고는 2013년 6월 '제67회 황금사자기 고교야구대회'에서 깜짝 준우승을 차지했다. 결승에서 우승 후보 0순위였던 덕수고에 1-4로 패배, 창단 후 71년 만의 4대 메이저대회 우승 꿈을 이루지는 못했지만, 부활 신호탄을 제대로 쐈다.

마산고는 여세를 몰아 9월 열린 '제41회 봉황대기 전국고교야구대회'에서 1회전부터 승승장구했다. 그리고 8강서 우승 후보 경남고를 4-1로 꺾은 데 이어, 4강서 천안북일고마저 6-5로 눌렀다. 하지만 마산고는 결승에서 군산상고에 4-20으로 패하며 우승 문턱을 넘지 못했다.

마산고는 2016년 '고교야구 주말리그 전반기 경상권B 권역' 우승, '봉황대기' 8강, 2019년 '전반기 주말리그 경상권A조' 정상, '대한야구소

마산용마고와 마산고는 '4대 메이저대회' 우승을 여전히 꿈으로 남겨두고 있다.
2013년 마산고 선수들이 황금사자기 결승에서 패하자 눈물을 흘리고 있다.

프트볼협회장기 전국고교야구대회' 3위 등의 성과를 이어가고 있다.

2003년부터 마산고를 이끈 이효근(51) 감독은 청소년 국가대표팀 사령탑을 맡아 2014년 9월 '제10회 방콕 아시아선수권대회' 우승 기염을 토해냈다. 이 감독은 그해 프로야구 OB 모임인 '일구회'에서 주는 아마 지도자상, 그리고 '2014 야구인의 밤'에서 김일배 지도자상을 받았다.

마산고는 2011년 동창회 차원 후원회를 결성했다. 특히 이 학교 출신 강병중(70) 넥센타이어 회장이 매해 야구부 발전기금 3000만 원을 지원했다.

프로에서는 대표적인 마산고 출신인 전준호(50)가 2012년부터 지금까지 NC다이노스 코치로 활동하고 있다. 마산고 출신 우완 투수 김시훈(20)은 KBO 2018신인 1차 지명에서 지역 연고팀 NC 부름을 받았다. 계약금은 2억 원이었다. 김시훈은 NC 미래 에이스를 꿈꾸며 성장해 가고 있다.

한편 대학부 경남대는 2010년 '전국대학야구 하계리그전' 4강, 2012년 '대통령기 전국대학야구대회' 4강, 2015년 '전국대학야구 춘계리그전' 준우승 등을 거뒀다.

중등부는 마산동중이 2012년 '대통령기 전국중학야구대회' 3위, 2013년 'KBO총재배 전국중학야구대회' 3위를 기록했다. 특히 2016년 '전국소년체육대회 중등부'에서 대망의 우승을 거뒀다.

창원신월중은 2012년 '전국소년체육대회 중등부' 준우승, 2013년 '전국중학야구선수권대회' 준우승, 2014년 'KBO총재배 전국중학야구대회' 준우승 등의 성과를 남겼다.

초등부는 마산양덕초가 2014년 '전국소년체육대회 초등부' 준우승에 이어 2019년 같은 대회에서 마침내 우승을 차지했다.

마산무학초는 2010년 'KBO총재배 전국유소년야구대회' 우승, 2018년 'U12 전국유소년야구대회' 우승을 차지하며 지역 자존심 세우기에 힘을 보탰다. 창원사파초는 2013년 'KBO총재배 전국유소년야구대회'에서 우승을 차지했다.

경남 전체적으로 보면, 2011년 3월 양산 원동중, 2011년 9월 거제 외포중이 야구부를 창단했다.

마산양덕초 소년체전 우승 이끈
백승환 감독

"지역 출신 프랜차이즈 스타 곧 나올 것"

마산양덕초는 올해 5월 전북에서 열린 '제48회 전국소년체육대회 초등부'에서 우승을 차지했다. 지난 1998년 경남에서 열린 소년체전 이후 21년 만의 정상 탈환이다. 초·중 야구에서 최고 권위 대회는 소년체전이다.

백승환(45) 감독은 팀을 맡은 이후 지난 10여 년간 소년체전에서 준우승 1번, 3위 2번을 차지했다. 눈앞에서 번번이 좌절됐던 우승을 마침내 거머쥔 것이다.

"양덕초는 2010년대 중반 이후 5년 넘게 전성기를 이어가고 있습니다. 전국에서도 최고 강팀 중 하나로 인정받고 있죠. 양덕초뿐만 아니라 우리 지역의 무학·사파초도 마찬가지입니다. 과거 지역팀은 사실 동네북이었어요. 타 지역 감독들이 추첨 때 우리와 맞붙게 되면 좋아서 '씨익' 웃을 정도였으니까요."

양덕초 같은 경우 10년 전만 하더라도 선수 9명 구성조차 빠듯할 정도였다. 지금은 30명가량으로 넘쳐날 정도라고 한다. 되레 타 지역에서 전학 오는 학생도 적지 않다고 한다.

백 감독은 그 전환점이 결국 NC다이노스 창단이었다고 강조한다. NC는 지난 2011년 창단해 2012년 2군 리그, 2013년 1군 리그에 합류했다.

"프로야구 연고 팀이 있고 없고는 엄청난 차이입니다. 과거 광주·부산지역 초·중·고 팀이 잘나갔던 것도 결국 해태(현 KIA)·롯데가 뒤에 있었기 때문입니다. 우리 역시 NC다이노스 창단으로 그 후광효과를

백승환 마산양덕초 감독.

마침내 보게 된 거죠. NC 구단이 지역 아마야구에 용품 등을 지원해 주는데, 그게 엄청난 힘이 됩니다. 특히 우리 양덕초는 야구장에서 가장 가까운 학교라는 점도 무시하기 어렵습니다. 무엇보다도 우리 선수들이 다른 지역으로 떠날 필요가 없게 된 겁니다. 과거에는 초등 시절 잘나가면 부산으로 가 버리곤 했으니까요. 이제 지역에 남아 NC 프로 입단 꿈을 키울 수 있게 된 거죠."

양덕초는 조정훈(34·용마고 코치)·정훈(32·롯데)·김시훈(20·NC) 같은 유명 선수들을 배출했다. 정훈 같은 경우 양덕초와 좀 더 특별한 인연을 두고 있다. 정훈은 마산용마고 졸업 후 2006년 현대 육성 선수로 들어갔지만 1년 만에 유니폼을 벗어야 했다. 정훈은 프로 끈을 놓지 않으며 홀로 몸만들기를 이어갔는데, 이때 양덕초에서 코치 활동을 병행했다. 2009년 당시 박동수(58) 마산용마고 감독 권유로 롯데 테스트를 받으며 입단에 성공할 수 있었다.

2019년 5월 소년체전 우승 직후 마산양덕초 학부모들이 백승환 감독을 헹가래 치고 있다.

"정훈은 완전 꾀돌이로 센스가 넘쳐나죠. 그리고 어릴 때부터 다부졌습니다. 여기서 코치하다가 프로에 다시 갈 정도이니 근성은 두말할 필요도 없죠."

백 감독은 지역 아마야구 분위기를 이렇게 전했다. 역시 NC 이야기를 빼놓을 수 없다.

"창원NC파크에서 올해 정규시즌 72경기가 열렸습니다. 아이들이 아빠·엄마 손 잡고 야구장을 찾습니다. 자연스레 야구에 익숙해지는 겁니다. 그 속에서 야구에 대한 꿈을 키우기도 합니다. 그 수가 이전과 비교해 10배는 늘었다고 봐야죠. NC가 창단한 지 10년이 채 되지 않았잖아요, 이제 지역 출신 스타들이 본격적으로 나오기 시작할 겁니다."

제5부

2019~
창원NC파크

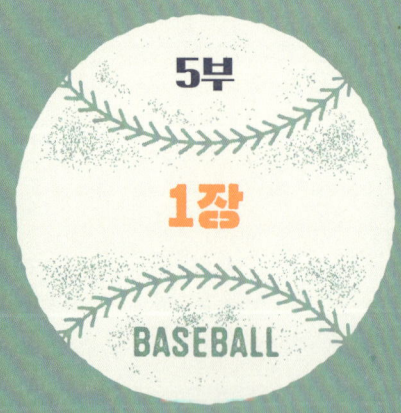

'꿈의 구장' 마침내 탄생

시민 통합 구심점으로 우뚝 선 창원NC파크

지난 2010년 10월 26일 '창원시-KBO 신규 프로야구단 유치 업무 협약식' 자리. 박완수 당시 창원시장은 이렇게 말했다.

"창원시가 프로야구단을 유치하면 우선 마산야구장을 리모델링해 사용할 것입니다. 동시에 일본 히로시마와 미국 피츠버그 구장처럼 지역민의 구심점 역할을 하는 새로운 야구장을 건립하겠습니다."

그로부터 8년 5개월이 흘렀다. 2019년 3월 18일 '창원NC파크'가 개장했다. 우여곡절 끝에 탄생한 '꿈의 구장'이라 의미를 더했다.

창원시는 2011년 2월 '프로야구단 유치 확정 이후' 새 야구장 건설에 재빨리 눈 돌렸다.

박완수 시장은 2011년 11월 미국 출장에 올랐는데, 앞서 언급한 '미국 피츠버그 야구장'을 직접 둘러보고 왔다. 이후 박 시장은 돔구장 건설

2019년 3월 개장한 창원NC파크

을 언급하기도 했다. 하지만 이를 위해 필요한 예산이 3000억 원가량 된다는 점에서 현실성과 거리 멀었다.

지역사회는 바다를 끼고 있는 것으로 유명한 '미국 샌프란시스코 AT&T파크'를 롤모델로 거론하기도 했다.

반면 지역 정치권은 야구장을 얼마나 내실 있게 짓느냐에는 관심 없었다. 통합 창원시 태생적 한계를 드러내듯, 제각각 창원·마산·진해지역 유치만을 외치고 나섰다.

창원시는 새 야구장 위치 검토 대상을 모두 34곳으로 잡았다. 그리고 '새 야구장 위치 선정 타당성 조사 용역'을 진행했다. 그 결과 '창원종합운동장 내 보조경기장' '마산종합운동장'이 유력 후보로 떠올랐다.

하지만 창원시는 2013년 1월 '진해 육군대학 터'를 새 야구장 위치로 발표했다. 야구계 안팎의 반발이 이어졌고, 안상수 시장 체제로 바뀐 창원시는 2014년 9월 그 위치를 '마산종합운동장'으로 변경 확정했다.

창원시는 기존 마산종합운동장을 헐고 그 자리에 야구장을 짓기로 했다. 그리고 △타당성 조사와 기본계획 수립(2015년 1월) △공유재산관리계획 승인(2015년 3월) △설계 공모 공고(2015년 5월) △공모 당선작 선정(2015년 8월) △도시관리계획 결정(2015년 10월) 등의 행정 절차를 이어갔다.

창원시는 마침내 2016년 5월 공사에 들어갔다. 그리고 새 야구장은 그로부터 2년 10개월 후 그 위용을 드러냈다. 2019년 3월 18일 마침내 새 야구장 개장식이 열린 것이다.

허성무 창원시장은 이렇게 말했다.

새 야구장을 짓기 위해 철거되는 마산종합운동장.

마산종합운동장 자리에 들어선 창원NC파크.

"새 야구장이 시민 통합과 화합의 구심점 역할, 그리고 새로운 랜드마크로 자리매김할 것으로 기대합니다."

NC다이노스 선수단도 들뜬 마음을 감추지 못했다.

(이동욱 감독) "소개팅 나가는 느낌입니다. 새로 사귀어야 할 친구를 만나는 거니까요. 창원시·구단이 힘을 모아 선수단에 너무 좋은 친구를 보내주었습니다."

(투수 이재학) "선수들 공간도 너무 좋아요. 라커룸은 기존 마산야구장과 비교할 수 없을 정도입니다. 너무 좋아서 야구를 잘해야겠다는 생각밖에 들지 않습니다."

새 야구장은 총넓이가 4만 9000㎡, 지하 1층·지상 4층으로 만들어졌다. 2만 2112석(지정좌석 1만 8370석) 규모다. 펜스 거리는 좌우 101m, 중앙 122m다.

새 야구장 특징은 관중 친화적 설계다. 팬들이 어느 곳에서든 막힘없이 경기를 볼 수 있는 개방형 구조다. 관중석·필드 거리는 보통 20m 안팎인데, 이곳은 14.7m다. 국내 야구장 최초로 에스컬레이터(1~4층 운영)를 설치했고, 전광판은 가로 33m, 세로 18m로 국내 세 번째 크기다. 조명탑은 낮게, 음향시설은 울림을 적게 해 빛·소음 공해를 최소화하기도 했다. 야구장 주변은 잔디밭·분수광장 등 공원화했다.

시는 애초 예산 확보 문제로 애를 태우기도 했다. 결국 국비 155억 원, 도비 200억 원, 시비 815억 원, NC구단 100억 원, 이렇게 모두 합쳐 1270억 원을 투입했다. 구장 명칭을 놓고 또 한 번 홍역을 치렀다. 우여

기존 마산야구장.

현재 창원NC파크.

곡절 끝에 '마산야구센터 창원NC파크 마산구장'이라는 기형적 명칭으로 마무리됐다.

'창원NC파크' 공식 경기 첫 홈런 주인공은 아쉽게도 다른 팀 선수 몫이었다. 3월 19일 프로야구 시범경기 NC다이노스-한화이글스 경기에서 한화 김민하가 구장 첫 아치를 쏘아 올렸다. 구창모는 이날 경기 선발에 나서 '창원NC파크' NC 첫 선발에 이름을 올렸다.

NC는 '창원NC파크' 정규시즌 첫 경기에서 삼성을 7-0으로 제압하며 기분 좋은 출발을 했다. NC 외국인 타자 베탄코트는 1회 담장을 넘기며 '창원NC파크' 정규시즌 첫 홈런 주인공이 됐다. '창원NC파크' 정규시즌 첫 경기는 현장 판매분 없는 매진을 기록했다. 2만 2112명이 꽉 들어찬 '창원NC파크'는 더욱 장관을 연출했다.

NC는 '꿈의 구장'에서 첫 시즌을 마무리했다. 2019시즌 홈 72경기 총 관중 수는 71만 274명이었다. 경기당 평균 관중 수가 지난해 6200여 명에서 9864명으로 대폭 늘었다. 애초 창원시가 기대했던 평균 관중 1만 3000명, 구단이 최소 목표로 잡았던 평균 1만 명에는 미치지 못했다. KIA가 '광주-KIA 챔피언스필드' 개장 첫해(2014년) 기록한 홈 평균 1만 366명, 삼성이 '대구 삼성라이온즈파크' 개장 첫해(2016년) 기록한 1만 1825명보다 뒤처지는 수치다. 하지만 '창원NC파크'는 지역 명소로 안착하고 있다. 경기 없는 주말, '창원NC파크' 주변 잔디광장에는 가족 나들이객 발걸음이 이어지고 있다.

이런 야구장을 보며 격세지감을 느끼는 이가 있다. 마산상고 출신으로 1930~50년대 야구를 한 김성길(93) 옹이다.

"어릴 적 중앙운동장(지금의 마산 중앙동 장군천 인근)에서 야구 시합이 종종 있었죠. 경기 열린다는 얘길 들으면, 자산동에 살던 저는 걸어서 땀 뻘뻘 흘려가며 보러 가곤 했죠. 선수 시절엔 비 조금만 오면 운동장이 진흙탕으로 변했죠. 거기서 뒹굴면서 그냥 하는 거예요. 평소에도 땅이 안 좋으니 슬라이딩 조금만 하면 유니폼이 찢어지고 그랬죠."

그가 창원NC파크를 찾아 둘러보며 이렇게 혼잣말을 했다.

"어휴, 잘해놨네, 너무 잘해 놨어…."

프로구단-지자체 새 구장 짓기 '붐'

2002년 SK 시작으로 KIA·키움·삼성도 새 둥지

각 프로야구단은 2000년대 이후 새 구장 건설에 눈 돌렸다. 물론 해당 지자체 공동 진행이었다.

SK와이번스는 2000년 창단 후 기존 '인천 숭의야구장'을 홈으로 사용하다, 2002년 지금의 'SK행복드림구장' 시대를 열었다. 개장 당시만 해도 기존 야구장과 차별화된 관중 친화형 구장으로 주목받았다.

새 구장 물꼬는 2010년대 들어 제대로 터졌다. KIA타이거즈 '광주-KIA 챔피언스필드'가 2014년, 키움히어로즈 '서울 고척 스카이돔'이 2015년, 삼성라이온즈 '대구 삼성라이온즈파크'가 2016년 각각 개장했다.

KT위즈는 2013년 창단 후 1989년 건립된 낡은 수원야구장을 사용해야 했다. KT위즈와 수원시는 리모델링에 들어갔고, 신축에 버금가는 최신식 구장으로 재탄생시켰다. 지금의 '수원 케이티위즈파크'다.

이 밖에 포항야구장이 2012년, 울산 문수야구장이 2014년 개장해 각각 삼성·롯데 제2 홈으로 사용되고 있다.

과거 잠실·사직야구장은 최대 3만 5000명까지 수용할 수 있었다. 마산야구장도 한때 2만 1663명까지 가능했다. 하지만 관중 편의·여유 공간 확대로 수용 규모는 줄어든 추세다.

2019년 기준 관중석 규모로 보면 △서울 잠실야구장 2만 5000석 △부산 사직야구장 2만 4500석

프로야구 10개 구단 홈 구장

팀	구장명	건립 연도	관중석
한화	대전 한화생명 이글스파크	1964년	1만 3000석
두산	서울 잠실야구장	1982년	2만 5000석
LG			
롯데	부산 사직야구장	1985년	2만 4500석
SK	인천 SK행복드림구장	2002년	2만 3000석
KIA	광주-KIA 챔피언스필드	2014년	2만 500석
키움	서울 고척 스카이돔	2015년	1만 7000석
KT	수원 케이티위즈파크(리모델링, 최초 건립 1989년)	2015년	2만 800석
삼성	대구 삼성라이온즈파크	2016년	2만 4000석
NC	창원NC파크	2019년	2만 2112석

프로야구 제2연고지 구장

팀	구장명	건립 연도	관중석
한화	청주야구장	1979년	1만 500석
삼성	포항야구장	2012년	1만 5000석
롯데	울산 문수야구장	2014년	1만 2088석

△대구 삼성라이온즈파크 2만 4000석 △SK행복드림구장 2만 3000석 순이다. '창원NC파크'는 2만 2112석으로 다섯 번째에 이름 올리고 있다.

한화이글스는 1964년 건립된 '대전 한화생명 이글스파크'를 사용하고 있다. 계속 리모델링을 이어왔지만, 시설 안전 우려는 끊임없이 제기됐다. 이에 '대전 베이스볼 드림파크' 신축 계획이 진행 중이다. 대전시는 2만 2000석 규모 새 야구장을 오는 2024년 12월까지 건립한다는 계획이다. 두산·LG와 서울시도 잠실야구장을 대체할 새 야구장 건립 고민을 이어가고 있다.

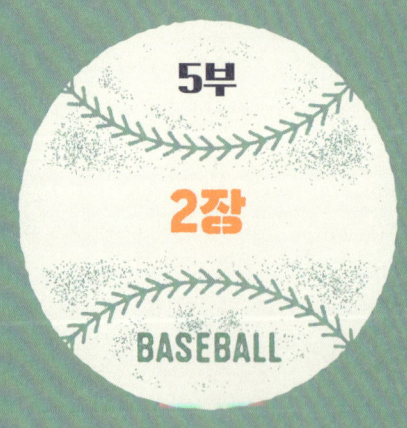

NC 2019시즌
재도약

'거침없는 항해'는 앞으로도 계속 된다

NC다이노스는 2019년 아쉬움과 희망이 공존한 한 해를 보냈다. 정규시즌에서 73승 2무 69패 승률 0.514, 리그 5위를 기록하며 가을야구 복귀에 성공했지만, '짧은 가을'을 보내며 아쉬움을 삼켰다.

위기 딛고 되찾은 가을

2018시즌 창단 첫 꼴찌라는 수모를 겪은 NC는 시즌 종료와 함께 이동욱(45) 감독을 선임하며 '개혁' 신호탄을 쐈다. '데이터를 적극적으로 활용하고 선진 야구 트렌드 이해도가 높다'는 평가를 받은 이 감독은 취임 직후 '하나 된 팀'을 앞세워 강팀 재건에 박차를 가했다. 손민한이 수석·투수코치로 팀에 합류하고 자율과 책임을 동시에 강조하는 훈련 방식을 뿌리내린 게 대표적인 사례였다.

새로운 얼굴도 NC 유니폼을 입으며 '이동욱호' 출항 기대감을 높였다. 마운드에는 메이저리그 출신 두 선수가 합류했다. 평균 구속 148km의

이동욱 감독.

직구와 커터, 스플리터 등 다양한 구종을 고루 던지는 루친스키와 한때 메이저리그 최고 유망주로 꼽히기도 했던 버틀러였다. 마이너리그 풀타임 선발 경험과 땅볼 유도 능력 등을 두루 갖춘 이들 합류는 'NC의 외인 영입 성공기 재연'이라는 평가를 불러오기도 했다.

안방과 타선에서는 양의지·베탄코트가 얼굴을 비췄다. 이들 합류로 NC는 '리그 대표 포수 왕국' 도약 기대감도 높였다. 특히 전술 운용 폭을 넓히고 타선 화력도 더하게 되면서 2019시즌을 향한 NC 발걸음은 그 어느 때보다 가벼웠다.

하지만 모든 게 뜻대로 되진 않았다. 시즌 초·중반 NC는 부상에 발목이 잡히며 삐걱거렸다. 개막 전 나성범·박민우·구창모가 나란히 부상을 당한 건 시작에 불과했다. 개막 후 얼마 지나지 않아선 창원NC파크 1호 홈런 주인공 베탄코트가 팀을 이탈했고, 시즌 초반 절정의 타격감을 뽐내던 모창민도 15경기 만에 햄스트링 부상을 당하며 1군을 떠났다.

그럼에도 NC는 쉽게 흔들리지 않았다. 이동욱 감독 '용병술'에 대체 선수들이 완벽히 화답한 덕분인데, 김영규·김태진 등이 그 중심에 섰다. 김영규는 공격적인 투구와 신인답지 않은 노련함으로 새로운 토종 에이스 탄생 기대감을 높였다. 김태진은 빠른 발과 장타력을 앞세워 중고 신인왕 물망에 오르기도 했다. 위치를 가리지 않고 활약한 이상호와 신흥 거포 이원재 성장도 NC에는 힘이 됐다. 여기에 '양의지 효과'까지 더한 NC는 '잇몸 야구' 저력을 떨치며 위기를 헤쳐나갔다.

잘나가던 NC가 다시 위기를 맞은 건 5월이었다. 주축 선수이자 팀 주장 나성범이 '시즌 아웃'이라는 대형 악재를 맞은 탓이다. 같은 달

2019시즌 부상에 신음한 나성범.

11일 박석민은 발목 염증 증세로 1군에서 제외됐고, 햄스트링 부상을 털고 돌아온 모창민은 복귀전에서 부상이 재발하는 불운을 겪었다. 마운드에서는 이재학이 근육 손상 판정을 받으며 2군으로 내려갔다.

잇단 부상에 NC가 뽐낸 '잇몸 야구' 효과도 떨어지기 시작했다. 6월 외국인 투수 버틀러 부상과 베탄코트 부진, 불펜 과부하까지 겹치자 NC 승률은 3할대로 떨어졌다. 6월 중순에는 7연패 수렁에 빠지기도 하면서 팀 순위는 가을야구 마지노선인 5위까지 떨어졌다.

결국 NC는 7월 칼을 빼들었다. 버틀러·베탄코트 동시 교체에 베테랑 외야수 이명기를 트레이드로 영입한 것이다. 결과적으로 이는 '2년 만의 가을야구를 이끈 승부처'가 됐다. 이들 합류로 NC는 다시 힘을 내기 시작했다. 나성범 공백을 메우는 동시에 팀에 기동력을 더한 이명기는 NC 이적후 245타수 67안타 15타점 0.306의 타율을 기록하는 등 베테랑 면모를 보였다. 프리드릭은 복덩이였다. NC 합류 후 선발 3연승을 달리며 'KBO리그 연착륙'을 알린 프리드릭은 이후 일부 부침을 겪기도 했지만 매 경기 팀이 바라던 이닝이터 역할을 확실히 해 줬다. 9월 18일 SK전에서 완봉승을 기록하기도 했던 프리드릭은 루친스키와 함께 원투펀치를 완성하며 '계산이 서는 야구'를 가능하게 했다. 스몰린스키는 열정적인 플레이로 팀에 힘을 보탰다. 타격에서는 일부 아쉬움을 남긴 스몰린스키였으나 탄탄한 수비력과 주루 능력 등은 팀 공격의 다변화를 불러왔다.

그 사이, 국내 선수들도 힘을 보탰다. 7월 중순까지 선발로 출전하며 18경기 5승 7패 평균자책점 4.04의 성적을 남겼던 박진우는 프리드릭 합류 후 구원으로 보직을 변경, 22경기에서 4승 4홀드 평균자책점 0.51을

2019시즌 공수에서 맹활약한 양의지.

기록하며 '믿을맨'으로 도약했다. 양의지도 제 역할을 톡톡히 해줬다. NC가 안았던 포수 공백을 단번에 지운 양의지는 수비 부담이 큰 포수임에도 타율·장타율·출루율 등 타격 세 부문에서 1위에 오르는 등 공수 양면에서 완벽에 가까운 플레이를 선보였다. 이 밖에 루친스키의 꾸준한 호투와 군 전역 선수들의 연착륙, 추석 연휴 치른 KT전 완승, 주장 박민우 리더십, 이재학·구창모 등 토종 마운드 부활 등도 빛을 발했다. 여기에 이동욱 감독 리더십까지 덧붙인 NC는 7월 이후 24승 1무 20패 승률 0.545를 기록하며 '가을야구 복귀'에 성공했다.

이동욱 감독은 정규시즌 종료 후 가을야구를 있게 한 '승부처' 장면들을 뽑기도 했다.

"모든 선수·코치진이 함께 노력한 덕분이죠. 지난해 꼴찌를 하면서 선수들 자존심이 많이 상해 있었거든요. 올해는 스프링캠프 때부터 하고자 하는 마음이 다들 컸습니다. 여기에 양의지 합류로 팀의 마이너스 부분이 플러스로 완전히 바뀌었죠. 가을야구 진출에는 양의지 영입이 가장 크게 작용했어요. 아울러 주축 선수 부상으로 어려움을 겪기도 했지만 다른 선수들이 활약하며 팀을 이끌었고요. 시즌 중간 용병을 교체한 프런트 결정에도 감사한 마음입니다."

짧았던 가을과 2020시즌

갖가지 위기를 뚫고 올라온 포스트시즌이었으나 NC의 가을은 오래가지 않았다.

NC 역대 좌완 첫 10승 고지에 오른 구창모.

10월 3일 서울 잠실구장에서 LG트윈스와 치른 와일드카드 결정전, NC는 경기 초반 분위기를 뺏기며 1-3으로 패했다. NC 처지에서는 반드시 승리가 필요한 경기였으나, 단기전에서 무엇보다 중요한 선취점은 애석하게도 LG가 뽑았다. LG가 NC를 압박한 사이, NC는 켈리에게 꽁꽁 묶였다. NC는 2019 정규시즌에서 켈리를 상대로 7타수 4안타를 기록한 이상호를 1번 타순에 배치하는 등 필승 각오를 다졌으나, 뜻한 바를 이루지 못했다. NC는 5회 1사 노진혁이 켈리의 3구째 패스트볼을 잡아당겨 오른쪽 담장을 넘기는 솔로 홈런을 터뜨렸다. NC는 상승세를 이어가지 못하며 '가을야구' 문을 닫았다. NC는 패배 후 그라운드 위에 '끝까지 응원해 주셔서 감사합니다'라는 현수막을 펼치고 팬들에게 고개 숙여 인사했다. NC 가을은 짧게 끝났지만 지난해 최하위 추락 충격을 딛고 2년 만에 포스트시즌에 복귀한 노력에 잠실구장을 찾은 팬은 힘찬 박수를 보냈다.

팬 성원과 짧은 가을은 곧 2020시즌을 한발 앞서 준비하는 밑거름이 됐다. 2019년 10월 NC는 발 빠르게 코치진을 보강하며 다음 시즌을 준비했다.

코치진 개편에 따라 2020시즌 NC 1군 수석코치는 강인권(47) 코치가 맡게 됐다. 2012년 NC 창단부터 14시즌까지 배터리 코치를 맡으며 NC 선수·코치진과 호흡을 맞춘 경험이 있는 강 수석코치는 팀에 경기 운영 능력과 경험을 보탤 예정이다. 2019시즌 N팀 수석·투수코치를 겸직한 손민한(44) 코치는 내년 투수 파트에 집중한다. 여기에 2019시즌 퓨처스 주루코치였던 이종욱(39) 코치는 NC 주루코치가 된다.

NC는 유망주 성장과 경기력 향상을 위해 기존 C(퓨처스)·D(잔류·재활)

팀을 C팀으로 합치기로 했다. 통합되는 C팀은 베테랑 지도자의 전면 배치로 선수육성을 강화하고, 코치진의 원활한 소통과 협업을 키우는 방향으로 바뀐다. 한문연(58·배터리), 김민호(58·타격), 전준호(50·작전주루) 코치 등 해당 분야에서 인정받는 지도자가 C팀을 맡는다. 이들은 C팀 선수 경기력을 끌어올리는 등 선수층 강화에 힘을 쏟을 계획이다. 손시헌(39) 코치도 C팀 수비코치가 돼 힘을 보탠다. 최근 2시즌 동안 N팀 데이터팀에서 분석업무를 한 조영훈(37)은 C팀 타격코치로 변신한다.

짧은 휴식을 끝내고 다시 대장정을 앞둔 NC. 10월 17일 시작한 마무리 훈련에서 이동욱 감독은 새 시즌 선전을 재차 다졌다.

"비시즌 기간, 감독이나 코치가 밑그림을 그리면 색칠을 하는 건 선수 몫이라 봐요. 선수들이 스스로 훈련할 수 있는 환경을 만들면서 새로운 선수 육성·발굴에도 힘쓰려고요. 올해 145경기(정규시즌 144경기와 포스트시즌 1경기) 만에 시즌을 끝내서 아쉬웠어요. 2020시즌에는 더 많은 가을야구를 할 수 있도록 준비하겠습니다."

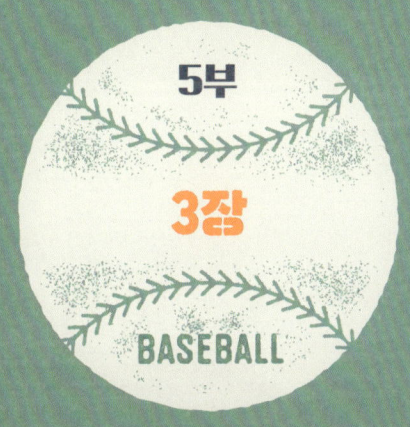

5부
3장
BASEBALL

지난 100년, 그리고 앞으로 100년

야구는 지역사회 희로애락 품은 스포츠 그 이상이다

창원시 마산합포구 육호광장에 있는 '마산야구 100년 기념 표지석'

황순현
NC다이노스 대표

"지역 연고팀 역할·책임 다할 것"

2011년 창단한 NC다이노스는 이후 '지역 상생 발전'에 힘 써왔다.

지역 학생들에게 저렴한 가격으로 프로야구 관람 기회를 주는 '스쿨데이 이벤트'를 비롯해 초등 야구대회 개최, 고교 야구부 용품 지원, 각 기관·단체와 맺은 상호협력 협약, 소외계층 후원 등이 대표적인 사례였다.

그런 NC에 2019년은 새로운 전환점이었다. 미래 창원야구 100년의 중심지가 될 '창원NC파크 마산구장'이 개장했고 다소 진통이 있었던 야구장 사용료 역시 25년 330억 원으로 매듭지은 덕분이다.

그 과정에서 NC는 앞으로 구단이 나아갈 방향만큼은 더욱 명확히 했다. 황순현(52) NC다이노스 대표 말이다.

"25년 장기 사용 협약을 맺는 등 NC가 창원시와 함께하리라는 것을 올해 다시 되새겼잖아요. 앞으로 지역 연고 팀으로서 역할과 책임을 다해야죠."

황 대표는 지역 상생 방안으로 '야구와 스포츠를 통한 공헌'을 앞세웠다. 2019년 7월 30일 NC와 경남창조경제혁신센터가 맺은 협약이 한 예다. 당시 협약을 통해 NC와 경남혁신센터는 '2020시즌~2022시즌 NC 타자가 홈런을 칠 때마다 각각 10만 원씩 적립'을 약속했다. 양측은 적립금을 경남혁신센터 보육 스타트업 지원에 사용하기로 했다. 10개 구단 체제가 된 2014년 이후 NC가

황순현 NC다이노스 대표.

매해 150개 안팎의 홈런(2014년 143개, 2015년 161개, 2016년 169개, 2017년 149개, 2018년 143개)을 친 것을 고려하면, 한 해 3000만 원가량의 돈이 모이는 셈이다.

"우리 구단이 가장 잘할 수 있는 일이 바로 이런 게 아닐까 싶어요. 스포츠를 통한 플랫폼 협동 등은 NC 구단이 지향하는 지역 상생과 잘 맞아 있죠."

이와 함께 황 대표는 야구 대회 확대에도 힘을 쏟겠다고 밝혔다. 창원상공회의소와 힘을 합친 NCO배 초등야구대회라든지, 범한배 전국중학야구대회, 리틀·사회인야구대회 그 중심이다.

"지역사회에 공헌할 수 있는 사업을 계속 고민해야죠. 지역에서 더욱 사랑받는 구단이 되는 게 우리의 목표입니다."

김정엽
창원시야구소프트볼협회장

"보는 야구서 하는 야구로 전환을"

"유소년·사회인 야구 발전, 100년 역사를 지닌 창원야구가 앞으로 나아가야 할 방향이 아닌가 싶어요."

김정엽(56) 창원시야구소프트볼협회 회장은 누구나 쉽게, 언제든지 야구를 접할 수 있어야 한다고 강조했다. 오랜 역사에 덧붙여 NC다이노스라는 지역 연고 프로구단까지 갖춘 창원 야구가 이제는 시민 삶 더 깊숙한 곳으로 파고들어야 한다는 것이다.

그동안 '보는 야구, 응원하는 야구'가 중심이 돼 왔다면 앞으로는 '하는 야구'를 적극적으로 병행해야 한다는 게 핵심이다.

김 회장은 그 시작점을 '야구장 확대'로 봤다.

"오늘날 창원시에는 88올림픽야구장 외 동호인·유소년이 쉽게 찾을 수 있는 야구장이 없어요. 88올림픽야구장 역시 조명 시설이 열악해 야간 경기를 펼치기에는 어려움이 많죠. 진해야구장이 새 단장을 하고 북면과 대산 야구장 등이 있다고 하나 시설이 부족한 건 변함없어요. 창원·마산·진해 권역별로 적어도 1곳 이상의 야구장이 있어야 한다고 봐요. 초·중·고 학생들이 체육 시간 혹은 방과 후에 야구장을 찾아 야구를 배우고 즐길 수 있는 인프라를 갖춰야죠."

김 회장은 좋은 인프라가 곧 유소년 야구 발전과도 연결된다고 자신했다. 그리고 이는 궁극적으로 국내 프로야구, 창원야구가 한 발 더 나아가는 밑거름이 될 것이라 밝혔다.

김정엽 창원시야구소프트볼협회장.

"겨울철에도 비교적 따뜻한 창원은 타지역 유소년 야구단의 동계훈련 장소로도 안성맞춤이죠. 여기에 좋은 경기장이 더해지고, 사람이 하나둘 모이면 자연히 유소년 대회 개최도 늘어날 것이고요. 지역 경제 활성화와 야구 발전을 동시에 꾀할 수 있게 되는 셈이죠. 이와 맞물려 현재 창원시야구소프트볼협회에서는 유소년 야구교실을 매해 열고 있는데, 이를 더 확장하려 해요. 아울러 범한배 전국중학야구대회 등 지역 유소년 야구대회 역시 늘려나갈 계획이고요."

그러면서 김 회장은 창원시·NC다이노스와의 협업, 창원시야구소프트볼협회 내부 변화도 반드시 필요하다고 강조했다.

"우선 협회는 투명한 회계 처리가 필요해 보여요. 이에 매월 협회 누리집에 회계 결과를 올려, 더욱 건강한 야구를 이끌 수 있도록 할 예정이에요. 지자체, 지역 연고팀과도 함께 발을 맞춰야죠. 창원시가 전국을 대표하는 야구 메카로 거듭날 수 있도록 모두 힘을 모았으면 합니다."

지역민이 함께 만들고
만들어갈 이야기들

'창원야구 100년사' 정리 작업을 이제 마무리하려 합니다. 이 지역 야구는 단순한 운동 종목 이상의 의미를 담고 있었습니다. 지역사회 시대적 애환 역시 고스란히 녹아있었습니다. 야구인, 역사학자, 기록 소장자, 지역민, 팬, 단체 관계자들은 이 지역 야구의 지난 100년, 그리고 앞으로에 대해 많은 얘길 풀어주었습니다. 이들 얘기를 요약하며 '창원야구' 지난날을 되새기고, 앞날을 그려봅니다.

김재하 창신고 교사

"마산항이 1899년 개항했습니다. 일본이 마산포로 들어와 여러 새로운 문물을 퍼트렸는데, 야구도 그 가운데 하나였을 것입니다. 창신학교 야구부가 1914년 처음 만들어졌는데, 이 학교가 어느 날 갑자기 야구를 꺼내든 것이 아니라, 그 이전부터 뭔가 꿈틀대는 게 있었다는 거죠."

박영주 지역사 연구가

"창신학교에는 민족주의 의식이 강한 사람이 많았죠. 마산 야구 탄생은 이분들 영향을 크게 받았습니다. 특히 안확 창신학교 선생이 체육을 많이 강조했습니다. 야구는 팀 경기잖아요. 조선 사람들이 힘을 합쳐 일본을 이기기 위한 한 수단으로 삼았다는 의미입니다."

2019년 3월 창원NC파크 개장식에서 허성무(왼쪽) 창원시장과
김택진 NC 구단주가 야구를 통한 화합을 염원하며 성화에 불을 붙이고 있다.

김부열 마산의신여중 교사

"1925년 국내 최초 여자야구경기가 열렸는데, 그 주인공이 마산의신여학교(현 의신여중)와 진주 시원여학교(1939년 폐교)였습니다. 당시 아이다 맥피(한국명 미희)라는 분이 마산의신여학교에서 24년간 봉직했습니다. 이분은 특히 여성 교육에 투철한 관념을 뒀습니다. 당시 학생들은 그 속에서 평등권, 민족주의, 항일 의식을 키워나갈 수 있었을 거고요. 이 학교 여학생들이 야구를 한 것도 그 맥락에서 이해될 수 있을 것 같습니다."

변종민 전 마산용마고 총동창회 사무총장

"마산상고(현 용마고)가 야구 명문으로 성장할 수 있었던 건 결국 수많은 스타 배출 덕이었습니다. 이호헌·김계현·김차열·김용일·이효헌·임정면, 그리고 유두열·박영태·한문연·박동수·공필성·장원삼·조정훈·정훈·김민우 등이 대표적입니다."

최재출 1960년대 마산상고 멤버

"당시 사령탑이 박상권 감독님이었습니다. 점잖으면서도 위트도 있으셨고, 선수들을 휘어잡는 카리스마가 탁월했습니다. 돈을 벌면 선수들에게 죄다 맛있는 걸 사주기 바빴습니다. 사재를 털어 마산상고 야구부 기틀을 다진 분이죠. 이제 성적을 좀 내려는 시기 빛도 보지 못한 채 돌아가셨습니다. 지금도 감독님 생각을 하면 눈물이 나려 합니다…."

강정일 마산고 시절 노히트노런

"1972년 노히트노런 타이틀이 평생 따라다니더군요. 잊을 만하면 매스컴에 언급되거든요. 부담도 있지만, 그것 때문에 평생 몸과 마음가짐을 더 제대로 할 수 있었던 것 같습니다. 어쨌든 저에게 야구는 행복한 기억으로 남아있습니다."

감사용 진해 야구인

"저에게 야구로 맺어진 고향 같은 곳이 진해입니다. 진해지역 같은 경우 1970년대만 해도 초·중학교에 야구부가 있었습니다. 특히 해군에서 야구를 많이 했어요. 사회인 야구팀이 있을 정도였죠. 진해공설운동장은 항상 야구하는 사람으로 붐볐습니다. 제 모교인 진해중 야구부도 여기서 훈련을 많이 했어요. 당시엔 해군이 중학교 야구부를 밀어줬습니다."

이재문 경남야구협회장

"제가 마산상고 선수 시절 광주일고와 붙었다가 졌어요. 그날 저녁 식당에서 서로 마주쳤는데요, 우리가 완전히 으르렁으르렁했죠. 우리 기에 눌려서 광주일고 선수들이 꼼짝도 못 하고 가버리더군요. 마산 야구 선수들이 유독 기가 세고 악착같은 근성이 있는 건 분명해 보여요."

한문연 지역 출신 NC 코치

"롯데가 과거 마산을 제2 연고로 할 때는 마산상고 출신이 8~9명씩 뛰고 그랬습니다. '롯데는 마산상고 없으면 안 된다'는 말까지 있을 정도였으니까요. 마산야구장에서 시합을 하면 부담도 컸어요. 워낙 관중 열기가 높아 무조건 이겨야 한다는 압박감이었죠. 그래도 마산상고 출신들은 고향 사람들 정서를 아니, 동시에 힘이 날 수밖에 없었습니다."

조정훈 프로 2009시즌 다승왕

"프로 시절에도 마산을 찾을 때면 뭔가 마음이 편안했어요. 학창 시절부터 운동하고 경기한 곳이 마산이다 보니 마치 놀이터 같기도 했죠. 마산 팬 응원 속에 오히려 편하게 던진 기억이 있어요. 지금은 모교 마산용마고에서 후배들을 가르치고 있는데요, 마산 고교야구는 2000년대 들어 진짜 전성기를 맞은 듯해요. 고교야구도 계속 응원해 주세요."

백승환 마산양덕초 감독

"아마 야구는 프로야구 지역 연고 팀이 있고 없음에 따라 엄청난 차이를 보입니다. 우리 지역도 NC다이노스 창단으로 그 후광효과를 보게 된 거죠. NC 구단이 지역 아마야구에 용품 등을 지원해 주는데, 그게 큰 힘이 됩니다. 무엇보다도 우리 선수들이 타 지역으로 떠날 필요가 없게 된 겁니다. 과거에는 초등 시절 잘나가면 부산으로 가 버리곤 했으니까요."

김성길 원로 야구인

"야구 원로들 가운데 전국에 내 위로 두 명뿐이에요. 마산 야구에 대한 옛 기억을 이렇게 전하는 게 제 마지막 역할인 것 같습니다. 제 선수 시절엔 비 조금만 오면 운동장이 진흙탕으로 변했죠. 평소에도 땅이 안 좋으니 슬라이딩 조금만 하면 유니폼이 찢어졌죠. 오늘날 후배들이 창원NC파크와 같은 세계적인 경기장에서 시합을 할 수 있어 너무 다행입니다."

조춘환(해군사관학교 교수) 야구팬

"돌이켜 보면 마산에서 야구 보기 참 어려웠죠. 마산야구장 시설도 썩 좋지 않았고, 이상하게 롯데 경기가 있는 날이면 비가 오곤 했으니까요. 장마철에만 마산 경기를 잡은 듯하기도 하고. 이젠 NC, 그리고 창원NC파크가 있으니 너무 좋죠. 야구는 역시 직관입니다. 지금껏 그래 왔듯, 앞으로도 '시즌 회원'이 되어 NC와 동행할 예정입니다."

허성무 창원시장

"새 야구장이 시민 통합과 화합에 구심점 역할을 할 것으로 기대합니다. 새로운 랜드마크로서 도시 품격을 한층 높여주고 문화 소비 거점으로서 지역경제 활성화에 큰 도움을 줄 것입니다."

이동욱 NC다이노스 감독

"2019년 한 해 잘 지어진 창원NC파크에서 팬 여러분과 선수단이 하나 돼 두근거리는 마음으로 경기를 했습니다. 이제 2020시즌을 향해 또다시 달려야 하는데요, 선수들이 스스로 훈련할 수 있는 환경을 만들면서 새로운 선수 육성·발굴에도 힘쓰겠습니다. 2020시즌에는 더 많은 가을야구를 할 수 있도록 준비하겠습니다."

손시헌 NC 퓨처스팀 수비 코치

"NC 선수 시절 우승과는 인연이 없었지만 끝날 때까지 끝난 게 아니라고 봅니다. 이제는 뛰고 싶어도 뛰지 못하는 상황이 됐습니다. 대신 지도자로서 팬들과 함께 '우승'에 다시 도전해 볼 생각입니다."

이재학 NC다이노스 투수

"창원NC파크는 선수들 공간도 너무 좋아요. 라커룸은 기존 마산야구장과 비교할 수 없을 정도입니다. 너무 좋아서 야구를 잘해야겠다는 생각밖에 들지 않았습니다."

김태경 2020 NC다이노스 신인 1차 지명

"중학교 진학 시기가 마침 NC다이노스 창단과 겹쳤습니다. 그때부터 NC에 가고 싶다는 꿈을 키웠습니다. 마산용마고에 진학해 그 꿈을 이어갔고, 현실로 이루게 됐습니다. 2020시즌 1차 목표는 1군에 빨리 올라가는 것입니다. 앞으로 NC 하면 떠오르는 선수가 되고 싶습니다."

연표

1910년대

1904년	한국 야구 시초 '황성 YMCA 야구단' 창단
1914년	마산 창신학교 야구부 창단
1915년	창신학교, 대구 계성학교와 친선 운동경기(야구 불분명)
1917년	창신학교, 대구 계성학교 친선 야구 1314 패
1917년 7월	마산팀(불분명), 제4차 도쿄 유학생 모국 방문단과 경기 패배

1920년대

1920년 4월	마산청년회, 대구청년회와 두 차례 시합 72, 172 승
1920년 9월	마산청년회, 부산진 청년단 구락부와 경기 114 승
1921년 2월	마산실업청년단, 야소교청년면려회 야구단과 시합 7점 차 승
1921년 7월	마산구락부 소속 전마산군, 제6차 도쿄 유학생 모국 방문 야구단과 경기 패
1921년 9월	마산구락부 주최 및 동아일보지사 후원으로 창신학교운동장에서 '마산야구대회' 개최. 청구·칠성·면려, 3개 팀 참가해 청구 우승
1922년 3월	마산야구계 거두였던 고 박광수·황의찬 추도회, 마산구락부 운동장에서 거행

1922년 6월	마산구락부체육부 주최 '마산소년야구대회' 마산구락부 운동장서 개최.
1922년 8월	마산체육회 발족
1923년 5월	마산체육회 주최 '마산소년야구대회' 개최. 창신공보, 보통학교 1·2팀, 주일학교, 사해, 수원, 비룡 등 8개 팀 출전해 창신공보가 우승.
1923년 6월	'신·구 마산야구경기' 마산구락부 운동장에서 개최. 한국인 중심의 구 마산팀이 일본인 중심인 신 마산팀(글로리팀)에 13 4 승
1923년 7월	마산군 '제7차 도쿄 유학생 모국 방문 야구단(조선기독교청년회)' 친선경기서 59, 812 패
1926년	김성두 등 주축으로 '마산 구성야구단' 출범
1926년 1월	마산 '중앙운동장(현 장군천 인근)' 완공
1927년 6월	구성야구단, 마산구락부운동장에서 열린 '일인실업청년회야구부실업단'과 경기에서 1716으로 승리
1928년 10월	마산체육협회 재발족, 첫 사업으로 야구대회 추진
1929년 7월	'제1회 전마산소년야구대회' 마산공립보통학교 운장서 개최. 9개팀 참가해 개신군 우승.

1930년대

1934년	쓰바메(제비) 야구단, 일본인 야구단과 친선 경기
1936년 4월	'제2회 전마산 노동야구대회' 마산구락부 운동장서 열려

1940년대

1946년 3월	마산군 실업팀 창단
1946년 6월	'제1회 마산4도시 대항대회' 마산공설운동장서 열려 서울 우승
1946년 7월	마산군 '부마 야구대항전'서 부산군에 1승 1패
1946년 8월	마산군 '제2회 월계기 쟁탈 전국도시대항대회' 출전해 2회전서 탈락
1946년 9월	마산군, 전국 순회 경기 나서
1946년 10월	마산군, 친선전 경성식산은행·경성선발군·주한미국팀 잇따라 격파

1947년	마산상업중(현 마산용마고)·마산중(현 마산고) 야구부 정식 출범
1947년 4월	마산야구협회 결성
1947년 8월	마산군, 해체됐다가 팀 다시 꾸려 제2회 전국도시대항대회 출전
1947년 8월	마산군 '제2회 전국도시대항대회' 2회전서 경성군에 0-4 패
1948년 4월	'제2회 전마산 직장별 연식 야구대회' 마산중학교에서 열려
1948년 5월	마산군, 부산 원정 친선전 3-1 승
1948년 5월	마산군, 서울팀 마산 초청전서 4-3 승
1948년 6월	마산군 '제3회 전국도시대항대회' 1회전서 인천군에 3-10 패
1948년 7월	마산중학교서 '4대 도시 대항야구리그전' 개최, 마산군 우승
1949년 4월	마산군 '부마정기대항전'서 부산군 12-2 격파
1949년 6월	마산군 '제4회 전국도시대항대회' 결승서 서울에 2-3으로 패해 준우승
1949년 8월	마산군 '마산 4도시(서울·부산·대구·마산) 대항대회' 2승 1패로 준우승
1949년 9월	마산상업중 '제1회 쌍룡기 쟁탈 전국고교대회' 1회전 탈락
1949년 11월	마산군 '4도시(부산·대구·인천·마산) 대항 야구리그전' 2승 1패로 우승

1950년대

1950년 4월	마산군, 부산서 열린 '영남 3대 도시 대항야구대회' 2승으로 우승
1950년 4월	마산군, 대구서 열린 '영남 3대 도시 대항야구대회' 1승 1패
1950년 5월	마산야구협회, 마산중학구장서 '영남 3대 도시 대항야구대회' 개최
1950년 5월	마산군 '제5회 전국도시대항대회' 1회전 탈락
1952년 10월	마산군, 대전서 열린 '제7회 전국도시대항대회(6회는 대회 무산)' 불참
1953년 8월	마산고 '제5회 쌍룡기 쟁탈 전국고교대회' 예선 탈락
1953년 9월	마산군 '제8회 전국도시대항대회' 결승서 인천군에 2-6 패배, 준우승
1954년 5월	마산체신국 '제2회 경남연식대회' 결승서 동양주정 6-3으로 꺾고 우승
1954년 9월	마산군 '제9회 전국도시대항대회' 준결승서 인천에 1-9 패배
1954년 12월	김계현·이기역 '제1회 필리핀 아시아선수권대회' 대표팀으로 출전
1955년 8월	마산고·마산상고 '제7회 쌍룡기쟁탈 전국고교대회' 출전
1955년 9월	마산군 '제10회 전국도시대항대회' 예선 탈락
1956년 8월	마산학생선발, 모국 방문 재일교포 학생야구단에 0-4 패배
1956년 9월	마산군 김상대 '제11회 전국도시대항대회'서 미기상 수상

1957년 8월	마산동중 '제4회 대통령 친서 우승기쟁탈 전국중학선수권' 참가
1958년 6월	마산야구협 주최 '제4회 영남4도시 대항대회' 개최, 마산군 준우승
1958년 10월	마산군 '제13회 전국도시대항대회(마지막 대회)' 예선 탈락

1960년대

1960년 7월	마산고, 경남야구협회 주최 '제12회 쌍룡기쟁탈 전국고교대회' 출전
1963년 7월	마산동중 '제10회 전국 중학선수권대회' 출전
1963년 7월	마산상고 '제15회 쌍룡기쟁탈 전국고교대회' 출전
1963년 10월	마산상고 '제17회 황금사자기' 2회전서 탈락, 이장길 타격상 수상
1963년 11월	마산상고 이장길 '영남지구 고교 선발' 발탁돼 일본 원정 친선전 출전
1964년 7월	마산상고 '제19회 청룡기쟁탈' '제16회 쌍룡기쟁탈' 잇따라 예선 탈락
1964년 8월	마산중 '제7회 문교부장관기쟁탈 전국중학초청대회' 참가
1964년 9월	마산상고 '재일교포학생야구단'에 15 패
1964년 9월	마산상고 '제45회 전국체전 고등부' 성남고와 공동 우승
1964년 7월	마산중 '제11회 전국중학선수권대회' 출전
1964년 10월	마산상고 '제18회 황금사자기' 준우승, 김차열 감투상, 최재출 미기상
1965년 5월	진해대야국·마산무학국 '제2회 재향군인회장기쟁탈 전국 초등학교대회' 출전
1965년 6월	마산상고 '제20회 청룡기쟁탈 전국고교선수권대회' 참가
1965년 8월	마산상고 '재일교포학생야구단'에 23 패
1965년 10월	마산상고 '제19회 황금사자기' 1회전서 춘천고에 39 패
1968년 6월	마산동중 '제11회 문교부장관기쟁탈 전국중학초청대회' 출전
1969년 6월	마산상고 '제24회 청룡기쟁탈 전국고교선수권대회' 참가

1970년대

1970년 4월	'제20회 백호기쟁탈 전국 군·실업쟁패전', 마산상고 출신 김계현 감독의 한전 우승
1970년 7월	진해중 '제13회 문교부장관기쟁탈 전국중학초청대회' 출전
1970년 10월	마산상고 '제51회 전국체육대회' 고등부 준결승서 대전고에 45패

1971년 5월	마산동중 '제1회 대통령기쟁탈 전국중학대회' 4강 진출
1971년 10월	마산상고 '제52회 전국체육대회' 고등부 4강 진출
1971년 10월	마산동중 '제18회 전국중학선수권대회' 준우승
1971년 10월	마산월포초 '제1회 회장기쟁탈 전국국민학교대회' 참가
1972년 5월	진해중 '제3회 조서희기쟁탈 전국중학대회' 참가
1972년 7월	마산상고 '제26회 전국지구별 초청고교쟁패전' 4강 진출, 김용일 미기상 수상
1972년 8월	마산고 투수 강정일 '제2회 봉황기쟁탈 전국고교대회' 숭의종고전서 노히트노런 달성
1972년 8월	마산월포초 '제2회 회장기쟁탈 전국국민학교대회' 참가
1973년 4월	한국 '제10회 아시아선수권대회(필리핀)' 준우승, 감독 김계현, 외야수 김차열
1973년 5월	마산월포초 '제4회 조서희기쟁탈 전국국민학교대회' 출전
1973년 6월	진해 도천초 '제3회 회장기쟁탈 전국국민학교대회' 출전해 장려상 수상
1974년	마산고 야구부 다시 해체
1974년 12월	마산 출신 김덕렬(제일은행), 한해 실업야구 방어율 1.00으로 1위
1975년 6월	마산상고 '제30회 청룡기쟁탈 전국고교선수권대회' 4강, 이효헌 타격상
1975년 6월	한국 '제11회 아시아선수권대회(서울)' 우승, 감독 김계현, 외야수 김차열
1975년 12월	마산상고 이효헌 '제18회 이영민 타격상' 수상
1976년 7월	마산상고 '제30회 전국지구별초청고교쟁패전' 4강, 임정면 타격상·미기상
1977년 1월	마산상고 임정면 '제19회 이영민 타격상' 수상
1978년 7월	'제30회 화랑기쟁탈 전국고교대회' 마산상고 장군길 타격상
1978년 9월	한국 '제7회 한일 고교대회' 우승, 마산상고 포수 한문연 출전
1979년 5월	마산성호초 '회장기쟁탈 전국국민학교대회' 출전

1980년대

1980년	마산고 야구부 재창단
1980년 4월	마산상고 '제14회 대통령배쟁탈 전국고등학교 야구대회' 1회전 탈락
1980년 6월	마산상고 '제35회 청룡기쟁탈 전국 고교야구선수권대회' 준우승
1980년 6월	마산동중 '제35회 전국 중학야구선수권대회' 1회전 탈락
1980년 6월	마산성호초 '제10회 회장기쟁탈 전국 초등학교야구대회' 2회전 진출
1980년 7월	마산고 '제10회 봉황기쟁탈 전국 고교야구대회' 1회전 탈락
1980년 8월	마산상고 '제32회 화랑기쟁탈 전국 고교야구대회' 4강

1980년 10월	마산상고 '제34회 황금사자기쟁탈 전국지구별 초청 고교야구 쟁패전' 8강
1981년 5월	마산고 '제15회 대통령배쟁탈 전국 고교야구대회' 2회전 진출
1981년 6월	마산고 '제36회 청룡기쟁탈 전국 중고야구선수권대회' 2회전 진출
1981년 7월	마산상고 '제33회 화랑기쟁탈 전국 고교야구' 2회전 진출
1981년 7월	마산고 '제3회 대붕기쟁탈 전국 고교야구대회' 1회전 탈락
1981년 7월	'마산 야구인' 김차열 36세 때 현역 은퇴
1981년 8월	'제11회 봉황기쟁탈 전국 고교야구대회' 마산상고 2회전 진출, 마산고 1회전 탈락
1981년 9월	마산상고 '제35회 황금사자기쟁탈 전국 고교야구쟁패전' 1회전 탈락
1981년 9월	마산성호초 '제3회 전국 국민학교 야구선수권대회' 2회전 진출
1981년 11월	마산상고 OB팀 '제3회 야구대제전' 8강
1981년	마산양덕초 야구부 창단
1981년	경남대 야구부 창단 준비 본격화
1982년	프로야구 출범
1982년 3월	경남대 야구부 창단
1982년 9월	마산야구장 첫 프로야구 경기
1983년	한일합섬 마산 연고 '제7구단' 창단 추진·무산
1984년 4월	마산고 '제18회 대통령배 고교야구대회' 4강 진출
1984년 6월	마산 용마리틀야구단 창단
1985년 7월	마산중 '제28회 체육부장관기 전국중학야구대회' 우승
1985년 9월	마산고 '제39회 황금사자기 고교야구대회' 4강 진출
1986년 5월	청강고 야구부 창단
1986년 8월	청강고 '제16회 봉황대기 고교야구대회서' 첫 승
1986년 8월	마산상고 '제16회 봉황대기 고교야구대회' 4강 진출
1988년 12월	청강고 야구부 해체
1989년	한일합섬 마산 연고 '제8구단'창단 추진·무산
1989년 9월	경남대 '제70회 전국체전' 야구종목 우승

1990년대

| 1990년 4월 | 경남대 '전국대학야구봄철리그' 4강 진출 |
| 1990년 5월 | 마산고 '제24회 대통령배 고교야구대회' 준우승 |

1991년 4월	창원 사파초등학교 야구부 창단
1993년 7월	마산상고 '제15회 대붕기 전국고교야구대회' 준우승
1993년 10월	경남대 '제48회 전국대학야구선수권대회' 준우승
1994년 5월	경남대 '제44회 백호기종합야구선수권대회' 4강 진출
1994년 5월	마산중 '제27회 전국소년체전' 야구종목 은메달
1994년 8월	마산고 '제46회 화랑대기 고교야구대회' 우승
1995년 7월	마산고 '제47회 화랑대기 고교야구대회' 3위
1995년 9월	마산고 '제49회 황금사자기 고교야구대회' 준우승
1996년 7월	마산고 '제48회 화랑대기 고교야구대회' 우승
1996년 4월	마산고 '제30회 대통령배 고교야구대회' 4강 진출
1997년 9월	마산고 '제51회 황금사자기 고교야구대회' 4강 진출
1997년 10월	마산상고 '제78회 전국체전' 야구종목 준우승
1998년 5월	양덕초 '제27회 전국소년체전' 야구종목 금메달
1999년 6월	마산상고 '제6회 무등기 고교야구대회' 3위

2000년대

2000년 7월	마산야구장 '올스타전' 개최
2000년 10월	마산야구장 '롯데 가을야구' 개최
2001년 5월	마산고 '제55회 청룡기 고교야구대회' 8강 진출
2001년 7월	마산용마고 '제23회 대붕기 고교야구대회' 우승
2002년 8월	마산고 출신(경희대 포수) 이승재 프로야구 롯데 신인 지명
2002년 8월	마산용마고 출신(경성대 투수) 장원삼 프로야구 현대 신인 지명
2003년 3월	김해고 야구부 창단
2003년 7월	마산용마고 '제55회 화랑대기 고교야구대회' 준우승
2004년 7월	마산용마고 '제26회 대붕기 고교야구대회' 공동우승
2004년 8월	마산용마고 '제38회 대통령배 고교야구대회' 4강 진출
2004년 8월	마산용마고 투수 허준혁 프로야구 롯데 신인 지명
2005년 8월	마산고 출신(동의대 투수) 신재웅 프로야구 LG 신인 지명
2006년 8월	마산고 '제40회 대통령배 고교야구대회' 8강 진출
2006년 8월	마산용마고 투수 변강득 프로야구 KIA 신인 지명

2007년 5월	김해 내동중 '제36회 전국소년체전' 우승
2007년 7월	마산고 '제59회 화랑대기 고교야구대회' 4강 진출
2007년 10월	마산고 '제88회 전국체전' 야구종목 준우승
2008년 5월	마산고 '제15회 무등기 고교야구대회' 준우승
2009년 8월	마산고 외야수 박상혁 프로야구 KIA 신인 지명
2009년 8월	마산용마고 투수 조정훈 프로야구 롯데 신인 지명
2009년 8월	마산용마고 출신(경성대 외야수) 박헌도 프로야구 넥센 신인 지명
2009년 8월	마산용마고 출신(인하대 외야수) 오정복 프로야구 삼성 신인 지명

2010~2019년

2012년 5월	마산고 '제66회 황금사자기 전국고교야구대회' 8강
2012년 5월	창원신월중 '제41회 전국소년체육대회 중등부' 준우승
2013년 1월	이재문 전 용마고 감독 '경남야구협회장' 취임
2013년 6월	마산고 '제67회 황금사자기 고교야구대회' 준우승
2013년 7월	창원신월중 '제60회 전국중학야구선수권대회' 준우승
2013년 8월	창원사파초 'KBO총재배 전국 유소년 야구대회' 공동 우승
2013년 9월	마산고 '제41회 봉황대기 전국고고야구대회' 준우승, 마산용마고 4강
2014년 3월	마산용마고 김민우, 울산공고와 주말리그전서 노히트노런
2014년 5월	마산양덕초 '제43회 전국소년체육대회 초등부' 준우승
2014년 5월	마산용마고 '제68회 황금사자기 고교야구대회' 준우승
2014년 9월	마산용마고 '제42회 봉황대기 전국고교야구대회' 4강
2014년 9월	한국 청소년대표 '제10회 방콕 아시아선수권' 우승, 이효근 마산고 감독 지휘봉
2015년 4월	경남대 '전국대학야구 춘계리그전' 준우승
2015년 10월	마산용마고 '제96회 전국체전 고등부' 우승
2016년 5월	마산동중 '제45회 전국소년체육대회 중등부' 우승
2016년 5월	마산용마고 '제70회 황금사자기 전국고교야구대회' 준우승
2017년 5월	마산용마고 '제71회 황금사자기 전국고교야구대회' 준우승
2017년 10월	마산용마고 '제98회 전국체전 고등부' 준우승
2018년 10월	마산용마고 '제99회 전국체전 고등부' 준우승
2019년 5월	마산양덕초 '제48회 전국소년체육대회 초등부' 우승

2019년 6월	마산용마고 '제73회 황금사자기 전국고교야구대회' 준우승
2019년 8월	마산고 '제5회 대한야구협회장기 전국고교야구대회' 3위

NC다이노스 창단 경과 및 성적

2010년 4월 8일	황철곤 통합 창원시장 예비후보 '야구단 창단' 공약
2010년 5월	김두관 도지사 후보 '민간 주도 프로야구단 창단 지원' 공약
2010년 10월	KBO, 2개 구단 창단 의지 드러내며 '창원 연고' 거론
2010년 10월 26일	창원시KBO 9구단 창단 관련 양해각서 체결
2010년 11월 29일	창원시 유치추진위원회 출범
2010년 12월 22일	엔씨소프트 프로야구단 창단 의향서 제출
2011년 1월 11일	KBO 이사회 '9구단 창단 가결' '연고·기업 결정은 유보'
2011년 2월 8일	KBO 이사회 '창원 연고 확정' '엔씨소프트 우선 협상 결정'
2011년 3월 21일	엔씨 이상구 초대 단장 선임
2011년 3월 31일	창원서 창단 승인식·기자회견
2011년 5월 9일	이태일 대표이사 선임
2011년 6월 28일	창원시의회 '프로야구 9구단 협약서 동의의 건' 처리, 유치 최종 확정
2011년 8월 2일	구단 명칭 'NC 다이노스 프로야구단'
2011년 8월 31일	김경문 초대 감독 선임
2011년 11월 18일	2012 시즌 유니폼 공개
2012년	퓨처스 남부리그 우승
2013년	정규리그 7위(9구단 체제)
2014년	정규리그 3위
2015년	정규리그 2위(10구단 체제)
2016년	정규리그 2위
2017년	정규리그 4위
2018년	정규리그 10위
2019년	정규리그 5위

창원NC파크 탄생 과정

2010년 10월 26일	'창원시KBO 프로야구단 유치 협약식'서 새 야구장 언급
2011년 2월 8일	창원시 '프로야구단 유치' 확정
2011년 12월	창원시 '새 야구장 위치 선정 타당성 조사 용역'
2013년 1월 30일	창원시 새 야구장 위치 '진해 육군대학 터' 선정
2014년 9월 4일	창원시 새 야구장 위치 '마산종합운동장'으로 변경 확정
2015년 8월	설계 공모 당선작 확정
2016년 5월 21일	새 야구장 공사 시작
2016년 10월	마산종합운동장 철거 완료
2018년 9월	새 야구장 기본 골격 완성
2019년 3월 18일	'창원NC파크' 개장식
2019년 3월 19일	'첫 공식 경기' 프로야구 시범경기 한화전
2019년 3월 23일	정규리그 홈 개막전

참고 문헌(가나다순)

강정일 개인 소장 자료
<경남대학교 70년사>, 경남대학교 70년사 편찬위원회, 경남대학교, 2016
경남도민일보 DB
경남야구협회 소장 자료
김부열 마산의신여중 교사 소장 자료
네이버 뉴스 라이브러리
<노산동 스토리텔링 제1부: 마산구락부운동장 터>, 박영주, 창원시, 2013
디지털창원문화대전
<마산시사>, 마산시사편찬위원회, 2011
<마산시 체육사>, 조호연 책임 집필, 마산시, 2004
<사진으로 본 한국야구 100년>, 구본능·하일 편찬, 새로운사람들(대한야구협회·한국야구위원회 협찬), 2005
<인천야구 한 세기>, 인천야구 백년사 편찬위원회, 2005
<진해시사>, 진해시사편찬위원회, 2006
<창신 90년사>, 창신 90년사 편찬위원회, 1998
<한국 야구사 연표>, 홍순일 편저, KBO·대한야구협회, 2013
KBO 누리집 기록실